装备作战仿真

薛 青 张 伟 王立国 编著

兵器工业出版社

内 容 简 介

　　本书围绕装备作战仿真的技术发展过程，比较全面地介绍了装备作战仿真的各个方面，包括装备作战仿真的发展历程、概念、理论、方法和应用。本书的重点是介绍最近几年装备作战仿真发展的新技术、新方法，特别是对在信息化作战条件下战场环境的建模与仿真、装备的建模和仿真、作战指挥控制的建模和仿真以及效能评估等关键问题进行了详尽的阐述。内容上覆盖了国内外最新的研究成果和主要的学术思想，包含了装备作战仿真的基本理论和方法，通过大量的具体实例总结归纳了装备作战仿真的实践经验，并展望了装备作战仿真的发展和研究方向。

　　本书面向军事装备学专业和相关领域的本科生、研究生及从事装备作战仿真研究与开发的科技人员和广大军事爱好者。

图书在版编目（CIP）数据

装备作战仿真/薛青等编著 . —北京：兵器工业出版社，2006.2

ISBN 7 - 80172 - 639 - 1

Ⅰ. 装 ...　Ⅱ. 薛 ...　Ⅲ. 计算机仿真—应用—武器装备　Ⅳ. TJ

中国版本图书馆 CIP 数据核字（2006）第 011225 号

出版发行：兵器工业出版社	责任编辑：周宜今
发行电话：010 - 68962596，68962591	封面设计：底晓娟
邮　　编：100089	责任校对：郭　芳
社　　址：北京市海淀区车道沟 10 号	责任印制：王　绛
经　　销：各地新华书店	开　　本：787×1092　1/16
印　　刷：北京市登峰印刷厂	印　　张：11.5
版　　次：2006 年 2 月第 1 版第 1 次印刷	字　　数：288 千字
印　　数：1—1050	定　　价：27.00 元

前　言

　　装备作战仿真是将装备仿真和作战仿真进行有机的结合，将武器装备的仿真模型置于比较逼真的虚拟战场环境中，在一定的作战背景下，实现武器装备、作战人员、战场环境的战役、战斗过程仿真。

　　自 20 世纪 50 年代以来，美国、前苏联、北大西洋公约组织都十分重视装备作战仿真技术的研究和应用。美国已经成立了专门负责研制、开发、管理仿真训练系统（器材）以及支持美军仿真训练的执行部门——美军国家仿真中心，并且成立了多种级别和各种类型的作战仿真实验室，对未来作战环境、作战行动、作战过程以及武器装备性能等进行描述和仿真，为受训者提供近似实战实装锻炼的高度模拟化的训练场所。

　　我军从 20 世纪 80 年代初开始，掀起了作战仿真、专家系统的研究热潮。从分队战斗对抗仿真、师团战术仿真、军兵种专用仿真到合成军队战役仿真，众多仿真系统涌现出来，一批战术专家系统、战役决策专家系统也崭露头角，其成果直接为部队的作战、训练提供了服务，并产生了巨大的效益。

　　《装备作战仿真》是一本系统而详细地描述装备作战仿真的基本概念、基本方法、基本技能的教材，属于学术性、理论性较强的军事装备技术理论的著作，是一本装备作战仿真的专用教科书。

　　全书以作战过程的环境和作战行动（侦察、指挥、各种作战命令、网络通信等）基本内容为核心，比较全面地给出了各种战斗行动的建模处理方法和仿真技术。内容丰富、资料翔实，覆盖面广，实用性强，有良好的可操作性。

　　全书分为 10 章。第 1 章，绪论，介绍了装备作战仿真的发展历史、国内外研究现状和发展趋势，并就装备作战仿真的特点进行了分类，同时介绍了装备作战仿真的应用情况；第 2 章，装备作战仿真的概念，深入剖析了与装备作战仿真相关的概念，包括系统、系统仿真、模型的聚合与解聚，对于武器系统的作战效能也进行了深入的研究；第 3 章，军事概念模型，在介绍概念模型的含义与概念模型文档的基础上，详细讨论了任务空间概念模型的技术框架和军事概念模型设计的原则；第 4 章，战场环境的建模和仿真，在对战场地形状态和气象条件描述的基础上，着重讨论了战场地形量化的方法和战场地形分析，同时对于战场地形数据的采集也进行了相关介绍；第 5 章，装备建模与仿真，主要讨论了装备机动的建模与仿真、侦察的建模与仿真以及装备火控系统的建模与仿真三个问题；第 6 章，作战指挥控制仿真，主要就指挥决策、作战命令、通信网络和指挥控制系统进行了建模与仿真，并就战场态势问题进行了相关研究；第 7 章，作战仿真的理论和方法研究，主要探讨了兰切斯特方程、蒙特卡洛法和指数法，同时以装甲兵数字化营装备作战仿真系统中的坦克综合训练仿真器为例，简要说明人在回路仿真器的基本情况；第 8 章，传统的效能评估，主要介绍军事效能的概念、并在效能指标的基础上，从军事效能指标体系的创建、军事效能指标模型的建立和军事系统效能评估方法的角度展开论述；第9章，信息化战争效能评估，主要讨论了快速机动效能评估方法和全方位防御的主要效能评估方法两个问题；第10章，装备作战仿真的可信度评估，主要就装备作战仿真可信度的基本问题进行了研究探讨，深入剖析了建模与仿真的校验、验证和确认（VV&A）的原则和过程，同时对仿真系统的高层体系结构（HLA）的 VV&A 过程进行了分析。

本书是在许多研究报告、博士论文及多年的研究生教学的基础上完成的。具体分工如下：薛青负责整体框架并编写了第 1、2、7、8、9 章；张伟编写第 3、4、6 章；王立国编写了第 5、10 章。本书编写过程中得到了王精业教授的大力支持和帮助，郭齐胜教授、周深根副教授、潘丽君副教授、马亚龙副教授和李光辉副教授为本书提出了有价值的建议。为本书做出贡献的还有孟宪权、裴宏和苗壮等。本书在撰写和出版过程中曾得到装甲兵工程学院研究生处领导和同志们的关心和帮助。这里对上述领导与同志们的大力支持和辛勤劳动一并表示衷心感谢。

本书是为从事军事装备学与仿真研究的大学高年级学生、研究生、教师及有关研究人员而编写的，也希望对从事军事研究的工程技术人员有参考价值。目前在军事仿真领域的研究著作还很少见，在军事装备作战仿真领域的著作更是凤毛麟角，作者衷心期望通过本书的出版，能对装备作战仿真的理论研究和工程应用起到积极的推动作用。由于成书仓促，作者的若干研究工作目前仍在继续进行中，本书的缺点和错误在所难免，衷心希望得到读者的批评指正。

作者
2005 年 12 月

目　　录

第 1 章 绪 论

19 世纪初，军事科学领域出现了一系列根本性的变化。人们开始尝试用各种方法对实际作战环境、军事行动和作战过程进行描述和模仿，作为非实战条件下研究战争的方法和手段。特别是随着科学技术的飞速发展，将其与计算机技术相结合，使之真正成为一门学科——装备作战仿真。它是武器装备与军事运筹学理论和战役战术学相结合的产物。

1.1 装备作战仿真的历史

利用武器装备进行作战过程的仿真具有悠久的历史，最早的作战训练可以追溯到 5000 年前的青铜器时代。提到古代战争，人们就会联想到排兵布阵，而仅仅有指挥官的"计"、"谋"是不够的。为了提高军队的战斗力，自古以来，士兵作战阵形的演练是必不可少的，它就是现在所说的作战演习。

公元前 500 年古印度棋戏"恰图朗加（Chaturange）"模拟了当时在印度军队中服役的四种武装：象、马、双轮马拉战车和步兵。它们都是古代战争中武器装备和参战人员的模型，棋盘则是战场的模型。中国的围棋，摆脱了单纯对战斗中具体元素的模仿，提炼成能表现战斗过程中双方战术、战略运用的作战模型。围棋艺术中的"包围"、"占领"概念，都是真实战争活动中对应概念的类比、推理及判断的思路和方法，大多来源于军事原则和方法。中国象棋棋子的将、仕、相、车、马、炮、卒模拟了一支完整军队的各类成员。国际象棋中模拟了王、后、车、马、象、兵。

现代装备作战仿真起源于兵棋（Wargame）。1811 年，普鲁士宫廷战争顾问冯·莱茨维兹发明了一种用沙盘、地图、棋子和计算表模拟军队交战过程的器材，取名为兵棋。他按照 1:2372 的比例尺用胶泥做出地形模型，能够显示地形的起伏特征，并以色彩表现水源、道路、村庄和树林，用小瓷方块表示军队和武器，进行对阵表演。他们在兵棋中使用一幅地图，用棋子代表军队，有两个对阵人、一个裁判、一个概率表和一本详细的规则。它的基本特征是"定量分析"。由于它既真实，又通俗易懂，很快在西方国家军队中普及，成为军队作战的训练器材，是现代装备作战仿真的真正起源。早期的装备作战仿真通常有三种形式：

（1）智力推演

早期的装备作战仿真是通过人们的思维活动来实现的，战争指挥官根据自己的经验和对情况的判断，针对敌人可能的行动和自己的兵力部署，想象出对抗中的战场画面，从而不断修改、完善自己的作战方案，最后定下作战决心。这就是装备作战仿真的最初始阶段。在第一和第二次世界大战中，兵棋被德、日、美、英各国广泛应用于作战计划制定和评估中。日本袭击珍珠港、美国对中途岛海战、诺曼底登陆等著名作战计划的制定，都是智力推演的成功运用。

（2）沙盘模拟

野战演习有其优点，但也存在难以克服的不足，如耗费巨大等。为了研究和讨论作战过程，制定作战计划，减少开支，人们把作战地幅与地貌按一定比例缩小后用沙盘表现出来，用各种标示器代替敌我双方的兵力部署，以人工移动各种模型代替部队的机动，从而使作战过程得到演示。

（3）图上作业

它是通过在真正的军事地图上标注战场态势、兵力兵器、作战计划等进行作战进程的推演。

在上述三种形式的装备作战仿真中，还有诸多自身难以克服的缺点，例如毁伤难以确定、裁决工作有很大的主观性、很难进行定量分析等。

第二次世界大战以后，系统工程理论的迅速发展、运筹学方法的广泛应用、计算机技术的快速提高，都为作战过程的定性分析和作战指挥的定量描述在理论上和技术上准备了条件。人们把作战思想、作战行动用数学方法或半经验半理论的方法描述出来，利用计算机进行作战过程的推演和作战方案的优选。这种运用系统工程理论、运筹学方法以计算机为工具来定量描述武器装备的性能和作战过程的形式，就是计算机化的装备作战仿真。这种装备作战仿真既可通过单机计算来推演作战双方的态势，判断出胜负，也可进行人在回路、实装在回路的人机交互作战仿真。

1.2　外军装备作战仿真

运用计算机进行仿真训练，是一种可以最大限度贴近实战的训练方式。美军是世界上最早运用计算机技术进行仿真训练的军队，据美军统计，从未参加过实战的飞行员，在首次执行任务时生存的概率只有60%，经过计算机仿真对抗训练后，生存的概率可以提高到90%。因此，早在20世纪80年代初，美军就开始将计算机仿真技术引入训练领域。进入90年代后，为了全面推广计算机仿真训练，美军成立了专门负责研制、开发、管理仿真训练系统（器材）以及支持美军仿真训练的执行部门——美军国家仿真中心，从而推动了计算机仿真训练的广泛开展，引发了美军训练观念、训练理论、训练手段、训练方式以及训练内容等一系列的深刻变革。目前，美军计算机仿真训练已经在各军兵种的院校教学、武器装备操作训练、复杂专业技术训练、作战指挥训练、战役战术训练乃至战略训练得到全面普及。

根据未来战争的需要，外军建立了多种级别、类型的作战实验室，作战实验室就是通过运用以计算机技术为核心的现代仿真技术，对未来作战环境、作战行动、作战过程以及武器装备性能等进行描述和仿真，使受训者得到近似实战实装锻炼的高度模拟化的训练场所，在作战实验室内实施高度实战化的仿真训练是外军提高战斗力的重要手段。其中，战略级实验室可利用计算机仿真技术仿真战争背景和战略环境，用于训练国家和军队的高级领导人员；战役级实验室，可利用计算机仿真技术生成"虚拟兵力"代替实兵，演练大规模的战役作战行动；战术级实验室，可用计算机技术仿真作战态势和过程，演练各种作战的样式、行动和战法；技术实验室，可用仿真器取代武器装备进行训练，减少武器装备的损耗，并可大大缩短训练周期。1992年美陆军率先建立了6个作战实验室，随后海军和空军也相继建立了各自的作战实验室。目前，美军已拥有30多个各类大、中型作战实验室，这些实验室成为美军和平时期进行重大仿真演习的场所。

单一的仿真系统或模拟器，一般只具备单一的训练功能，不能满足未来信息化战争联合作战和系统对抗的需求。为有效解决这一问题，外军普遍采取了计算机网络技术，把各个单一的仿真系统或模拟器联接起来，进行一体化仿真训练，从而在系统集成中实现战斗力的整体提高。美军于20世纪80年代提出了"分布式交互仿真"的模拟化训练新概念，其实质就是将分散于不同地点、相互独立的仿真系统或模拟器用计算机网络联接起来，组成高度一体化的仿真网络系统。在这个仿真网络系统中，所有网内受训单位或个人既可单独进行仿真训练，又可与其他单位或个人配合进行一体化的协同仿真训练。2002年7月美军举行的"千年挑战2002"演习中，美军就启用了这两套网络仿真系统，分散在全美26个指挥中心和训练基地的各军兵种指挥人员，在同一战争背景、战场态势、作战想定下同时同步进行了大规模联合作战的仿真演练。

虚拟现实仿真训练，就是综合运用虚拟现实技术，在视觉、听觉、触觉等方面为受训者生成一个极为逼真的未来战争虚拟环境，使受训者最大限度地得到近似实战化的训练。虚拟现实仿真，是外军于20世纪90年代开始兴起并逐步推广的一种新的现代仿真训练方式。目前，外军的虚拟现实仿真已经进入实用化阶段，广泛运用于各军兵种的单兵单装训练、作战指挥训练、战役战术训练等各个层次。从外军特别是发达国家军队的虚拟现实仿真实践看，虚拟现实仿真可以最大限度地营造逼真的战场景况，仿真未来战争的各种可能情况，使受训者最大限度地贴近实战锻炼；可以为受训者提供各种困境、危境、绝境等高危境况，全面仿真演练各种高危险性的行动，提高处理各种危险突发事件的能力。美军虚拟现实仿真的实践经验非常丰富，并已经具备运用虚拟现实仿真直接为实战服务的水平。

俄军在虚拟现实仿真训练方面有较多的实践经验。在2004年10月莫斯科人质恐怖事件中，俄反恐特种部队"阿尔法"小组在发起营救人质行动之前，专门运用虚拟现实技术，将莫斯科轴承厂文化宫的设计蓝图转换成三维布局图，"阿尔法"小组特种队员可以随意"进入"虚拟的文化宫"摸索"路线和"熟悉"环境，并多次仿真演练了施放化学气体的可靠方法和可能产生的后果。事实证明，虚拟现实仿真为解决这次人质恐怖事件发挥了举足轻重的作用。外军的实践充分表明，虚拟现实仿真以其独有的逼真性和沉浸性，达到了使参训者在虚拟环境中体验战争和学习战争，并在虚拟环境中认识战争和把握战争。以往那种"军事家是打出来的，而不是训出来的"的观念，将被虚拟现实仿真所取代。

1.3 我军装备作战仿真

20世纪80年代初，我军开始进行计算机作战仿真研究。当时，由于受计算机软硬件功能的限制，主要采用西方70年代以前的"兰切斯特方程"、"指数法"、"蒙特卡洛法"来推算营连以上单位的作战损耗。这些方法一直沿用至今，仍是我军各级装备作战仿真构建数学模型的主要基础。这些方法属于经验数学，需要依靠大量的实战数据积累，使仿真结果接近真实。然而，由于我军历史上缺乏定量分析的传统和统计体系，缺少实战数据作为装备作战仿真的客观依托，所以仿真出的结果可信度不高，装备作战仿真并没有在我军的作战和训练中扎下根，在很大程度上带有"演示性"、"作业性"、"技术性"的特点，主要在演习训练中起"妆点"作用，没有太多的实战应用价值。

随着高新技术广泛应用于军事,军队的作战指挥、作战方式将发生重大的变化,要求我军指挥系统必须具有指挥、协调、控制多军兵种在扩大的战场上快速有效地进行联合作战的能力。平时,可运用装备作战仿真系统进行军事训练,如针对高、中、低级指挥员及其机关的指挥、谋略、决策水平进行研究以及单兵技术水平的训练等;它可以在战时为指挥员提供更精确的决策依据,提供更高级的"预测"能力。

根据我军装备作战仿真现状和发展趋势,可以预想各军、兵种将自成体系、自下而上(美军是自上而下)地建立一个具有层次结构的作战模型系统。各层次的模型之间信息的沟通形式是,上一层的模型为下一层仿真提供标准的想定,而下一层仿真的结果又作为上一层模型的输入,或将下一层仿真的某一部分作为上层仿真模型中的某一模块。与此同时,为装备作战仿真技术服务的支撑技术必将有较大突破。近年来,运用多媒体技术支持下的推演,对战场环境、图像、动画、音响处理进行逼真的动态显示,造成身临其境的氛围,使训练过程在各种假定场景中进行,结果显示也更为直观,为决策者提供更好的服务。此外,功能更强并具有更大灵活性的微机和更先进的图形、图像技术将伴随装备作战仿真的需求不断高速发展。

在今后一段的时间内,全面战争的可能性不大,战争的主要类型是局部战争。因此,在装备作战仿真领域内,战区级仿真系统将是开发的重点。该级别仿真范围涉及到陆、海、空、天、电多维空间,战役作战持续时间长。还会涉及到高技术条件下作战的各种兵力、兵器。作战行动的描述除了双方交战的毁伤外,特别强调重视后勤、指挥控制等作战环节的描述,并根据中、长期规划的需要与优化模型相结合。这样必须很好地解决两个问题:一是从军事角度如何把各军、兵种作战仿真系统和作战模型自下而上筛选、汇拢、综合集成;二是从技术角度如何把低层次高分辨率的仿真结果输入高层次作战模型后,再通过一些简易的分析手段最终得到高层次模型的输出,这是建立全军自下而上"金字塔"式作战仿真系统至关重要的问题。不难想象,随着国家、军队现代化程度的提高,未来在高层次的决策活动中,定性与定量相结合的研究式的对抗仿真的方法和手段将得到大力推广。这是因为,国家与军队一些重大的战略分析与规划,比如目标与国防战略研究、军事战略与作战方针研究和武装力量的结构规划等,其决策过程采用装备作战仿真技术与方法,是一个必不可少的环节。对于这些高层次的决策,宜多采用人工智能和专家系统。人工智能技术必须改变以往认为用几个推理定律,再加上强大的计算机就会产生专家和超人的性能这种观念。当前,应注重把人的心智与机器的智能结合起来,发展人机结合和人机一体化的系统,利用计算机软、硬件系统来帮助完成一些工作,并进行快速的信息处理。同时,也应重视建立相应的历史数据对有关模型进行验证。

1.4 装备作战仿真的最新进展

20世纪90年代以后,由于多媒体和网络技术的飞速发展,计算机软硬件功能有了大幅度提高。今天,一台PC机的能力超过了80年代初的大型机,可以在视觉听觉上逼真地仿真各种战场环境,同时把装备作战仿真的最低一级由营连降到单车、单炮、单兵,把以前用经验数学公式推算损耗,变为直接由最小作战单位按照战术技术标准的对抗结果提供损耗。这种"取精微之极"和"显形象之真"的装备作战仿真,也被称为战场仿真。战场仿真包括临场感仿真与军事规则仿真两部分。临场感仿真，包括实时立体视听效果、人工智能、网络管理的实现等。军事规则仿真，包括兵力兵器战技术参数、战术原则、军语军标规则的体现等。与以往相比，装备作战仿真有了以下几点不同：

① 军队作为一个完整系统加入虚拟战场，有基层战斗人员参加，装备作战仿真由"空中楼阁"变为"脚踏实地"；

② 不仅靠经验数学仿真，更采取"人脑＋精确数学"仿真，因而使仿真可信度大大提高；

③ 形象化的战场导致真实的心理、士气、组织等因素进入仿真；

④ 可联网协同对抗，也可单机应用，有效利用率成千百倍增加；

⑤ 界面友好易用，使用人员不需专门操作培训；

⑥ 软件体系通用化，购买成本大幅降低。

1.5　美军装备作战仿真的发展趋势

美军装备作战仿真今后的发展趋势是：

（1）统一规划、加强协调

海湾战争结束不久，鉴于装备作战仿真所起的重大作用，美国防部于 1991 年 6 月成立了由国防部各部门高级代表组成的国防部建模和仿真执行委员会，其任务是向国防部负责装备采购的副部长提出有关军事仿真政策、倡议、标准和投资的建议。在委员会下面设立了国防建模和仿真办公室，具体负责指导各军种对军事仿真的规划和协调，制定实现模型互通、共用的标准，促进在教育与训练、研究与发展、试验与鉴定、以及作战及费用分析诸领域联合一致而高效率地应用军事仿真。在经费投入上，从 1988 年到 1993 年，尽管国防预算削减，但 1993 年用于仿真和建模的经费是 1988 年的 5 倍。1991～1993 年国防建模仿真办公室的预算经费就有 1.75 亿美元。

（2）适应新形势，研究新的装备作战仿真手段

为适应高技术战争的特点，美军各军种都努力研究注重诸军兵种联合作战、具有能够适应多种想定的新的装备作战仿真手段。美陆军打算依靠先进的仿真技术，用较少费用实现训练要求，并检验陆军完成新任务（如维和任务和危机响应）的能力，帮助解决冷战后时代的陆军重构问题。美海军鉴于俄罗斯战略威胁的减小，把装备作战仿真重点转向战术层次，并从大型武器训练系统转向研制较小的便携式装备作战仿真装置。

（3）大力发展分布式交互仿真系统

分布式交互仿真系统利用通信、计算机、网络、多媒体等技术联接分散在不同地点的各种计算机作战仿真系统，使各受训人员在异地参加统一的协同仿真演习，节省部队装备转移运输费用和专用演习场地费用；又能够进行新武器性能及相关新作战概念研究，缩短新研武器装备转化为实战能力所需的时间和经费。

国防高级研究局主持的分布式国防仿真系统（DSINET），可把多个分布的仿真系统综合在一起进行大范围协同作战训练演习，交互式地研究评价作战概念和军事需求。这种仿真网络今后将逐渐扩大。

（4）注意发展适应野战条件下使用的装备作战仿真手段

美军从海湾战争认识到，作战仿真在平时固然重要，在战时更不可忽视。如美空军在海

湾战争中，应用计算机作战仿真不仅达到训练目的，还为制定计划、行动预演和作战分析提供了有效支持。因此，海湾战争后，美军十分注意发展机动、便携、适应野战条件下使用的计算机仿真系统和小型化、嵌入实际装备的模拟器。

（5）装备作战仿真的一体化

美军要求装备作战仿真不只用于培训人员，还要为新装备研制提供接近实战使用的反馈信息，并检验新的作战理论和概念。美陆军在其面向 21 世纪的现代化计划中，准备再建 6 个作战实验室。

1.6　装备作战仿真在训练中的应用

1.6.1　实战演练的局限性

实战演练是训练部队最常用的方式。美国海军部战场数据表明，飞行员最先遇到的敌机对其的打击往往是致命的，那些能够顺利度过开始阶段的飞行员往往能生存下来。因此在1969 年诞生了海军 TopGun 学院，该学院创造了与实际战斗尽可能一致的环境条件，训练了许多飞行员。

现在所有美国部队都有类似的实战演练场。近年来，在高级电子仪器设备的支持下，这些演练场得到了很大的改进。例如在位于 Fort Polle La 的城市巷战训练基地里，视频摄像机会记录下突击队员和海军陆战队队员们从建筑物到建筑物，从一个房间到另一个房间的战斗过程，而激光追踪系统可以记录击中和错漏的情况。该系统属于多功能综合激光交战系统。在位于 Calif Invin 的陆军国家训练中心，可以有数千人同时参加穿越 Mojave 沙漠的装甲军事演习，每辆车都由 GPS 系统跟踪。

维护像陆军国家训练中心这样一个巨大的训练机构所需的花费是很大的，就算是运一个小组到指定地点用于训练也可能会花费几百万美元。通常训练小组在训练中心仅停留三个星期，大约每 18 个月返回一次。训练用的装备也非常昂贵，发射一个步兵 Javeline 型反坦克导弹就要三万美元。而一个 Javeline 模拟器虽然花费差不多，但却可以无休止地重复发射。此外，用于实战演练的土地是有限的，有些空中发射的导弹可以飞行 40 km，但是很少有那么大的训练区。

在实战演练中，新武器装备的复杂性往往会导致事故的发生。如控制人员操纵无人驾驶飞机时，飞机要飞行几百甚至几千公里。他必须学会通过飞机上的光学镜头来导航，如果操作不当，无人飞机就会发生坠机事件。因而从计算机仿真系统中学习远程驾驶，将比实战飞行演练要好的多。

因为实战演练有这么多缺点，美军方现在越来越依赖于仿真训练系统。这种系统已经证实对于提高操作技能（如驾驶坦克或开枪射击）、决策能力、应变能力等都非常有效。

1.6.2　装备作战仿真在美军中的应用

1.6.2.1　游戏与训练

在美国，训练仿真系统的快速发展已形成了一个大的产业。根据商业出版物《军事训练和仿真新闻》发表的数据，美国国防部每年在仿真和训练设备上花费大约 40 亿美元。其他没有任何一个国家能达到此水平。

这才刚刚开始，现在 Xbox 和 Sony　Playstatonz 游戏控制器正被运用于分布式和网络军事游戏开发上。同时，一支由军方资助的艺术家小组、好莱坞特技专家以及南加州大学的研究人员组成的队伍正在研究下一代的训练系统。

在类似于"Star Trek"的虚拟现实环境中，真的士兵与合成的演员士兵互相配合战斗。"由实战训练到基于计算机的训练正在从根本上改变我们训练士兵的方式"，Alington 陆军建模和仿真机构负责人 Lance Ford 强调道，"今天每个士兵必须明白仿真的价值和可能出现的困难，就如同他（她）必须获得军事技术知识一样"。

计算机化的军队仿真器也已经加强了控制机制。就在不久前，美军的西点军校的学员仅仅学习军事战略，而野外军事演习是毕业后才开始的。现在的学员使用一种叫做"钢铁野兽"的商业游戏，在虚拟的 MIA2 坦克中和装备便携式反坦克导弹的步兵进行战斗仿真练习。游戏允许他们单兵练习或在互联网上进行团体作战。对于从小就玩 Nintendo 和计算机游戏的年轻新兵们来说，这些仿真技术的运用将是一个很好的到实装技能训练的过渡。

第一个用于集团军训练的商业 3D 游戏或许就是幻想游戏 Doom。为了开发自己的版本，美国海军陆战队建模与仿真管理办公室修改了商业版本，把其中的场景变为城市巷战场景。游戏中的智能化坏人从魔鬼变成了敌军。这就是海军 Doom，它教给士兵如下的理念：准确组织进攻、保护狙击手、节约弹药以及服从命令等。

还有一些游戏也根据美军提出的要求做了修改，用于部队训练。例如陆军部就委托 Nanalogic 公司在其流行的"三角洲部队 2"中加入陆军特种部队的装备特征。特种部队是一个复杂、集成的系统，包括计算机、电台、GPS 接收机以及装在头盔上的 LCD 显示装置，在 M4 卡宾枪或 M16AZ 步枪上加装了夜视和激光测距系统。陆军部正在评估这种游戏与其他训练方法相比较所具有的有效性。

最近，海军陆战队已经研制出在网络平台上运行的训练游戏，即使在船上时，海军也可以练习多种战斗角色（飞行员、狙击手、坦克驾驶员）。

虚拟实战演练的优点在于时间效率高，指挥官可在任何一点重新开始训练场景，并且训练可以重复进行直至战斗小组能够正确掌握操作。

如果您还认为士兵在游戏工作站上提高技能不可思议的话，那就错了。在一次对微软仿真飞行仿真系统效能的深入研究中，美国海军部发现，经常使用微软仿真训练系统的学员比那些从不使用的学员在真正飞行测试的时候有 54% 的几率得到更高的成绩。现在多数海军飞行训练学员在家里也在练习飞行模拟器。

1.6.2.2　操作技能与指挥能力的训练

在美军飞行员飞越阿富汗的几周前，他们就已经对当地地形状况有很清楚的了解。他们使用一种叫做 Topscene 的仿真演练系统来进行崎岖山地的仿真飞行练习。该系统由 Anteon 公司为美国国防部设计，综合了航空照片、卫星影像和智能数据来生成高分辨率的三维地形数据库。使用该系统，飞行员可以模拟从地面到 12 000 m 高空的飞行，速度可以达到 2 250 km/h。系统能实时显示详尽的地物渲染效果，包括道路、建筑物甚至车辆。这些信息将帮助他们绘制出最佳路线、搜索地面标志和识别指定目标。

Topscene 只是美国军方用来训练士兵和指挥官的诸多强大仿真工具的一种。在过去三十年中，复杂的计算机建模和绘图技术、越来越快的处理器速度以及人工智能领域取得的进展已经融入了虚拟现实的仿真。

同时，仿真系统的运用也促进了军事训练水平的提高。现在军队训练内容很丰富，仿真系统不仅教他们如何使用复杂的装备，而且还教他们如何在团队中工作，快速穿越战场，以及处理一些有可能涉及到军队的争端。指挥官现在可以在计算机上设计成千上万的士兵、武器、车辆以及飞机穿越跨度达几千公里的战场。这样军队决策者将可以在战役打响之前测试多种战略决策选项。他们也可以评估尚未付诸使用的新式武器系统的性能。

运用仿真系统的成果是非常显著的。根据美国国防科学委员会的一个特别工作组调查，沙漠风暴行动、巴尔干半岛以及阿富汗战场上的低伤亡率主要源于训练仿真系统的广泛使用。

此外，与常规的训练方式相比较，虚拟现实训练具有环境逼真、"身临其境"感强、场景多变、训练针对性强和安全经济、可控制性强等特点。美军经过统计和分析发现，美军在近4年的训练中死亡的人数是海湾战争的27倍，如果利用虚拟现实技术训练，就能较好地改善实装实弹训练安全系数较低、易造成人员伤亡的状况。训练实践证明，利用虚拟现实训练方式后，训练中伤亡的人数大大减少，还可大大降低训练费用，同时，还能够减少各种兵器在实弹射击中产生的大量噪音、废气、有毒物质对环境的污染，特别是能够减少训练时占用或毁坏地方耕地的赔偿费用。

即使在最高层的指挥中，仿真训练同样有用武之地。H. Norman Schwarzloopf 将军在他的传记中谈到，海湾战争前进行的代号为"Internal Look"的仿真演习与实际战争有着惊人的相似性。他在传记中写道："我们于1990年7月底开始 Internal Look 演习，在 Florida 的 Eglin 空军基地设立了一个仿真指挥部。演习开始以后，伊拉克的地面和空军部队就开始在电脑屏幕上快速排列运动，让人很惊恐。军事演习开始时，情报中心也会将关于中东的公告信息传递过去。那些关于伊拉克的文件与演习中的急件太相似了，以至于最后情报中心不得不在这些编造的材料上贴上标志"仅供演习"。在两周的演习中，中央指挥部的队员经历了战争所带来的所有情感高潮和低谷，这被虚拟现实研究人员称为"Presence"。从"Internal Look"演习中所吸取的经验和教训促成了"沙漠盾牌"防御计划的制定，同时也充分体现了计算机仿真在战争演练中的强大功能。

这种积极的仿真手段已经成为军队决策者进行战术决策的一个基本工具了。这些仿真系统一般都有成百上千的人员参加，并且是基于计算机驱动的战场复杂模型。真人提供输入和关键的决策，在计算机里合成的部队最终根据指令得到战果。

下一代的仿真系统在联合仿真系统（JSIMS）项目的支持下正处于开发阶段。JSIMS 力图将各种分散的正为美国陆、海、空军使用的演习系统集成到一起，使它能够支持战略、战役和战术三个层次的仿真演练。

科学应用国际公司正在为陆军开发的 OneSAF 计划提供了一个更加清晰的视角。该项目模拟了成百上千个坦克和士兵的行动，就像人工智能在视频游戏中塑造的演员一样。在 OneSAF 仿真中，每个士兵和坦克，无论是代表友军还是敌军，都可以在一米分辨率的地面上自主移动，因此参训人员可以获得对于战场条件的更加清晰的映象。

1.6.2.3 情感培养

许多具有创新性的训练技术正在南加州大学的一个研究所里开发。该研究所于1999年在 Marinadel Rey 由陆军部创立，称为创新科技研究所（ICT），其目的是将大学研究人员、娱乐界经验丰富的人以及艺术家联合在一起，寻找新的虚拟仿真方法，以创建复杂的仿真环境并使其显得非常逼真和扣人心弦，使得参与训练者认为就是真实的环境。

举个关于 ICT 战役训练系统的例子。有这样一个情节：中尉带领一排战士驻扎在波斯尼亚的村子里，士兵打伤了一个小孩，气氛马上紧张起来，愤怒的村民要发生暴乱。中尉必须抚慰孩子母亲并且采纳其信任的军士的建议。实际上，只有中尉本人是真人，村民和士兵都是虚拟的，目的是从身体上、智力上、情感上更好地训练士兵。

一般认为，培养情感倾向不是新兵训练营的任务，然而它越来越成为一个优秀的士兵所必须具备的素质。在冷战期间，美国只须培养一种倾向，那就是在中欧的平原上与苏联进行一场全面战争。对比起来，现今的士兵不仅必须准备战斗，而且还要为其他许多紧急事务做准备，如维和、人质援救、城市游击战以及反恐等。

ICT 的人工智能专家 Jonathan Gratch 说，"为了使 ICT 的虚拟人具备人的行为能力，研究人员正在致力于对人的行为进行建模。"他还补充道，"大量的经验研究已经表明，在情感、认知和行为之间存在着复杂的相互作用。一个人的情感状态可能影响决策、行为、记忆、注意力、积极性等等，反过来这些东西也会影响情感状态。"

1.6.3　装备作战仿真在德军中的应用

1.6.3.1　德陆军中的应用

在第二次世界大战中，德国法西斯军队在利用快速装甲部队闪电般地袭击整个欧洲之前，应用了装备作战仿真进行检验，这也是德国军队制定作战计划的一个正规程序。1944 年 11 月 2 日，即阿登森林战役前夕，德国第五装甲军团参谋人员进行了一次装备作战仿真，对美军可能打击德军第五与第七装甲军团结合部试演防御措施。演习刚开始，就接到报告说，一个相当强大的美国部队已出现在 Hurten—Gemeter 区域。除直接遭受其打击影响的指挥官外，其余参加者继续进行演习，并且用这一来自前线的最新报告作为随后仿真演习的输入。以后几小时中，前线局势正如演习表明的那样变得危急。为应付这一局势，作为集团军群后备队的第 116 装甲师必须置于受威胁的部位。该师指挥官几分钟内就在装备作战仿真室内，给属下作战军官和传令兵发出实际作战命令。处于戒备状态的这个师因而能在难以想象的最短时间内开始机动。

二战后，德国陆军较其他军种在促进仿真的发展方面，做出了更大的贡献。陆军的"训练金字塔"包括了装备作战仿真的所有类型——虚拟的、构造的以及实物的仿真。在基础层次方面，有建立在计算机基础上的训练（CBT）项目，这些项目具有交互式的特点，并且不断增加多媒体的运用。几乎所有仿真技术处于领先地位的公司都提供 CBT，有些公司正在开辟新的领域，把虚拟现实和仿真结合起来。Ray Sono 公司的 M3 两栖战车互操作计算机训练系统是一个以网络为基础的训练系统，从 2002 年 12 月开始对 M3 乘员的航渡操作进行训练。THALES 电子公司的 WTS Wiesel –1 项目结合了 CBT 和射击模拟器提高射击人员的个人技能。从 1990 年起，指挥官和炮兵可以在炮兵模拟器提供的虚拟环境里提高他们的技能。Dornier 公司为"罗兰"防空导弹发射成员设计的室内战斗训练器 1982 年已投入使用。"猎豹"战车的指挥官和炮手可以在 KMW 公司生产的四台 ASF/PLT – V 模拟器上训练。ST-N Atlas 公司的 ASPA、ASPT 和 AGSM 等模拟器可以训练装甲战斗人员、武装侦察人员和机械化步兵。THALES 电子系统公司生产的名为"AGSHP"的模拟器，是 1997 年引入的一种高度逼真的轻武器训练器材，装备部队 143 套，分布在 120 多个不同的地方。供特遣部队使用的集装箱化的仿真设备 2002 年底交付给陆军。在射击和战斗训练中，训练排级规模的战斗模拟器也能用于所有的营级部队的主要武器系统。1995 年开始，为训练 "豹" 式坦克战斗部队，KMW 公司生产了 "AGPT" 模拟器，现在已装备 15 套。"AGPG" 模拟器用于训练机械化步兵排——"黄鼬" 战斗装甲车成员和小组指挥官，从 1997 年至现在已经有 7 套服役。连战斗训练器 "AGKP" 可以进行连规模的训练。

1.6.3.2　德海军中的应用

德国海军也同陆军一样，高度重视装备作战仿真的作用。早在 1938—1939 年冬，专门就广阔大西洋中的海战进行过装备作战仿真，以考查用集中更多潜艇打击盟军护航舰队的战术问题，并得出英国将引入护航系统的具体结论。针对这一结论发展了高度有效的攻击护航舰队的 "群狼战术"，即用协同攻击的潜水艇群来对付护航舰队。

1.6.3.3　德空军中的应用

1916 年，德军建造了第一个飞行模拟训练器，即 "飞行训练器"，用于向巴伐利亚飞行预备师未来的飞行员传授 "驾驶飞行的感觉"。二次世界大战中，波美拉尼亚一空军基地使用著名的 "Blue Box" 用于训练飞行员驾驶多缸发动机的 Do17 和 HE 111 飞机。纳粹德国空军还购买了一些美国的 Link ATM 18 训练设备。

1961 年 12 月，德国空军引进了 F－104 "星座式" 战斗机模拟器，这是战后德军第一次有了模拟器。早期的这个模拟器，像后来为 F－4 "鬼怪" 飞机设计的两台全任务模拟器 FMT 以及为 "阿尔法" 喷气式飞机设计的三台模拟器那样，作为训练工具并没有被大力推广。直到 1980 年 "旋风" 多用途战斗机模拟器首次展示，模拟器才开始被认为是一种有效的训练工具。

1.7　装备作战仿真的特点及分类

装备作战仿真一般由人员、设备、规则和脚本组成。

人员：包括管理人员、剧中人（即对阵各方）、科研人员和辅助人员；

设备：指装备作战仿真的基本工具，如沙盘、地图、联网的计算机系统等；

规则：在装备作战仿真中，要按实战条件给交战各方部队的军事行动以限制和约束。规则就是这些限制和约束的体现，它们必须被全体参加装备作战仿真人员充分了解，并严格执行；

脚本（或想定）：是对作战环境和局势的详细描述，是装备作战仿真的蓝图和指南。

装备作战仿真的特点：

① 是对军事行动的仿真；

② 有两支或两支以上对抗力量参与所仿真的军事行动；

③ 对军事行动的仿真要按照与军事技术和军事经验相符合的数据、规则和程序进行；

④ 所仿真的军事局势，是事实上已经存在或者是在一定条件下可能存在的局势；

⑤ 采用统一计时系统。

装备作战仿真的分类：

按装备作战仿真应用目的分类：训练和战术研究；作战计划和评价；武器装备发展的规

划、管理和评价；兵力规划。

按装备作战仿真的规模分类："一对一"交战；集体对集体的小规模冲突；集团之间的战役；战区会战和全球冲突。

按装备作战仿真所使用的技术分类：军事演习；手工装备作战仿真；计算机作战仿真；分布交互仿真；合成作战环境。

按装备作战仿真的构成分类：实兵仿真；虚拟仿真；构造仿真。

按装备作战仿真的样式分类：图上作业和推演（开放式和封闭式）；计算机仿真；分布交互仿真；讨论式装备作战仿真（其发展有技术对抗仿真和政治军事对抗仿真等）。

装备作战仿真的基本过程：

准备阶段：确定目标；明确形势；总体设计；获得输入数据；设备准备；模型和软件准备；人员组织；后勤保障；编写脚本；初步检测性能。

仿真阶段：是仿真的具体实施阶段，是作战过程正在进行的阶段，是交战双方正在计算机上进行激烈战斗的阶段。

分析阶段：主要工作是对计算机的输出数据进行全面分析，以各种形式说明数据的意义，而不仅是下一个谁胜谁负的简单结论。分析阶段是最耗时最重要的阶段，所有新的作战方法、作战思想和作战规则都产生于这个阶段。最后的结果要形成一个详尽的报告。

第2章 装备作战仿真的概念

装备作战仿真是将武器装备的仿真模型置于比较逼真的虚拟战场环境中，在一定的作战背景下，进行武器装备、作战人员、战场环境的战役、战斗过程仿真。在平时和战前准备阶段，它是定量研究装备作战与保障等重大问题的一种方法和手段。在作战实施阶段，它是指控系统中辅助决策的核心内容。可以满足装备发展、装备保障和作战效能评估等军事需求。

作战过程本身是非常复杂的，无论作战规模大小，都会涉及到作战指挥、双方兵力和装备编配、武器装备性能、战场自然环境等多方面的因素。装备作战效能如何，装备编配是否合理，装备保障方案是否合理，这些问题如果单纯依靠理论研究，很难得到比较合理的定量结论。装备作战与保障仿真能够综合反映作战中人员、装备和战场环境之间的关系，是接近实战的一种定量研究装备问题的方法和手段。

关于装备作战仿真及其相关概念，主要有"装备"、"武器"、"武器装备"、"军事装备"、"作战"、"仿真"、"模型"等。

武器：也称为"兵器"，是能直接杀伤敌有生力量和破坏敌设施的器材与装置的统称。如匕首、枪械、火炮、坦克、导弹、作战飞机、战斗舰艇、核武器、化学武器、生物武器等。

装备：是实施和保障军事行动的武器、武器系统和军事技术器材等的统称。

武器装备：是部队用于实施和保障作战行动的武器、武器系统和军事技术器材的统称。主要指武装力量编制内的武器、弹药、车辆、机械、器材、装具等。

军事装备：用于军事目的的所有装备的统称。

图2-1可以反映武器、武器装备和军事装备三者的关系。

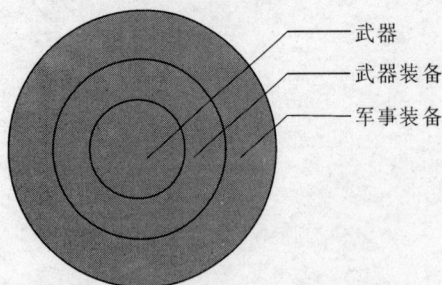

图2-1 武器、武器装备、军事装备之间的关系

作战：指武装力量打击或抗击敌方的军事行动。泛指战争、战役、战斗范围的各种类型、形式、样式的作战。

仿真（Simulation）：又叫"模拟"。学术界一般都直接采用"仿真"的叫法，而在军界虽然也接受"仿真"这个术语，但习惯上仍以"模拟"居多，还有部分单位和人士"模拟"、"仿真"并用。仿真可以理解为对所研究系统的功能、结构及行为的模仿，也可理解为在特定条件下，对客观实体的形状、工作规律和信息传递规律等的一种相似性复现。仿真是通过模型而实现的一种仿真性实验或一种近似计算技术。仿真是模型的实验。

模型：模型是对客观实物的抽象，是对实际原型的仿真，是理解和反映客观事物形态、结构和属性的一种形式。如：沙盘、态势图、方程式和程序框图等都是模型。

仿真技术：是以应用领域相关学科、系统科学和计算机科学为基础，以计算机和各种物理效应设备为技术手段，实现以真实世界构造仿真世界，并通过仿真世界认识真实世界的一门综合性技术。

实兵模拟（Live Simulation）：真实的兵力使用实际的装备在现地展开演练。它是作战模拟的一种方式。在传统演习中，实兵模拟就是实兵演习。随着计算机模拟技术的发展与广泛应用，计算机训练模拟系统已经成为部队的实际训练装备，出现了实兵模拟与虚拟模拟。

作战模拟（Warfare Simulation）：也叫战争模拟（War Gaming and Simulation）、战争博弈（War Gaming），是运用实物、文字、符号或其他手段，按照已知的或假定的情况，对战争环境和战争过程进行模仿分析的技术、方法和活动。通常用于研究、检验作战计划，评价武器装备效能，研究新的作战理论等。

一般来说，作战模拟包括实兵演习、沙盘作业、图上作业、作战分析博弈、计算机辅助模拟仿真、分析模型模拟等各个层次的各个方面。在早期，采用实地、实兵、实装，或采用类似于图表、沙盘等简单的实物及符号、标记等来表示战场、军队和武器配置，根据实战约束的行动规则，由扮演双方的指挥官和参谋人员以下棋的方式进行战略对抗，从而达到研究的目的。

分布式交互仿真（Distribute Interactive Simulation，DIS）：是一种基于计算机及高速通信网络的仿真训练系统，它将分散在不同地点、不同类型的仿真设备或系统集成为一个整体，使之相对每个用户皆表现为一个逼真的浸入环境，并在此环境下支持高度的交互式操作。DIS 是在 SIMNET 的基础上产生的。1983 年美国国防高级研究计划局（DARPA）和美国陆军共同制定的一项合作研究计划——SIMNET（SIMulation NETwork），此计划的目的是将各地区的仿真训练系统联接起来，进行协同作战对抗的仿真训练。

2.1　系　　统

系统（System）：是由相互联系、相互作用的要素（部分）组成的具有一定结构和功能的有机整体。"System"一词来源于古代希腊文，为由部分组成的整体。古希腊哲学家德漠克利特所著《世界大系统》是最早采用"系统"一词的书。我国系统科学奠基人钱学森院士把极其复杂的研究对象称为系统，并指出："系统是由相互作用和相互依赖的若干组成部分结合成的具有特定功能的有机整体，而且这个系统又是它所属的更大系统的组成部分"。由上述系统的定义不难看出，系统所具有的性质主要是整体性、相关性、层级性和突现性。其中层级性和突现性是系统的最重要特性，系统的层级性说明了系统的复杂性，系统的突现性体现了系统观点"1+1＞2"的重要思想。

2.1.1　系统的属性

（1）系统的整体性
系统不是各部分的简单组合，各组成部分或各层次的充分协调和连接，将提高系统的有序性和整体的运行效果。

（2）系统的相关性
系统中相互关联的部分或部件形成"部件集"，"集"中各部分的特性和行为相互制约和相互影响，这种相关性确定了系统的性质和形态。

（3）系统的功能性和目标性

大多数系统的活动或行为可以完成一定的功能，但不一定所有系统都有目的，例如太阳系或某些生物系统。人造系统或复合系统都是根据系统的目的来设定其功能的，这类系统也是系统工程研究的主要对象。例如，经营管理系统要按最佳经济效益来优化配置各种资源。军事系统为保全自己、消灭敌人，就要利用运筹学和现代科学技术组织作战、研制武器。

（4）系统的层次性和相对性（有序性）

由于系统的结构、功能和层次的动态演变有某种方向性，因而使系统具有有序性的特点。一般系统论的一个重要成果是把生物和生命现象的有序性和目的性同系统的结构稳定性联系起来，也就是说，有序能使系统趋于稳定，有目的才能使系统走向期望的稳定系统结构。行政系统分为科、处、局、部、委……军事系统分为排、连、营、团、师、军……都是表现出系统的层次性。

（5）系统的复杂性和随机性

物质和运动是密不可分的，各种物质的特性、形态、结构、功能及其规律性，都是通过运动表现出来的，要认识物质首先要研究物质的运动，系统的动态性使其具有生命周期。开放系统与外界环境有物质、能量和信息的交换，系统内部结构也可以随时间变化。一般来讲，系统的发展是一个有方向性的动态过程。

（6）系统的适应性

一个系统和包围该系统的环境之间通常都有物质、能量和信息的交换，外界环境的变化会引起系统特性的改变，相应地引起系统内各部分间的相互关系和功能的变化。为了保持和恢复系统原有特性，系统必须具有对环境的适应能力，例如反馈系统、自适应系统和自学习系统等。

2.1.2　系统的状态

系统状态是系统科学常用而又不加定义的概念之一，指系统的那些可以观察和识别的状况、态势、特征等。例如，人体系统有健康态与疾病态、常态与竞技态（超常态）、清醒态与睡眠态等，经济系统有它的繁荣态、萧条态、危机态、复苏态等。能够正确区分和描述这些状态，就算把握了系统。

状态是刻划系统定性性质的概念，但状态一般可以用若干称为状态量的系统定量特性来表征。一个理想气体系统的状态可以用温度 T、压强 P、体积 V 等量化概念表征。

人体系统、一般生物系统、社会系统等都可以用适当的状态量来描述。系统的状态量可以取不同的数值，称为状态变量（State Variable）。最简单的系统是可以用一个状态变量描述的系统，一般系统需要同时用若干状态变量来描述。给定状态变量的一组数值就是给定一个系统状态，不同组的数值代表系统的不同状态。例如，给定一组 T、P、V 数值就是给定理想气体系统的一个状态。一般来说，同一系统可以用不同的状态变量组描述。状态变量的选择有一定的自由度。所选择的状态变量必须具有特定的系统意义，能表征所研究系统的基本特性和行为，因而随系统的不同而不同。状态变量的选择应满足以下一般要求：

① 完备性。状态变量足够多，能够全面刻划系统状态。

② 独立性。任一状态变量都不能表示为其他状态变量的函数。

状态变量总是在一定的范围即定义域内变化（取不同数值），但不一定随时间而变化。状态变量不随时间而变化的系统，称为静态系统（Static System）。状态变量 x 随时间而变化的系统，即可以表示为时间 t 的函数 $x(t)$，称为动态系统（Dmanic System）。两类系统都是系统科学研究的对象，已积累了丰富的内容。原则上，只要时间尺度足够大，总可以观察到状态变量随时间而改变，因而一切系统都是动态的。但就给定的研究目标（问题）和条件来说，如果系统的特征时间尺度比所研究具体问题的特征时间尺度大得多，在研究和解决问题期间系统状态没有明显变化，就应当把系统看作静态的，这样可以大大简化对系统的描述。

无论静态系统还是动态系统，都是在状态空间（State Space）中研究系统的状态转移。静态系统是基于这样一个假设而对系统的简化描述：在状态空间中，从一个状态向另一个状态的转移无需耗费时间，可以瞬间完成。动态系统的特点是，在状态空间中从一个状态向另一个状态的转移不可能瞬间完成，必须耗费一定的时间，即呈现出状态随时间而变化的特征。这种变化在样式、特征、程度、速度等方面都表现出无穷多样性，使得动态系统理论比静态系统理论的内容丰富、多样、复杂得多，刻划动态特性要比刻划静态特性困难得多。基础科学层次的系统理论，本质上就是研究系统动态特性的。技术科学层次的某些系统理论，特别是控制系统理论，也着重研究系统的动态特性。鉴于动态特性的重大意义，可以采用 S·比尔的系统定义："系统是具有动力学联系的诸元素之内聚统一体。"定义规定，系统元素之间的联系是内在的、有凝聚力的、协调一致的，特别强调这种联系是动力学的、而非静力学的。系统整体所显示的一切动力学性质首先来自系统内部，来自元素之间的动力学相互作用，同时也来自环境本身的动态变化，来自系统与环境的动力学相互作用。比尔的定义没有考虑后一方面，反映了目前动态系统理论的局限性。元素之间的动力学相互作用、环境的动力学变化必然通过系统整体的状态、特性、行为表现出来。直接刻划元素之间的动力学相互作用几乎是不可能的，可行的做法是刻划系统的整体状态、行为、特性的动力学变化。

2.1.3　系统的环境

一个系统之外的一切与它相关联的事物构成的集合，称为该系统的环境（Environment）。更确切地说，系统的环境是指系统之外一切与系统具有不可忽略的联系的事物集合。"不可忽略"是一个模糊用语，不能作非此即彼的理解。上式表明，系统的环境只能在相对的意义上确定。在不同的研究目的下，或对于不同的研究者，同一系统的环境划分也有不同。任何系统都是在一定的环境中产生出来，又在一定的环境中运行、延续、演化，不存在没有环境的系统。系统的结构、状态、属性、行为等或多或少都与环境有关，这叫做系统对环境的依赖性。环境与系统之间的相互关系是系统的外部规定性。同样的元素在不同环境中须按照不同方式整合形成不同的结构，甚至元素的性质也随着环境的变化而有所变化。一般来说，环境也是决定系统整体涌现性的重要因素，在一定的环境条件下，系统只有涌现出特定的整体性，才能与环境相适应，形成稳定的环境依存关系。随着环境的改变，系统需产生新的整体涌现性，以达成新的环境依存关系。环境复杂性是造成系统复杂性的重要根源。因此，研究系统必须研究它的环境以及它同环境的相互作用。环境意识是系统思想的另一个基本点。与系统相比，环境组成部分之间相联系一般较弱，不够规则，系统性较差，这为系统趋利避害、保护和发展自己提供了可能性。但同一系统的环境中的不同事物之间总有这样或那样的联系，并且通过与该系统的联系而形成某种更大的系统。应当用系统观点认识环境，要看到有些系统的环境有很强的系统性。把环境当作系统来分析，是系统观点的必要组成部分。

2.1.4 系统的分类

① 按系统的规模划分，可分为小型系统、中型系统、大型系统和巨型系统。

② 按组成要素的性质划分，可分为自然系统、人造系统和复合系统。原始的系统都是自然系统，如天体、海洋、生态系统，呼吸系统、消化系统、循环系统、免疫系统等。人造系统如人造卫星、海运船只、机械设备等，又如交通系统、商业系统、金融系统、工业系统、农业系统、教育系统、经济系统、文艺系统、军事建器系统、社会系统等。复合系统既包含人造系统，又包含自然系统，系统工程所研究的对象大多是复合系统。

从系统的观点讲，对系统的分析应自上而下、而不是自下而上地进行。例如，研究系统与所处环境，环境是最上一级，先注意系统对环境的影响，然后再进行系统本身的研究，系统的最下级是组成系统的各个部分或要素。自然系统常常是复合系统的最上一级。

③ 按系统与环境的关系划分，可分为开放系统、封闭系统和孤立系统。封闭系统是一个与外界无明显联系的系统，环境仅仅为系统提供了一个边界，不管外部环境有什么变化，封闭系统仍表现为其内部稳定的均衡特性。封闭系统的一个实例就是密闭罐中的化学反应，在一定初始条件下，不同反应物在罐中经化学反应达到一个平衡态。开放系统是指在系统边界上与环境有信息、物质和能量交互作用的系统。例如商业系统、生产系统或生态系统，这些都是开放系统。在环境发生变化时，开放系统通过系统中要素与环境的交互作用以及系统本身的调节作用，使系统达到某一稳定状态。因此，开放系统通常是自调整或自适应的系统。

此外，按系统的表现形式划分，可分为实体系统和抽象（概念）系统；按学科领域划分，可分成自然系统、社会系统和思维系统；按范围划分，则分为宏观系统、微观系统；按状态划分，则分为静态系统和动态系统。此外，还有平衡系统、非平衡系统、近平衡系统、远平衡系统等等。

2.2 系 统 仿 真

系统仿真（System Simulation）运用所研究系统的模型，结合实际的或模拟的环境条件进行研究、分析和实验的方法。它是一种通过实验来分析求解问题的技术。通过仿真实验，可以了解系统的内在联系和系统状态变化的全过程。

系统仿真并不是一个从模型到计算的简单过程。为了能够得到准确的仿真模型或者利用仿真进行系统特性的统计和优化，就必须经过对模型的深入研究，反复修改，多次运行才能最终解决问题。

图2-2给出了系统仿真的一般过程，其中的主要步骤包括以下几个方面。

（1）问题的提出

问题的提出是系统分析研究的第一步。所提出的问题必须清楚明白，必要时还可以对问题进行重复陈述。问题一般是由决策者提出，或者是在获得决策者对问题的同意的情况下，

```
                    ┌─────────┐
                    │   开始   │
                    └────┬────┘
                    ┌────┴────┐
                    │  问题提出 │
                    └────┬────┘
              ┌────►┌────┴────┐
              │     │  系统分析 │
              │     └────┬────┘
              │     ┌────┴──────────┐
              │     │ 收集数据建立数学模型 │
              │     └────┬──────────┘
              │   ┌─►┌───┴────┐
              │   │  │ 建立仿真模型 │
              │   │  └────┬────┘
              │   │  ┌────┴────┐
              │   │  │  模型验证 │
              │   │  └────┬────┘
              │   │    ╱───┴───╲
              │  N└──◄  是否正常  ►
              │        ╲───┬───╱
              │          Y │
              │     ┌────┴────┐
              │     │  模型确认 │
              │     └────┬────┘
              │        ╱───┴───╲
              └──N───◄  是否合格  ►
                       ╲───┬───╱
                         Y │
                    ┌────┴────┐
                    │  实验设计 │
                    └────┬────┘
              ┌────►┌────┴────┐
              │     │ 输出边界条件 │
              │     └────┬────┘
              │     ┌────┴────┐
              │     │  仿真运行 │
              │     └────┬────┘
              │     ┌────┴────┐
              │     │ 仿真结果分析 │
              │     └────┬────┘
              │       ╱───┴───╲   Y
              └────◄  是否继续  ►──┘
                     ╲───┬───╱
                       N │
                    ┌────┴────┐     ┌─────────┐
                    │   结束   │◄────│   结束   │
                    └─────────┘     └─────────┘
```

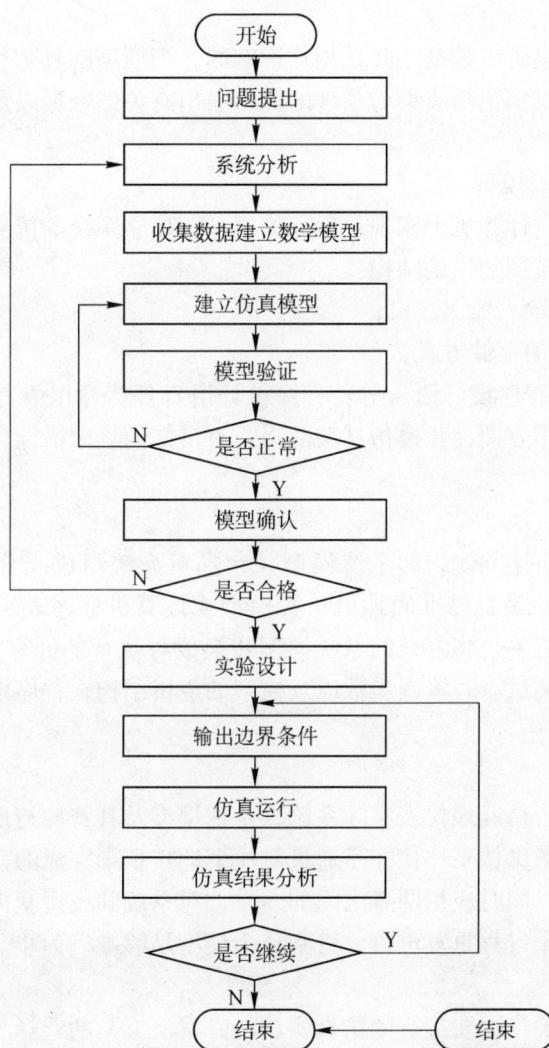

图 2 - 2　系统仿真的一般过程

由系统分析人员提出。

（2）系统分析

在这一步中，首先要给出系统的详细定义，明确系统构成、边界、环境和约束。其次是根据问题确定系统的目标以及实现目标的衡量标准。同时对解决问题的途径、可能花费和预期效益进行分析。

（3）建立数学模型

根据系统分析的结果，确定系统中的变量，依据变量间的相互关系以及约束条件，将它们用数学形式描述出来，并确定其中的参数，即构成系统的数学模型。所建立的数学模型必须是对系统的那些与研究目的有关的基本特性的抽象，即利用数学模型所描述的变量及作用关系必须接近于真实系统。同时，数学模型的复杂度应当适中。模型过于简单，可能无法真实完整地反映系统的内在机制，而模型过于复杂，可能会降低模型效率和增加不必要的计算。

（4）收集数据

构造数学模型和收集所需数据之间是相互影响的，当模型的复杂程度改变时，所需的数据元素也将改变。数据收集包括收集与系统的输入输出有关的数据以及反映系统各部分之间关系的数据。

（5）建立系统的仿真模型

仿真模型是指能够在计算机上实现并运行的模型。建立系统的仿真模型过程包括根据系统的数学模型确定仿真模型的模块结构：

① 确定各个模块的输入输出接口；

② 确定模型和数据的存储方式；

③ 选择编制模型的程序设计语言等。程序设计语言包括通用语言和专用仿真语言。专用仿真语言的优点是使用方便，建模仿真功能强，有良好的诊断措施等，缺点是模型格式确定，缺乏灵活性。

（6）模型验证

模型验证需要回答下述问题，即系统模型（包括对系统组成成分、系统结构以及参数值的假设、抽象和简化）是否已准确地由仿真模型或计算机程序表示了出来。模型验证与仿真模型及计算机程序有关，将复杂的系统模型转换成可执行的计算机程序不是容易的事，必须经过一定工作量的调试。若输入参数以及模型的逻辑结构在程序中是正确表达的，则模型验证通过。

（7）模型确认

确认是确定模型是否精确地代表实际系统，是把模型及其特性与现实系统及其特性进行比较的全过程。对模型的确认工作往往是通过对模型的校正来完成的，比较模型和实际系统的特性是一个迭代过程，同时应用两者之间的差异，对系统和模型获得透彻的理解，从而达到改进模型的目的。这个过程重复进行，直到认为模型足够准确为止。

（8）实验设计

仿真实验设计就是确定需要进行的仿真实验的方案。方案的选择与系统分析设计的目的以及模型可能的执行情况有关，同时也与计算机的计算能力及对仿真结果的分析能力有关。通常仿真实验设计涉及到的内容包括初始化周期的长度、仿真运行时间、每次运行的重复次数等。

（9）仿真运行

仿真运行就是将系统的仿真模型放在计算机上执行计算。在运行过程中了解模型对各种不同的输入数据及各种不同的仿真机制的输出响应情况，通过观察获得所需要的实验数据，从而预测系统的实际运行规律。模型的仿真运行是一个动态过程，需要进行反复的运行实验。

（10）仿真结果分析

对仿真结果进行分析的目的是确定仿真实验中所得到的信息是否合理和充分，是否满足系统的目标要求，同时将仿真结果分析整理成报告，确定比较系统不同方案的准则、实验结果和数据的评价标准及问题可能的解，为系统方案的最终决策提供辅助支持。

模型建立阶段，主要是根据研究目的、系统的原理和数据建立系统模型，这一阶段的关键技术是建模方法学。第二阶段是模型变换阶段，主要是根据模型的形式、计算平台的类型及仿真目的将模型转换成适合计算机处理的形式，这一阶段的关键技术是仿真算法。第三阶段是模型试验阶段，主要任务是设计好仿真实验方案，将模型装载到计算机上运行，按规定的规则输入数据，观察模型中变量的变化情况，对输出结果进行整理、分析并形成报告，这一阶段的关键技术是仿真软件技术。

2.3　建　　模

建模（Modeling）是对所要模拟的系统特征进行抽象提取的过程，也就是利用模型来代替系统原型的抽象化的过程。这种抽象的过程需要经过一定程度的简化并依赖于部分假设。建立一个准确的系统模型是进行系统仿真的前提和必要条件。建模的依据是相似性原理，而相似与否取决于所要研究的问题。建模依据的相似性可以分为六大类：

（1）几何比例相似性

几何比例相似可以在外观上相似，也可以是针对所研究问题的几何相似。例如：用于观看玩赏的飞机模型、军舰模型等，用于风洞吹风实验的飞机原型，主要不是用于观看，而是用于研究空气动力学的特性。

（2）特性比例相似性

用特性相同的不同的事物来代替原来的事物进行研究，以降低研究的难度。例如：一个弹簧系统可能与一个 RLC 网络在运动特性上完全一致（如运动微分方程与参数一致），尽管弹簧系统属于机械系统而 RLC 网络属于电系统，但仍然可以用这个 RLC 网络来代替机械的弹簧系统进行研究，这样就可以减小制造不同类型弹簧的难度。

（3）感觉相似性

利用某种方法使得我们的感觉例如视觉、听觉、触觉等相似，这在虚拟现实、训练模拟中经常见到。例如：可以用头盔显示器显示出某个虚拟的物体，用逼真的声音描述它的运动等。这个物体实际并不存在，但通过视觉却创造出了与它存在相似的感觉。

（4）逻辑相似性

这种相似属于知识层面的相似，也就是利用基于知识的判断来产生与原有事物逻辑上相一致的动作。例如，一个医学专家系统可以与医生在处理某种病的时候具有相似性，一个计算机棋手（如深蓝）可以与一名国际象棋大师下棋相类似，都是用计算机来模拟人。同样，也可以用计算机来模拟兵力，这就是常说的计算机生成兵力（Computer Generated Forces，CGF）。

（5）过程相似性

一个事物与另一个事物在过程上相似，这样就可以利用这个事物的过程去研究另一个事物的过程。例如：电话系统在接受呼叫服务的过程与特性方面与一个小货摊接待顾客相似，这样就可以按照小货摊的服务特点建立模型，研究电话呼叫问题，这就是服务系统模拟问题。

（6）功能相似性

通过另一个事物来研究一个事物的功能。例如沙盘、飞机风洞属于几何相似，小部队模拟大部队可以是特性相似或过程相似等。

模型建立的任务是要确定模型的结构和参数。一般有三种途径：

① 对内部结构和特性清楚的系统，即所谓白盒系统（如多数工程系统），可以利用已知

的一些基本定律，经过分析和演绎推导出系统模型。例如弹簧系统和 LRC 元件构成的电系统，分别是根据牛顿定律和克希霍夫定律经演绎建立的系统模型，此法称演绎法。

② 对那些内部结构和特性不清楚的系统，即所谓黑盒系统，如果允许直接进行试验观测，则用假设模型，并通过试验校正所建立的模型，也可以用辨识的方法建立模型。对那些属于黑盒且又不允许直接试验测试的系统（如多数非工程系统），则采用数据收集和统计归纳方法来建立模型。

③ 介乎两者之间的还有一大类系统，对于它们的内部结构和特性有部分了解，但又不甚了解，此时则可采用前面两种相结合的方法。当然，即使对于第一类系统，有时在演绎出模型结构后，尚需通过试验方法来确定出它们的参数，因此第三种方法用得最多。

建模的结果就是模型。系统是复杂的，系统的属性也是多方面的。对于大多数研究目的而言，没有必要考虑系统的全部属性。模型是思考的工具，出于思考的目的，一个好的模型没有必要对系统完全忠实。因此，系统模型只是系统某一方面本质的描述，本质属性的选取完全取决于研究的目的。所以，对于同一个系统来说，基于不同的研究目的，可以建立不同的系统模型。因此，系统模型的建立既是一种技术，又是一种艺术。

麦克格劳·黑尔认为，模型是一个受某些特定条件约束，在行为上与其所模拟的物理、生物或社会系统相似，被用于理解这些系统的数学或物理系统。美国国防部对模型的定义是，以物理的、数学的或其他合理的逻辑方法对系统、实体、现象或进程的再现。按系统论的观点，模型是对现实系统（原型）的本质属性用适当的表现形式（例如文字、符号、图表、实物、数学公式等）描述出来的结果，一般不是系统对象本身，而是对现实系统的描述、模仿或抽象。换句话说，模型是对相应的真实对象和真实关系中那些有用的或令人感兴趣的特性的抽象，是对系统某些本质方面的描述，以各种可用的形式提供被研究系统的信息。

模型作为一种重要的科学研究手段和理论思维工具，在近代实验科学产生和发展的过程中发挥了重要作用。20 世纪 30 年代创立的相似理论，为模型方法奠定了科学的理论基础。20 世纪 50 年代后，随着科技的发展和计算机的应用，各种各样的模型被广泛应用于自然科学和社会科学研究的各个领域，取得了显著的成果。如今，模型方法已经成为人们认识世界、改造世界，使事物形式化、定量化、科学化的一种主要工具。无论人们从事何种活动，都基于明确的或模糊的模型，包括目的、方法和模型所处环境。

构造模型是为了研究、认识原型系统的性质或演变规律，因此客观性和有效性是对模型的首要要求。所谓客观性，是指模型以现实世界的客观实体为基础，与研究对象充分相似。模型或是与原型有相同或相似的结构，或是虽然结构与原型不同，但与原型结构有内在联系。模型的有效性是对建模的必然要求，否则利用无效的模型会得出错误的认识或结论。其次，模型还具有抽象性和简明性。所谓模型的抽象性，是指模型要舍弃客观实体的次要因素，突出本质因素。模型的简明性是指模型要对原型进行简化，压缩不必要的信息，使人易于理解和把握，当然不能简化到使人无法理解的程度。

模型按不同建模方法、不同标准、不同应用领域有不同的划分方法。按构成模型的成分，分为实物模型和符号模型，符号模型又分为概念模型、逻辑模型和数学模型。按模型的功能，分为解释模型、预测模型和规范模型（提供按一定目的影响和改变系统行为特性的思路和方式）。学者涂序彦在其《大系统控制论》中提出了广义模型的概念，将广义模型分为集成模型、控制论模型、变粒度模型和智能模型。

2.4　模型的聚合与解聚

模型聚合就是将一个高分辨率模型转变成低分辨率模型，或将模型的高分辨率子模型转变为低分辨率子模型，或将复杂的子模型变成简单的子模型。模型解聚与模型聚合正好相反。

模型需要聚合和解聚的主要原因有以下几点：一是认知的需要。在不同层次上，对一个问题的认知需要是不一样的。一般而言，层次越高，对问题的认知要求越宏观。如想对问题研究得深入些，就需要对模型细化。二是资源的限制。如高分辨率模型比较复杂，研制费用高、周期长或模型运行时间长。三是解释的需要。如有时低分辨率模型能够提供明确的、有说服力的对结果的解释，相比之下，高分辨率模型由于描述太详细以至于难以解释清楚。特别是涉及战略、政策、力量结构的模型，不管分辨率的高低，本质上都具有内在的复杂性，其认知和解释的复杂性随分辨率的提高而快速增加。

2.4.1　模型聚合与解聚的形式

模型聚合一般有三种形式：

（1）同质模型的聚合

所谓同质模型，主要指建模原理、方法相同或模型的输入输出数据性质相同的模型。同一模型运行于不同环境，产生不同效果，在计算整体效果时，就需要聚合。例如，在计算战区内陆军部队交战战损时，将地面战场划分为多个战斗分区，每个战斗分区都使用兰切斯特平方律。同时考虑每个战斗分区的战斗激烈程度，是否有兵力增援或机动等情况，因此要加入一些参数对结果进行修正。如下式所示的聚合模型。其假设是战斗期间没有兵力增援或机动，各战斗分区均匀展开前沿兵力，则：

$$
\begin{cases}
\mathrm{d}x/\mathrm{d}t = \sum m_i \alpha x_i \\
\mathrm{d}y/\mathrm{d}t = \sum m_i \beta y_i
\end{cases}
\tag{2.1}
$$

式中：x、y——分别为 i 时刻红、蓝方的兵力；

　　α、β——分别为损耗率系数；

　　m_i——第 i 个战斗分区的战斗激烈程度系数；

　　x_i、y_i——第 i 个战斗分区红、蓝方的兵力。

（2）异质模型的聚合

所谓异质模型，主要指建模原理、方法不尽相同或模型的输入输出数据性质不一样的模型。例如，美陆军上校杜派提出的武器理论毁伤效能指数为武器射击速度、可靠性、精度、毁伤效能、射击因子的乘积。射击速度、可靠性等都属于异质数据。

（3）混合模型的聚合

聚合的模型中含有同质和异质模型。例如，在同质模型聚合的例子中，如果红、蓝方兵力 x、y 分别用战斗力指数来表示，则属于混合模型的聚合。

模型的解聚比聚合要困难得多。原因在于聚合后许多信息已经丢失了。例如，营分解为连，如何确定各个连的位置？再如，给定武器的理论毁伤效能指数，如何将这一指数解聚为

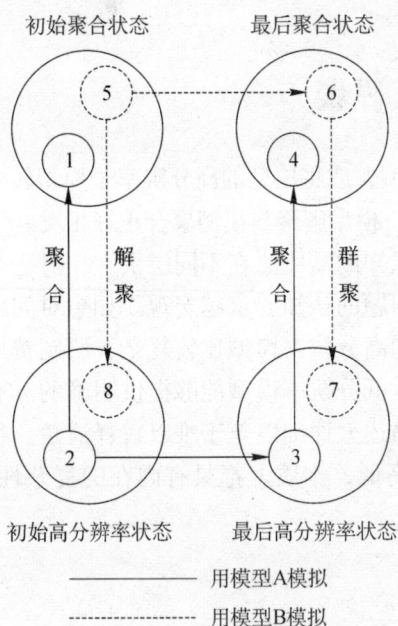

初始聚合状态　　最后聚合状态

聚合　解聚　　聚合　群聚

初始高分辨率状态　最后高分辨率状态

————— 用模型A模拟

--------- 用模型B模拟

图2-3　模型强、弱一致性描述

武器射击速度、可靠性、精度、毁伤效能和射击因子这几个模型要素？对于第一个例子属于同质模型解聚，通过分析加入启发式信息可以确定各个连的位置。而对第二个例子属于异质模型解聚，无法找出有根据或有意义的信息使其能够解聚。因此通常认为同质模型才能解聚，异质模型几乎无法解聚。

2.4.2　模型聚合与解聚的一致性

准备聚合或解聚的模型称为源模型。聚合或解聚成的模型称为目的模型。那么就出现了源模型和目的模型的结果是否一致的问题，如图2-3所示。

假定模型A是高分辨率模型，模型B是低分辨率模型，而且初始聚合状态是一样的（1和5）。如果从初始高分辨率状态用模型A模拟接着聚合（2到3到4），或者从初始聚合状态用模型B模拟，都会得到同样的结果，即最后的聚合状态4和6是一样的，则称模型A与B是"弱一致"。如果从初始高分辨率状态用模型A模拟，或者从初始聚合状态用模型B模拟，接着解聚（5到6到7），都会得到同样的结果，即最后的高分辨率状态3和7是相等的，则称模型A与B是"强一致"。

2.5　作　战　模　型

作战模型（Warfare Model）是对作战行动过程的一种抽象和类比表示。通常在军事上以作战为目的用来研究作战问题的模型都可称为作战模型，但在多数情况下作战模型是针对作战仿真而言的，因此也称为作战仿真模型。

因为作战仿真的基本任务就是对作战行动过程或各种作战活动的模仿，因此作战活动的各个方面都可作为作战模型的描述对象。作战活动主要包括作战环境、作战部署、作战行动、作战保障、作战指挥等方面。作战环境主要包括地形、地理、气象、工事、障碍等。作战部署的内容主要是根据作战任务，给出组成作战活动双方的部队编制与武器装备的配备，确定作战规模、参战单位与武器种类、参战单位的分级与单位类型、各作战单位的作战地域和位置等，设计作战基本样式（进攻、防御、机动、抗登陆、反空降等）。作战行动及其规则的描述是建立作战模型最基本的内容之一，这一描述越准确细致就越能反映作战模型的可信程度。作战模型要能够有机地运行，需要设计出各种指挥控制命令，如作战单位具体行动的作战命令、指挥单位按预先预测的可能态势而采取对策的计划指挥命令等。作战行动的顺利进行离不开有效的作战保障，作战保障描述的主要包括有效的工程保障、电子保障、装备保障和后勤保障等。作战模型的描述范围一定要与建模目的相一致。例如，分队模型基本上是在营规模和范围内，不能描述成师、团级；但也不要无限扩大模型的描述内容，过分详细的模型描述会使主次不分，参数作用迟钝，建模目标难以达到。

一般情况下，可以采取以下几种方式来对作战行动进行描述。

（1）文字描述

文字描述是作战模型最简单的描述方法。在作战模型中，一般以想定的形式给出战役或战术行动设想的文字描述。

（2）图形描述

图形描述是作战模型最形象的表示方法，是文字描述的补充。在作战模型中，一般以企图立案图、决心图等形式对文字想定做出必要的补充。

（3）框图描述

框图描述是作战模型最清晰的描述方法。在作战模型中，一般以组合框图表示作战模型的结构，以逻辑框图表示作战模型的流程。

（4）数学描述

它是作战模型最重要的描述方法，是作战模型各种描述形式中的核心。在作战模型中，一般以各种类型的解析公式和数学运算来描述作战模型中所涉及到的各种作战行动和毁伤。

（5）程序描述

程序描述是作战模型的最终描述形式。在作战模型中，一般以计算机语言所编写的程序来描述和运行整个模型，以获得所需要的仿真结果。

装备作战模型从结构上可分为三大类：

（1）解析模型

其特点是模型中的参数、初始条件和其他输入信息以及仿真时间和结果之间的一切关系均以公式、方程式和不等式等形式来表示。

（2）仿真模型

其特点是把所关心的战术现象分解为一系列基本活动和事件，通过对这些活动和事件的仿真以及它们之间按逻辑关系的相互组合，从而达到表述战术现象的目的。

（3）作战对抗模型

这是一种把下定决心的人的思维能力和战斗行动的模型化描述结合起来的模型。其结构类似于仿真模型，但在模型中，指挥行动（即决策过程）由演习人员作出，基本活动和事件用定量模型（如兰彻斯特模型或火力指数模型）描述。作战模型还可按层次、规模、用途、聚合程度、随机特性和运用方式等进行划分。

在建立作战模型的过程中，对物理原型一般都要经过多次的特性抽取和信息压缩的处理，每一次的抽象和压缩，都有可能造成所建立的作战模型偏离客观作战过程的实际，作战模型的真实性和可靠性将受到考验。

一个将要具体实施的作战过程或者要研究的军事问题是建模的出发点和基本依据。针对这个具体的军事问题建立其模型，需要进行以下工作：第一，在对它进行物理处理的基础上，建立一个既能反映实际问题又便于数学建模的军事模型。第二，经过数学的抽象建立一个能够对军事模型予以定量描述的数学模型。第三，对数学模型实施程序加工，使之成为能够在计算机上运行的软件模型。可见，由实战模型开始，最后到计算机软件的形成，中间要经过三次大的转换，每一次转换，或者以军事人员为主，或者以数学人员为主，或者以计算机技术人员为主来完成（其他人员参加）。而这些人员的素质决定了每次转换的质量和真实性，只有在每一个环节的质量都能得到保证的条件下，才能建立一个比较理想的作战模型。另外，从实战模型到软件模型中的每一次转换，都要进行一次新的抽象、取舍、压缩和减化，都会受人的主观因素影响，都是一次仿真和失真矛盾统一的过程。对其中的每次转化，每类人员都要特别仔细。失真是必然的，建模工作者的任务就是最大限度地实现仿真，处理好抽象和真实二者之间的关系。作战模型建立最后的工作是要由各类人员联合对计算机的运行结果进行分析，检验结果和结论与目的的符合程度，如不理想，再进行新一轮处理和再加工，直到能够交付使用为止。

通过上述各个环节建立起来的作战模型，除了具有一般模型的特点之外，还具有以下特点：

① 通用性。即作战模型在一定范围内具有普遍适应性。只有比较通用的模型才有比较强的生命力，否则模型将随着仿真结果的求得而失去其再次使用的价值。通用性是模型重用的基础和前提。

② 灵活性。即作战模型使用要灵活方便，易于军事人员掌握使用，能以人机对话的方式拟制作战方案，方便地进行人工干预。

③ 可靠性。即作战模型的实验结果要相对准确可靠，为此要有合理的战术原则和准确可靠的基础数据的支持。

另外，作战模型的仿真结果要能反映三个方面的因素：

① 武器系统的战斗性能；

② 战场环境对作战行动的影响；

③ 组织指挥在作战行动中的作用。

第 3 章　军事概念模型

3.1　概念模型的含义

仿真界的著名学者 Bernard Zeigler 在《建模和仿真理论》一书中用三个基本要素来描述计算机仿真的开发过程，即真实世界、模型和计算机，如图 3 - 1 所示。他认为，建模主要涉及真实系统和模型之间的关系，仿真主要涉及计算机和模型之间的关系。

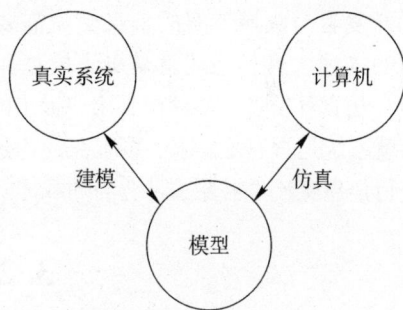

图 3 - 1　仿真过程三要素

根据 Zeigler 的理论，首先应当使用英语或其他自然语言对一个模型进行非正式的描述，描述中包含指导建模的假设。在建模者构思、编程、调试程序和测试模型过程中，非正式模型扮演着重要的角色。对模型的非正式描述，提供了关于模型的重要知识和轮廓，使建模者在模型开发的时候能够获得一个清晰的概念。建模的过程，就是这种非正式模型的具体化和形象化。这种非正式模型称为"概念模型"。

"概念模型"这一术语在仿真界使用相当频繁。在需求分析、系统分析、系统设计、系统实现以及校核与验证等仿真系统开发的各个环节，都可能涉及这一概念。

概念模型是对真实世界的抽象和描述。真实世界太复杂，人类不可能完全理解，更不用说去为它建立模型了。因此，建立模型最可行的方法就是从真实世界当中抽象出关键的因素，形成有关真实世界合理的近似描述。可以说，所有关于真实世界的模型都是对真实世界的简化和抽象。

简化是一项分析技术，它将不重要的细节去除掉，以便定义和分析较为简单的关系。科学家和工程师经常将这项技术作为解决问题的重要方法之一，通过对复杂问题的近似描述，得到有用的结果。

抽象是一项更加直观的分析技术。抽象要求建模者确定真实系统中关键的因素，并且以另一种形式再现出来。所产生的模型反映了真实世界系统的基本性质和行为，但不是对系统的直接模仿。通过对真实世界简化和抽象所建立的模型就是概念模型。

概念模型是仿真模型开发的基础。仿真模型是指在仿真过程中直接驱动的模型，其表现形式包括类/对象、函数/过程、数据文件等。仿真模型的开发是在概念模型的指导下进行的。也有人称这一过程为"二次模型化"。

许多仿真系统在开发过程中并没有明确使用"概念模型"这一术语，但这不等于跨越了建立概念模型的阶段。实际上，任何仿真模型都不是无根无据的，在仿真模型开发过程中，不可避免地要对真实世界中事物的属性进行简化和抽象，并以流程图、数据表格等软件开发文档的形式表现出来。这种软件开发文档就是概念模型。仿真模型开发过程如图 3-2 所示。

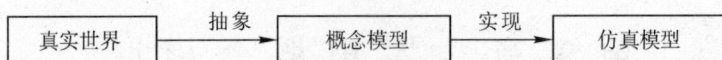

图 3-2　仿真模型开发过程

概念模型是领域专家和仿真开发者之间，以及仿真开发者与仿真用户之间沟通的桥梁。随着仿真技术的发展和仿真作用的日益显现，仿真所涉及的行业和领域也越来越广泛。仿真开发者对仿真领域的知识和技术很清楚，但对他们所开发的仿真系统的原型系统所处的领域却不见得有很深入的理解。要求仿真开发者对原型系统的背景知识和理论都掌握也不现实。那么他们设计和开发的依据从哪里来？只能借助于该领域的领域专家及其著作。仿真开发者需要将他们所理解的原型系统描述出来，作为仿真系统设计和开发的依据。随之而来的问题是，他们对原型系统的描述是否正确？这又需要由领域专家来做出评判。在这个过程中，仿真开发者与领域专家的信息交流需要一种载体，即仿真开发者根据他们对原型系统的理解所做的描述。这种描述就是概念模型。

仿真开发者需要就仿真用户提出的仿真需求与用户进行交流。仿真系统开发完成后，二者还要就系统是否满足需求、系统在使用过程中有哪些限制等问题进行交流。他们的专业背景不同，进行信息交流也需要一种适当的载体。概念模型就是仿真开发者和仿真用户之间沟通的桥梁。

3.2　概念模型文档

作为真实世界的抽象和描述，概念模型不应是仅仅停留在建模人员的头脑中，而应落实在文档上。

3.2.1　概念模型文档应包含的主要内容

概念模型文档包含以下内容：

（1）概念模型代号

概念模型代号应该具有唯一性，而且易于理解。为便于检索，也可以使用版本号。代号中应标明概念模型完成或发布的日期。

（2）有关联系方法

这部分内容应标明概念模型开发人员、检查人员以及相关领域专家的联系方式，包括姓名、电话、传真、E-mail 以及他在概念模型开发过程中的角色等。

（3）概念模型需求

这部分内容应当简明扼要，从检查概念模型的角度说明所建立的概念模型的用途，反映出对各仿真要素的需求。

（4）概念模型概述

这部分内容应概述仿真的基本内容，以及所建立的概念模型所能应用的领域和范围。特别要注意的是，这部分内容应说明仿真要素之间的交互和接口关系。

（5）基本假定

这部分内容应包括与所建立的概念模型有关的基本假定及其含义。一般说来，假定的含义就是仿真的限制条件的重要组成部分。

（6）实体和过程的基本要素

概念模型中关于实体和过程的基本要素包括：可能的状态、任务/动作/行为、相互关系/交互、事件、参数/因素。

这些要素不是相互排斥的。如果换一个角度，可能有助于对这些要素的全面理解。例如：

数据角度：应描述出仿真要素之间的数据流；

功能角度：应描述出仿真要素之间的层次和静态关系；

行为角度：应描述出仿真要素的动态变化。

将这些要素综合在一起，就构成了概念模型中的仿真要素。

（7）算法

算法定义了实体或过程的行为，以及它们在仿真中与其他部分的交互方式。概念模型中应该描述所用到的所有算法及其与实体和过程的关系。此外，还应说明算法及其用到的数据的出处。如果有类似的算法，还应说明它们各自的优缺点以及选择的理由，与算法相关的假定也应列出。

算法应尽可能使用标准的技术符号和格式来描述。尽管有些算法不得不用某些特殊领域的专用术语和表达方式来描述，但对于大多数算法来说，还是可以用微积分、数理统计、微分方程等通用数学工具来描述的。

应特别说明算法中的数据要素。如果无法获取数据要素的准确值，就应说明希望通过什么数据源来获取，然后暂时给出一个近似值或取值范围，这类信息对合理评判概念模型逼真度非常重要。

（8）开发计划

这部分内容应说明在仿真开发全过程中概念模型的开发计划。开发计划应尽可能详细一些，应列出不同时间段要重点完成的工作。

（9）总结

总结部分在说明概念模型能力的同时，应明确列出概念模型的限制条件。如果还有没完成或不完善的地方，应说明预计的完成时间。另外，还应指出对于概念模型验证人员、仿真开发人员以及用户来说应该引起注意的地方。

3.2.2　概念模型的表达方式

概念模型文档应能用完整而准确的信息来描述概念模型，使仿真开发人员、校核与验证人员和参与仿真评估的领域专家都能正确理解概念模型的能力、局限和特征。只有这样，它才可能起到相关人员之间沟通的桥梁作用。这就涉及到一个概念模型如何表达的问题。

根据概念模型的含义和作用，其表达方式应满足以下基本要求：

（1）完备性

概念模型应该包含仿真设计和实现所需的、人类已经认识和理解的原型系统的所有知识。这些知识具有各自不同的性质，具有各自适合的表达方式。概念模型应能表达这些不同性质的知识，不能由于表达方式的限制而使得某些知识的描述缺失或不够准确。

27

（2）无二义性

概念模型的读者不仅包括建立概念模型的人员自己，还包括领域专家、系统分析员、仿真模型开发人员、用户、校核与验证人员等。这些人员专业背景不同，对不同表达方式的理解能力也不同。要使他们能够正确地交流，就要求概念模型的表达不能有二义性。要做到这一点，可以采用两种技术手段：一是使用结构化的建模语言，二是建立公共语义和语法（Common Semantics and Syntax，CSS）词典。

（3）易理解性

如前所述，概念模型的读者来自不同领域，所建立的概念模型必须要能比较容易地被他们理解和接受。如果表达方式过于复杂，那么这些人员对表达方式的掌握本身就可能出现问题，对概念模型的正确理解也就无从谈起了。

概念模型所包含的知识具有各自不同的性质，因此不可能用一种通用的方式来表达。概念模型的表达方式包括自然语言描述、可视化建模语言描述和形式化语言描述等。在概念模型的表达方面，这几种方式各有优缺点，但没有哪一种方式能够完全满足上述要求。因此，实际应用中往往是几种方式的组合使用。

3.2.2.1　自然语言描述

自然语言是指人类日常使用的语言，包括口语、书面语等。每个国家和民族都有自己的语言。自然语言是人类最基本的交流思想、传递信息的工具。

如果只是把概念模型作为一种说明、参考，不作深入使用，就可以采用自然语言与普通图表相结合的方式描述。这样既省时又省力，优点比较明显。

自然语言描述虽然方便，但是它有两大缺点：

① 存在二义性；

② 不具有严格的一致性结构。

另一方面，如果要对概念模型作深入使用，比如要从中获取大量的数据、要进行推理，进而建立知识库系统，仅靠自然语言描述方式就不能满足。在这种情形下，就必须要对信息、知识进行形式化的描述。

3.2.2.2　可视化建模语言描述

概念模型的可视化方法比较多，较常用的就是利用标准建模语言（Unified Modeling Language，UML）与结构化分析和设计方法（ICAM DEFinition Method，IDEF）建模工具。

（1）基于 UML 的可视化建模

UML 是一种通用的可视化建模语言，用于对软件进行描述、可视化处理、建立软件文档等。作为一种建模语言，UML 的定义包括 UML 语义和 UML 表示法两个部分：

UML 语义：给出了基于 UML 的精确的元模型定义。在语法和语义上，元模型为 UML 的所有元素提供了简单、一致、通用的定义性说明，使开发者能在语义上取得一致。

UML 表示法：定义了 UML 符号的表示方法，为开发者的建模工作提供了标准。这些图形符号和文字所表达的是应用级的模型，它是 UML 元模型在语义上的实例。

UML 的图形可以分为下列五种：

① 用例图（Use Case Diagram），从用户角度描述系统功能，并指出各功能的操作者。

② 静态图（Static Diagram），它包括类图和包图。其中类图描述系统中类的静态结构，

包图用于描述系统的分层结构。

③ 行为图（Behavior Diagram），描述系统的动态模型和组成对象间的交互关系。它包括状态图和活动图。其中状态图描述类对象中所有可能的状态以及事件发生时状态的转移条件；活动图描述满足用例要求所要进行的活动以及活动间的约束关系，以便于识别和组织并行活动。

④ 交互图（Interactive Diagram），描述对象间的交互关系。它包括顺序图和合作图。其中顺序图显示对象之间的动态合作关系，它强调对象之间消息发送的顺序，同时显示对象之间的交互；合作图描述对象间的协作关系，与顺序图相似，也显示对象间的动态合作关系。除显示信息交换外，合作图还显示对象以及它们之间的关系。

⑤ 实现图（Implementation Diagram），包括构件图和配置图。其中构件图描述代码部件的物理结构及各部件之间的依赖关系，显示代码本身的结构；配置图定义系统中软硬件的物理体系结构，是系统运行时刻的结构。

但是，使用 UML 建立概念模型存在两个问题。

第一，尽管 UML 的建模元素很丰富，但仍有一些知识是很难用 UML 来表达的，如作战原则、假定条件、算法来源等；

第二，由 UML 的各种图形成的概念模型文档很难被其他人理解和使用。UML 的主要特点是追求语义的一致性，消除人们对同一事物在理解上的歧义。同时它又应该是比较易于理解的，否则就很难起到不同领域专家之间交流的桥梁作用。但实际上，为了适应不同专业、不同领域、不同应用的建模需求，UML 在建模元素和表达方式方面仍比较复杂。对于计算机相关专业的专家来说，UML 模型的理解还相对容易一些；但对于从未接触过计算机工作流程的领域专家来说，要让他在较短时间内理解 UML 各种建模元素的内涵，理解各种图的应用范围和衔接关系，绝非易事。

（2）基于 IDEF 的可视化建模

IDEF 是在 20 世纪 70 年代提出的结构化分析方法基础上发展起来的，它是美国空军制定的一体化计算机辅助制造计划的一部分，以满足人们对更好的分析与交流手段的需要。刚开始时，它包括 IDEF0、IDEF1 和 IDEF2 三部分，现在已发展到 IDEF4。

但基于 IDEF 的建模存在人为复杂化的问题。复杂系统体系结构包含多种不同特征，所以 IDEF 家族发展了各种不同的方法来描述这些不同的特征。虽然说由于问题（或者说系统）本身的复杂性，一种表达形式可能只用于描述一种特征，所以多种表达形式是必需的，但 IDEF 家族也太过庞大，它的描述方法高达 15 种之多，每一种方法基本上都有它不同的语义结构，使用很不方便。如 IDEF0 是非常有用的工具，但如要设计一个关系数据库就要建立 IDEF1 模型。进一步，IDEF0 只描述活动间的关系，不包含时间因素。要表达明确的时间间隔和相对的时间关系，就要用 IDEF3 模型。而要建立一个整个作战过程的 IDEF3 模型，又几乎不可能，只能对分成不同领域、有限范围的过程进行建模分析。而对于 IDEF0 容易表达的 ICOM（输入、控制、输出、机制）关系，如果都要在 IDEF3 中表达，又成了一种难事。

因此，虽然 IDEF 能表示系统方方面面的特征，但由于表达方式多而复杂，导致了这一文档模型的复杂性，即难以清晰地反映系统活动及活动间信息联系的全貌，难以准确地反映、验证活动间的信息联系，因此在设计过程和规划过程中无法对其进行有效的利用，不能为设计和规划过程提供有效而必要的信息。

3.2.2.3 形式化语言描述

要利用获取的信息和知识来建立知识库，必须要对这些已获取的知识以某种一致化的结构存储和组织起来，以实现计算机自动知识的处理和问题的求解。这就是所谓的形式化描述。常见的描述方法主要有如下几种：

（1）基于逻辑的表示方法

最常见的有命题逻辑和一阶谓词逻辑。这种方法把数学中的逻辑论证符号化，具有自然、准确、灵活、模块化等优点，其推理系统采用归结原理，推理严格、完备、通用，在自动定理证明等应用中取得了很大的成功。

这种方法有三个主要弱点：

① 它所能表达的知识比较简单，无法方便地描述有关领域中的复杂结构；

② 问题求解大多是不完备和不精确的，因此许多问题不能用精确的逻辑表达式来描述；

③ 其推理方法在事实较多时易于产生组合爆炸，推理效率较低。

（2）基于关系的表示方法

这种方法适合于表示简单事实和陈述性知识，形式相当于关系数据库。

（3）面向对象的表示方法

这种方法适合于表示有继承性的、纵向层次关系的知识。面向对象技术的特别应用就是基于框架的知识表示，其实对象类就通常采用框架进行描述。

（4）基于框架的知识表示

框架是一种组织和表示知识的数据结构。它由框架名和一组用于描述框架各方面具体属性的槽和侧面组成。它是一种经过组织的结构化知识表示方法，适合于表示某种类型的概念、事件和行为。

这种方法的不足之处在于：

① 缺乏框架的形式理论：至今，还没有建立框架的形式理论，其推理和一致性检查机制并非基于良好定义的语义；

② 缺乏过程性知识表示：框架推理过程中可能需要一些与领域无关的推理规则，这些规则在框架系统中很难表达。所以在使用中，它往往同产生式规则相结合，相互补充。

（5）基于规则的表示方法

基于规则的知识表示使用"IF CONDITION THEN ACTION"形式的产生式规则表示知识，是目前应用最广泛的知识表示方法之一。它适合于表示由许多相对独立的知识元组成的知识，或者是表示具有因果关系的、由许多相对独立的操作组成的过程性知识。

它的主要局限性有两点：

① 由于产生式规则知识表示过小，同时每条规则相互独立，因而当知识库变大时，其搜索效率不高；

② 不适合表示结构性的知识，不能将具有结构关系的事物的区别与联系表示出来。

（6）基于语义网络的表示方法

它是用有向图表示领域知识的一种技术。在语义网络中，结点表示领域的实体（对象或概念），弧代表实体之间的关系，弧上的标记说明了该二元关系的类型。它最早用于自然语言理解的研究，现在已发展为一般的知识表示方法。

这种方法的主要缺点是：

① 语义网络系统的管理和维护通常非常复杂，节点与节点之间的联系可能是简单的线状、树状或网状，甚至是递归状的联系结构，这给知识的存储、修改和检索带来不少困难。

② 有时推理过程难以进行，这主要是语义网络的节点含义往往不明确，不能区分这个节点到底是"类"还是"个体"。

（7）基于可扩展标记语言（Extensible Markup Language，XML）的表示方法

XML 是一种可扩展标记语言，它以一种统一的方式实现了自描述任意复杂度的结构化数据。它关心的是数据内容，而不是数据的显示样式与布局效果。这种数据内容与显示形式的分离在信息表示与处理上有着非常明显的优点，而且最终的 XML 文档是显式结构化的文本文档，在信息的互操作上具有很重要的意义，能够被任何应用程序方便地访问。

XML 的主要缺点是：XML 只是定义文档结构的描述语言，并不具有描述语义信息的能力，因而要更好地描述概念模型就得为 XML 添加语义信息的表达能力。

综上所述，产生式规则主要用于表达专家解决某一具体问题时的启发性知识，它适合于逻辑推理和决策判断的描述，而对于过程控制、数值计算和领域概念及领域对象的描述能力则非常欠缺。框架、语义网络等结构化知识表示形式则非常适合于概念对象及其相互关系的静态描述，不足的是其推理和计算的能力较差。而实际上，知识是多样化的，知识的表达既包括领域对象的静态属性、行为特征、约束，又要表达专家经验、判断决策等知识，还要有较强的数值计算及过程控制能力。可见，单一的知识表示形式难以准确有效地表达设计知识，需要将上述两种或几种方法结合起来，共同进行知识描述。

3.3　两种重要的概念模型

3.3.1　仿真概念模型

仿真需求明确以后，仿真开发者要做的第一项工作就是开发仿真概念模型（Simulation Conceptual Model，SCM），作为仿真模型设计和实现的基础。SCM 中说明需求如何分解、模块之间如何交互以及所应用的方程和算法的描述等。也就是说，SCM 描述就是开发者希望通过实体、动作、任务、过程、交互等各种仿真要素来达到什么样的仿真效果，以及这些仿真效果如何满足预期应用需求。

SCM 的建立在仿真设计与实现之前进行，通常独立于具体的设计与实现问题。但如果仿真的有些部分是重用以前的开发成果，或者预料到仿真的实现会用到某些特殊的硬件或软件工具，那么 SCM 也需要考虑到设计问题。SCM 的开发往往会暴露出仿真需求中存在的问题，特别是在概念模型开发之前没有对仿真需求进行严格审核的情况下。因为概念模型的开发必须依据仿真需求来展开，所以如果仿真需求之间存在矛盾或不合理的地方，这些问题就会显现出来。这更突出了在概念模型开发之前对仿真需求进行严格审核的必要性，同时有利于促进仿真需求的不断修改完善。

概念模型的开发可能在仿真需求完成之前开始，也可能等到仿真目标完全明确，并且落实到仿真需求上以后再开始。开发过程包括以下四个基本的步骤。SCM 的开发是一个循环往复的过程。在仿真开发过程中，SCM 应该不断发展和完善。因此随着需求的变化和设计、

数据、程序的修改，这些步骤可能要循环往复许多次。

第一步：收集权威信息

权威信息的收集可以采用一些专家系统开发中的知识工程技术和知识提取方法，或者其他一些可以将权威信息描述形式化的方法。

对于暂时无法获取而建立 SCM 又必需的权威信息，可以暂时用一些经验数据代替。但必须注意，这时的概念模型是有缺陷的。对于那些非权威的数据，必须记录在案，一旦获取了权威数据，就要尽快将其替换下来。

第二步：分解任务空间，得到仿真要素

所谓任务空间，简单地说，就是对仿真要达到的目标的描述。描述仿真实体或过程的假定、算法、数据、相互关系等统称为仿真要素。

仿真要素决定于任务空间的分解。任务空间的分解应遵循以下六个基本原则：

① 仿真需求中对仿真每个方面（参数、实体等）的规定都应有明确的仿真要素与之对应；

② 能够影响仿真目的实现的每个方面（实体、任务、参数、状态等）都应有明确的仿真要素与之对应；

③ 每个仿真要素都要尽可能在真实世界中找到相对应的事物；

④ 仿真要素应该尽可能符合某种标准和一些广为接受的分解模式，以便于概念模型的认可和与其他仿真开发工作相协调（包括算法等仿真要素的重用）；

⑤ 只有在万不得已的情况下，才可以使用那些不符合规定判据的、用于计算的仿真要素；

⑥ 不应存在与该仿真无关的仿真要素。无关的仿真要素很可能会给仿真带来不必要的麻烦和问题。

为达到仿真目的，仿真中必需的实体和过程都应符合上述分解原则。任务空间分解是概念模型开发的基础工作。在这个过程中，还要确定与仿真需求相适应的细节等级和聚合等级，这决定了系统所模拟的是单个实体，还是多种不同类型实体的组合，还是不同细节等级实体的组合。此外，还要确定智能决策和行为仿真的细节等级。

第三步：描述仿真要素

上一步得到了关于仿真所需的每个实体和过程的仿真要素。接下来一个基本的抽象表示问题是，如何描述这些仿真要素，换句话说，如何刻画仿真要素的特征。要做到这一点，必须首先确定描述实体和过程所需的分辨率等级。仿真逼真度不仅取决于所模拟的范围（例如仿真中包括哪些实体和过程），还取决于所描述的实体和过程的准确度和精度。仿真要素在功能上和行为上决定了仿真的能力。

第四步：分析相互关系

最后一步是分析仿真要素之间的相互关系。其目的是，确保仿真要素都能很好地满足仿真需求中所规定的约束和边界条件，确保仿真要素之间具备正确的关联关系。

在高层体系结构（High Level Architecture，HLA）中，整个联邦的 SCM 主要包括三部分内容：

联邦概念模型（Federation Conceptual Model，FCM）

具体的联邦需求和联邦想定

对联邦成员的描述

其中，FCM 描述了联邦为达到预期应用目标所必需的实体和行为，以及联邦中的联邦成员如何交互等，是 SCM 的重要组成部分。

3.3.2　任务空间概念模型/任务空间功能描述

在早期的仿真开发中，系统开发人员为建立概念模型所进行的资料准备工作都是围绕着特定的目的而展开，随着系统前期分析工作的结束而结束。由于缺乏可用的信息管理和维护工具，这些资料无法转化成以统一的格式存储起来的信息，因而无法为未来的仿真系统开发所重用，造成重复开发，浪费严重。特别是进行军事领域方面的仿真，资料的收集相当困难，而且也是一项费时费力的基础工作，对信息重用的要求更为迫切。

1995 年 10 月，美国国防部建模与仿真办公室（DoD Modeling and Simulation Office，DM-SO）发布了"建模与仿真主计划"（DoD 5000.59 - P）。该计划第一次正式提出了建模与仿真通用技术框架，其目的在于建立人、自然环境、系统等的权威描述，促进各种类型的模型与仿真应用以及与相关的 C⁴I 系统之间的互操作性，同时也促进建模与仿真部件的可重用性，实现仿真规模的可伸缩性和仿真的高性能。通用技术框架主要包括三个部分的内容，即 HLA、任务空间概念模型（Conceptual Models of the Mission Space，CMMS）和数据标准（Data Standards，DS）。其中，CMMS 是对真实世界的第一次抽象，独立于具体的仿真执行，如图 3-3 所示。

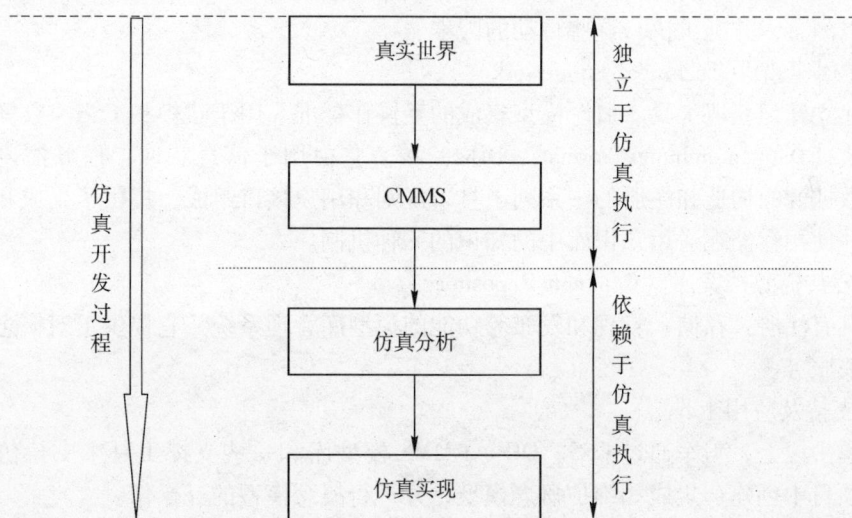

图 3-3　仿真开发过程

美军对 CMMS 研究非常重视。下面简要回顾一下美军 CMMS 的发展过程。

早在 1995 年 8 月，美军就正式批准开展 CMMS 的研究与开发工作。首先在 DMSO 以及联合仿真系统（Joint Simulation System，JSIMS）、联合战役系统（Joint Warfare System，JWARS）、战争综合演练场（Synthetic Theater Of War，STOW）等的管理机构中达成共识，以协调知识获取的行动。随后成立了由来自上述机构的人员组成的 CMMS 技术组，进行 CMMS 实验。

1995 年 10 月，形成了 CMMS 的管理计划草案并确定了一系列的权威数据源。

1995 年 11 月，完成了 CMMS 最终的管理计划，并开始研制与开发构造原型系统的工具。

1996 年 1 月，开始进行 CMMS 系统的实验。

1996 年 3 月，提出了 CMMS 的第一个技术框架草案，并在 4 月定义了其核心内容——公共语义和语法（Common Semantics and Syntax，CSS）。

1997 年 2 月，CMMS 技术框架正式从数据工程技术框架中独立出来。

1997－1998 年，先后利用 CMMS 进行了三次试验，试验#1 在 EAGLE 系统上进行，主要检验利用 CMMS 进行知识获取是否完整，试验#2 在 FSATS 系统上进行，主要是看 CMMS 能否描述复杂的指挥和控制行为；试验#3 涉及 CMMS 知识获取细节的支撑环节。

大约在 2000 年，DMSO 将"任务空间概念模型（CMMS）"更名为"任务空间功能描述（Functional Descriptions of the Mission Space，FDMS）"。由于这两个词汇在内涵上并没有明显区别，而国内对"任务空间概念模型"认知度可能更高一些，所以本书后面的内容没有在名称上做相应变化。

美军 CMMS 主要由四个部分组成：

（1）任务空间模型（Mission Space Models）

建立对真实世界军事行动的一致性描述。它关注的是军事行动和任务，分别描述实体（武器系统、兵力、装备等）、人员和知识（战略、战术、任务、作战规则）等，赋予这些军事行动以内容，并提供执行这些行动的因素。

（2）技术框架（Technical Framework）

用于建立知识获取工具、概念模型集成的互操作标准、用于建模的 CSS、数据词典和数据交换格式（Data Interchange Formats，DIFs）等。它由用于信息获取、任务描述、模型集成、权威数据源的构造和注册的一系列工具、规则和用户接口组成，提供了生成和维护通用知识库，并使用存储在通用知识库中的知识的一种机制。

（3）公共资源档案库（Common Repository）

建立具有注册、存储、管理和发布等功能的模型库管理系统。它提供了对概念模型进行管理的相关服务。

（4）支持及应用工具

在建模手段上，美军通过 CSS、DIF、CMMS 模型库和一些支撑工具来支持仿真开发人员在仿真项目中创建、集成和维护概念模型，并进行概念模型的互操作。

在建模方法上，主要采用面向对象方法。它以任务为中心，将军事行动分解为实体、活动、任务和交互。

在模型描述上，特别是可视化方面，美军主要采用 UML、IDEF 等方法。

在概念模型应用上，美军也十分注意 CMMS 的重用问题，把它作为建模与仿真资源库（MSRR）中的一部分。MSRR 是与国防建模与仿真相关的、分布于各军兵种和相关组织机构中的各种资源的集合，包括模型、仿真、对象模型、CMMS、算法、实例数据库、数据集、数据标准和管理产品、文档、工具等，是一种按照资源类别进行组织、由所有者负责维护、由分布式网络实现互连的建模与仿真资源系统。其目标和任务是，通过资源和信息共享和交换减少或避免复制和冗余，节省费用，为国防建模与仿真活动共享资源提供一个基础框架，提高建模与仿真的互操作性和可重用性。MSRR 不仅提供对资源进行搜索、存储、获取的能力，而且提供实现资源保护的安全机制。DMSO 专门委派了一个主管委员会负责组建和管理 MSRR，该委员会的成员来自国防部、弹道导弹防御组织、国防情报局等机构。

从美军的 CMMS 实践不难看出，CMMS 不仅是一种概念模型（任务空间模型）的表现形式，同时还代表了一种模型库的开发、管理与运用模式。

CMMS 是面向任务的，而不是面向具体应用的。如果没有专门的经费支持，一般不会为建立面向某种任务的 CMMS 而开发概念模型。更实际的做法是，由具有模型重用需求的组织或机构依据 CMMS 技术框架建立公共资源档案库，开发相应的支持及应用工具，然后在面向应用的仿真实践中开发仿真概念模型，有选择地充实到模型库中。因此，CMMS 的建立是一个长期的系统工程，其中模型库的完善主要有以下两种途径：

① 将 SCM 中独立于具体仿真问题的、在整个系统开发生命周期中可重复使用或在其他系统开发中可重用的知识信息保存在模型库中；

② 如果现有模型库中有多个不同的概念模型可以支持同一个仿真问题，那么这些概念模型必然存在功能上的等价关系，可以通过模型的综合或简化来生成新的模型，在解决实际问题的同时充实模型库。

SCM 和 CMMS 既有相同之处，又存在实质上的区别。相同之处在于，它们都是服务于仿真开发的概念模型，所以都符合第一节中对概念模型的描述：

① 都是对真实世界的抽象和描述；

② 都是仿真模型开发的基础；

③ 都是不同领域人员之间沟通的桥梁。

二者之间的主要区别在于：

① SCM 直接用于仿真模型开发；而 CMMS 的主要目的在于模型的重用和互操作，其中的任务空间模型可用于生成 SCM。

② SCM 依赖于仿真需求，仿真需求界定了 SCM 的能力和范围；而 CMMS 是面向任务的，不依赖于仿真需求。

③ SCM 包含了与仿真设计相关的信息，如分辨率要求、硬软件结构、接口关系等；而 CMMS 不包含与仿真设计相关的信息，其中的任务空间模型仅限于对真实世界的抽象和描述。

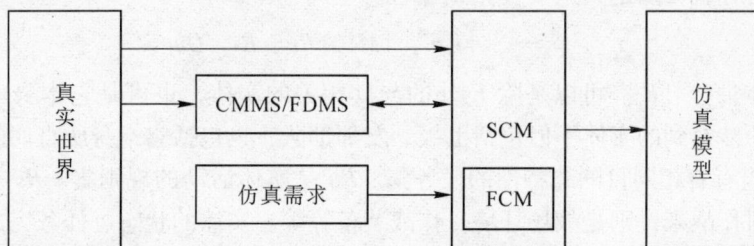

图 3-4　SCM 与 CMMS 在仿真开发过程中的地位和作用

图 3-4 给出了 SCM 与 CMMS 在仿真开发过程中的地位和作用。图中的箭头表示相关两个过程之间的信息流向和先后关系。实际上，SCM 的开发过程往往会暴露仿真需求中存在

的问题，从而推动仿真需求的修改和完善。同样地，仿真模型的开发过程也会暴露 SCM 中存在的问题，从而推动 SCM 的修改和完善。但这些过程只是整个系统开发过程中的反馈环节，不是开发过程的主流，所以没有用箭头标出。

3.4 任务空间概念模型的技术框架

CMMS 技术框架由用于信息获取、任务描述、模型集成、权威数据源的构造和注册的一系列工具、规则和用户接口组成，提供了生成和维护通用知识库，并使用存储在通用知识库中的知识的一种机制。

3.4.1 任务空间概念模型的抽象

3.4.1.1 模型抽象

建立 CMMS 就要涉及到模型的描述。CMMS 是与任务、空间等相关的，下面对它们进行语义抽象分析。

任务：就是一个实体或行为者为达到某种目标而要执行的行动或作业。它由任务名称（N）、任务标识（ID）、完成实体（E）和任务控制过程（P）组成，可以抽象表示为：

$$M :: = <N, ID, E, P>$$

空间：在系统中，空间并不完全是几何意义上的空间，它是建立在系统之中为系统提供某种服务的逻辑服务单元。用一个五元组来表示：

$$\sum :: = <Obj, F, Ru, Rs, Out>$$

其中 Obj 表示对象的集合，F 是空间所具有的功能的集合，Ru 是对象活动规则的集合，Rs 是使用资源的集合，Out 是服务单元的输出集合。

空间是一个广义的概念。一个系统可以看作一个空间，它也可以包含许多个空间。我们可以根据其功能加以分类。如当功能表现为确定用户的需求时则为用户空间，如表现为具有相同目的和特性的一系列任务集时，它就可看作是一个任务空间。因而我们可以进一步定义任务空间。

任务空间：系统中任何实体（对象）都有它的任务。当某一实体为一个总目标而要完成一系列任务时，就可以定义这一实体 E_i 的任务空间：

$$\sum_{E_i} :: = <\{E_j\}, \{M\}, Ru, Rs, Out>$$

其中，实体集合 $\{E_j\}$ 可以是除 E_i 外的与其相关的实体，也可是它本身。如坦克团的城市攻坚战，所涉及到的实体不但包括上级、友邻部队，也包括它本身所直属的部队。$\{M\}$ 是实体 E_i 的一组有着相同目的和特性的任务集。Ru 是实体活动的规则集。Rs 是实体所使用的资源集，如对作战来讲则是战场环境、作战装备等等。实体的状态、任务完成情况可从输出集合 Out 中获得。输出的格式可以是文档、图形、数据文件等等。

作战任务空间：系统中所有的实体及其各自的任务空间又可构成一个整个系统的任务空间，对作战来讲，一次战役、一种作战样式乃至一次战斗都可看作是一个任务空间，我们把它叫做作战任务空间，可抽象为：

$$\sum_{E} :: = <\{E_i, \sum_{Ei}\}, \{M\}, Ru, Rs, Out>$$

相应这里的 $\{M\}$ 是为达成作战胜利的所有的任务集合；Ru 是作战实体活动的规则，如条令、战斗原则及指挥控制等。其他同上。

任务空间概念模型：就是对任务空间上特定任务行动的抽象。它由五个要素组成：任务空间上的实体集（$\{E, \sum_E\}$）、任务集（$\{T\}$）、实体活动（A）、交互（I），输出（Out，可以是下一步的行动方案，也可以是任务的最终结果状态如实体的位置、状况等）。即可抽象为：

$$CM :: = <\{E, \sum_E\}, \{M/T\}, A, I, Out>$$

3.4.1.2　结构层次抽象

按上述抽象过程，我们还可以来看一看 CMMS 的模型层次结构。从技术上看，它可分为四个层次：物理资源层、行为抽象层、任务描述层和应用层。

物理资源层：是与 CMMS 相关的信息来源，反映的是所描述对象（实体）的物理性能、结构。主要包括军事装备库、编制库等等。

行为抽象层：主要进行军事行动的抽象。它可表示为：

$$行为层 :: = <<实体 E>, <行为抽象 A>>$$

任务描述层：不考虑其他战场因素而只对军事任务进行描述。它可表示为：

$$任务层 :: = <<任务结构 Ms>, <任务控制过程 Mp>>$$

CMMS 主要是针对军事任务的，对军事任务进行描述时必须要对它进行分解。军事任务分解如图 3－5 所示。

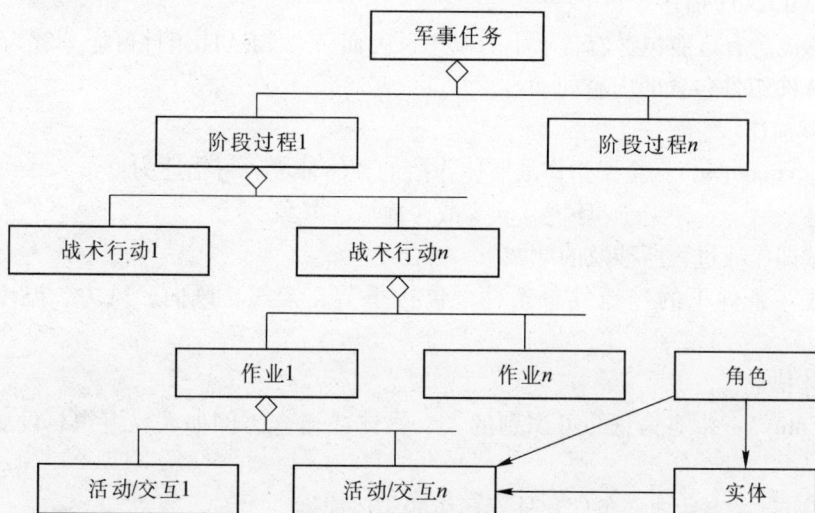

图 3－5　军事任务分解图

军事任务的描述就是在此图解基础上进行一步一步的描述。任务首先分解为作战过程。每个过程是与作战阶段相对应的，也就是说一个大的任务要分成几个阶段来完成。每一个阶段过程又对应许多战术行动，每一个战术行动又可分为许多小的作业。任务分解的最后落脚于作战实体的战斗活动如行进、机动、突击、掩护等基本的战斗动作。

应用层：对以上三层进行综合后，并考虑战场环境而进行的具体运用（交互）。它可表示为：

$$应用层 :: = <<环境 En>, <E>, <任务 T>, <A>, <交互 I>, <输出 Out>>$$

如坦克连山地作战概念模型就可简单表示为：

$CM_{坦克连山地进攻战斗}$ ::=<××山地，××坦克连，攻占××高地，山地进攻行为序列，山地作战交互规则，输出>

这里的输出可以是任务完成的步骤、方案等。

3.4.2 公共语义和语法

军事人员通常使用军事条令语言，但是这种语言的语义（行动术语和定义）和语法（语言结构）可能不适合其他的领域。解决这个问题的办法就是把所有的领域规范描述映射为通用的语义和语法，以使每一种描述都能正确地理解。

CSS是为保证表达和理解的正确性而对各专业领域内的规范描述进行的映射，其严密和规范的定义将有助于改进不同领域人员之间的交流。在上面抽象的基础上，CSS由四个部分组成：

环境、实体、活动、任务和交互（Environment, Entities, Actions, Tasks, and Interactions, EEATI）描述；

基于活动抽象的动词词典；

基于实体抽象的名词词典；

信息系统规定的语义和句法。

3.4.2.1 EEATI 描述

一个大的概念有可能包含着若干小的概念，因而一个EEATI组件可能分解为多个EEATI组件。EEATI组件包含的内容如下。

（1）环境描述

环境（Environment）：主要指作战实体作战的整体环境。可描述为：

$$环境 ::= <战斗地域，气象>$$

战斗地域即作战过程所涉及的地域。

气象是战斗条件下的当地气象条件，包括季节、天气、风向、风力、温度、昼夜长度等。

（2）实体描述

实体（Entity）：带有信息并可识别的人、物体或概念。例如人、组织、设施、装备和计划等。

状态（State）：表达内部条件和外部环境的实体属性。

角色（Role）：实体提供的或部分表现出的功能，或者是分配给实体的特征。

具体的实体如：

人（Person）：如飞行员、坦克驾驶员、步兵、指挥员等；

编组（Organization）：如指挥所、连、营、团等；

设施（Facility）：如空军基地、码头、碉堡等；

地貌（Feature）：如道路、河流、桥梁等；

装备（Material）：如战斗机、坦克、导弹、雷达等；

作战计划（Plan）：如装甲师作战计划等。

抽象的实体如：

数据模型的实体关联图表；

目标类。

实体的数据结构通常包括以下内容：

实体标识；

实体定义日期；

实体类型（如编组、个体、装备、报告、地貌、设施等）；

实体 – 实体关系（如上下级关系、组成关系等）；

实体状态；

数据词典中此实体的标识。

（3）活动描述

动作（Verb）：由自然力或人力引起而产生的一个事件的变更或转移。例如：

物理动作：如移动、机动、通信、交战、燃料补给等；

认知动作：如开发、感觉、监视、分析、监督等。

活动（Action）：动作及其施加的实体的组合。如给坦克加油、发射导弹、分析敌情等。

活动的数据结构通常包括以下内容：

活动标识；

活动定义日期；

动作标识；

动作作用客体（实体）标识；

动作作用客体。

（4）任务描述

执行者（Actor）：占有、执行、引导或控制一个特定活动的实体。

起始判据（Entrance Criteria）：执行者启动或继续一个活动所需的充分必要的一组状态或事件序列。

退出判据（Exit Criteria）：执行者终止或中断一个活动所需的充分必要的一组状态或事件序列。

任务（Mission）：一个实体或执行者为达到某种目标而要执行的行动或作业。一个任务经过分解，最后表现为小的作业。

作业（Task）：由执行者执行的一个或多个活动。作业是任务的最小单位，如表 3 – 1 所示。

表 3 – 1 作业实例

作 业	执行者	活 动
反坦克导弹发射车发射反坦克导弹	反坦克导弹发射车	发射反坦克导弹
坦克连冲击敌前沿阵地	坦克连	冲击敌前沿阵地
指挥员制定作战计划	指挥员	制定作战计划

任务/作业的数据结构通常包括以下内容：

任务/作业标识；

任务/作业名；

任务/作业定义日期；

父任务/作业标识；

执行者标识；

任务/作业描述；

活动标识；

任务分解过程；

子任务/作业标识；

子任务/作业完成顺序；

相关的子活动顺序；

任务对应的条件；

任务/作业输出。

（5）交互描述

事件（Event）：状态改变或条件变化，以及变化发生的时间和空间位置。

交互（Interaction）：定义事件流、状态、实体、活动以及它们之间的相互关系、接口等。

交互的数据结构通常包括以下内容：

交互标识；

接收者标识；

发送者标识；

交互类型标识；

交互类型；

交互数量。

3.4.2.2 数据词典

作战行动的数据词典不应仅仅包括基于活动抽象的动词词典，还应对必要的实体进行抽象描述，即需要包括基于实体抽象的名词词典。具体需求为：

① 能实现人工、半自动、全自动的数据输入和处理；

② 数据项没有冗余，便于修改和查询；

③ 数据的定义、表达应严密、准确、无二义性；

④ 便于用户进行数据格式的交换、数据的共享与交互。

数据词典通常由模型词典、名词词典和动词词典组成。模型词典声明模型的一般情况，如模型标识、模型名、创建者、创建日期、修改日期、模型说明、是否确认等。名词词典主要针对完成任务的实体所创建，是对参战实体术语的解释。动词词典是针对行为的动词所创建。

3.5 军事概念模型开发

军事概念模型是指支持军用装备仿真、军队作战仿真等军事领域仿真任务的概念模型。

3.5.1 军事概念模型设计原则

军事概念模型以文字、表格及图形的形式对描述对象给出规范化描述，实现军事人员与技术人员对军事问题理解的一致性。为此，军事概念模型文档的格式及内容应遵循以下原则：

① 军事概念模型的描述力度应与仿真系统应用目标相适应，描述范围应覆盖军事需求规定的主要内容。不同层次、不同军兵种（专业）仿真之间应当关系清晰、边界清楚。在不同应用形式下，各类模型间能实现实质的互操作。

② 军事问题的抽象应反映交战各方作战、指挥的特点和规律。军事概念的描述应符合相应军兵种的战役战术原则、军事经验和军事术语规范。

③ 军事概念模型描述应具有通用性，要能适应不同想定的需求，应确保仿真系统在作战样式、作战规模、组训形式的选择上具有充分的灵活性。

④ 军事概念模型的规则应尽可能定量化，对定性规则的描述要有权威性。描述的内容应具有适当的前瞻性，必须对已经出现或可能出现的新的指挥体系结构、新战法、新装备、新环境等因素加以考虑。

⑤ 军事概念模型应成为沟通军事与技术人员的桥梁，描述结果应便于技术人员转化为逻辑模型与程序模型。

⑥ 为保证仿真系统的仿真可信度，军事概念模型应能体现交战双方不同的作战特点、原则和习惯。

3.5.2　军事知识源

同其他概念模型一样，军事概念模型的建模过程也是从获取知识开始的。军事知识抽取的信息来源必须是权威的信息来源，如作战条令、条例手册、战术教材等。

除了从这些军事知识源抽取知识外，在许多情况下，知识抽取过程还离不开军事专家的协助。这是因为，概念建模所需的很多知识无法从正式文档中获得，而且，军事专家的许多经验知识来源于实践，是对实践活动的高度提炼。

军事概念模型主要描述的内容包括组织、过程、任务、指挥行为、装备、环境、通信以及其他方面的信息，因而军事概念知识也主要是抽取这方面的信息。

第4章 战场环境建模与仿真

人类的一切活动都是在一定的环境中进行的，战争与作战行动亦不例外。环境条件对作战结果的影响很大，同样的部队，执行相同的作战任务，但在不同的环境条件下进行，可能会产生截然不同的效果。历史上不乏因忽视环境条件而导致失败的教训。因此，历代军事家对作战的环境条件都十分重视。在装备作战仿真中，要准确把握环境条件的特征及其在军事行动中的作用，并把影响作战行动的主要环境条件加以量化和体现。影响作战行动的环境条件主要有自然环境、战场环境和社会环境。

自然环境是指自然界所提供的各种作战条件，主要包括地理和空间位置、地形（地貌、地物）、地表土质、地表覆盖（植被）、气象、水文等。

战场环境是指在作战行动中临时形成的、影响双方行动的一些人为战场条件，主要包括烟幕、炸点烟尘、车辆运动掀起的尘土、各种爆炸性武器产生的弹坑、工事和障碍物等。

社会环境是指对作战双方行动产生影响的社会、政治条件或因素，主要包括社会制度、经济体制结构和能力、民族特点、风俗习惯、文化与科学技术水平等。这些因素虽然对战术也有影响，但更多的是属于战略学和战役学研究的范围。

以上几类环境条件及其组合，就构成了作战行动的客观环境。但在实际的作战过程中，并不是所有的因素都在同等地起作用。相比之下，自然环境是形成总的作战环境的基础。因此，在研究环境因素对作战行动的影响时，首先必须抓住自然环境中的一些基本因素，如地形状态和气象条件等。

4.1 战场气象条件描述

在高技术条件下的现代战争中，气象条件的影响愈发突出，是影响战争胜负的一个十分重要的自然环境因素。

气象是指作战地区的气候类型及作战阶段的季节和天气状况，主要包括温度、湿度、风力、雨量、冰雪覆盖、能见度等。

气象条件对作战行动（如观察、射击、机动、通信等）有时能起很大的作用。恶劣的气象会影响能见度，降低观察目标的能力和武器的射击精度，使雷达信号衰减。对装备的性能影响则更大。雪地对行军速度的影响如表 4－1 所示。

表 4 –1 坦克、汽车雪地行军可达速度

车辆种类	坦 克						汽 车			
积雪深度（cm）	30	30 ~ 40	40 ~ 50	50 ~ 60	60 ~ 80	80 以上	0 ~ 5	5 ~ 10	10 ~ 20	20 以上
可达速度（km/h）	20 ~ 25	10 ~ 15	7 ~ 9	6 ~ 8	5	一般不能行驶	45	15	行驶困难	一般不能行驶

内容的广泛性和变化的随机性是气象条件的重要特点。这就决定了要对气象条件进行精细的定量描述是不现实的，一般只能从其对作战行动影响的效果上进行考虑，采用分级式的半定量方法描述。概括地说，就是从影响作战行动综合效果的角度出发，把气象条件分成若干级，根据每一级对各种作战行动的影响程度给出一个参数值，以修正相应的作战行动的效率和效果。

在要求不高的作战模型中，可以根据各种气象因素对作战行动的总体影响，把气象条件的类型分为较好、一般、较差、恶劣 4 级。当作战地域不大时，可以认为气象条件对双方的影响相同。

风力和风向对武器的射击精度、烟幕作用、化学武器的杀伤效果等都有重要影响。风力的分级如表 4-2 所示。

表 4-2　风力分级及物体征候表

风级	风速（m/s）	地面物体征候	海浪高（m）	
			一般	最高
0	0	静，烟直上	—	—
1	1~2	烟能反映风向，但风向标不能转动	0.1	0.1
2	2~3	脸感觉有风，树叶有微响，普通风向标能转动	0.2	0.2
3	3~5	树叶和小树枝摇动，旗子招展	0.6	1.0
4	5~8	灰尘、纸片飞舞，小树干摇动	1.0	1.5
5	8~11	有叶的小树摇动，水面有微波	2.0	2.5
6	11~14	大树枝摇动，电线呼呼有声，举伞有困难	3.0	4.0
7	14~17	全树摇动，人迎风走吃力	4.0	5.5
8	17~21	小树枝折断，人迎风走非常吃力	5.5	7.5
9	21~24	屋顶上的烟囱等被摧毁	7.0	10.0
10	24~28	陆地上少见，可以拔树倒屋	9.0	12.5
11	28~33	陆地上很少见，有重大灾害	11.5	16.0
12	33 以上	陆地上极少见，摧毁力极大	14	—

能见度是除地形之外的另一个影响观察和直瞄武器射击效果的重要因素。能见度的分级如表 4-3 所示。

表 4-3　能见度等级

等级	能见距离（m）	等级	能见距离（m）
0	小于 50	5	2 000~4 000
1	50~200	6	4 000~10 000
2	200~500	7	10 000~20 000
3	500~1 000	8	20 000~50 000
4	1 000~2 000	9	50 000 以上

4.2　战场地形状态描述

地形是对作战活动影响最大的环境因素。地形是军队陆战行动的客观基础，是各级指挥员定下决心的基本依据。在指挥决策中研究地形，利用地形，趋利避害，对保证作战的胜利具有重要意义。特别是以合成军队立体作战和快速反应为特点的现代战争，作战范围扩展了，完成任务的时间要求缩短了，对研究和利用地形提出了新的更高的要求。

对火力效率的研究表明，不同的地形条件对火力效率有不同的影响。例如在灌木林中，炮弹爆炸后有80%以上的弹片将被6 m以内的树木所阻挡。在高约2 m的草地，手榴弹地面爆炸的杀伤半径仅为4～6 m，比普通情况下降15%～30%。

地形可降低作战单位的机动性，妨碍观察，影响射击。在分析地形对作战行动的影响时，要充分把握住对地形"通视性"和"通行性"的分析。只有通过地形的通视性分析，才能确定各种兵器的有效射界、死角和传感器的探测范围，确定隐蔽性等。只有通过通行性分析，才能确定作战单位及各种装备的可通行性及兵力展开的可能性和速度。因此，在地形量化基础上的通视性分析和通行性分析对作战行动具有重大意义。

4.2.1　计算机辅助地形分析

研究地形的传统方法包括现地勘察和图上作业等。随着计算机辅助分析决策技术和地理信息系统的发展进步，计算机辅助地形分析在地形研究中正在发挥越来越重要的作用。

由于现代战争中战斗准备的时间越来越短，指挥员已不能再像过去那样将大部分时间用于研究地形方面的问题。为了获得通行性和通视性的正确数据，不仅需要科学的地形分析理论，而且要有快速反应的定性和定量相结合的地形分析手段，这就是计算机辅助地形分析系统。

计算机辅助地形分析，就是利用计算机和一整套应用软件，在地形数据的支持下，以人机对话的方式，显示作战地区的地形，分析、估计各种自然和人工要素对作战行动的影响，预测武器的打击效果，为指挥人员进行战役和战术决策提供可靠的地形分析信息及专题分析结果，以便正确地利用和改造地形。

计算机辅助地形分析系统的功能一般包括：

（1）显示功能

主要解决观察地形的问题。根据需要，可以显示全部或部分的地形要素，能快速生成复杂的战区地形图形，并能缩小或放大，还能对高程、坡度、土质和植被等地形要素进行定量分析。

（2）辅助决策功能

任务是解决各种利用地形的问题，并描绘出相应的分析结果图。例如，地形遮蔽图、目标捕获图、暴露运动距离概率图、越野机动图、直升机着陆和空投地域图、交通路线图、航线隐蔽和空中通路图等。计算机辅助地形分析系统所提供的各种分析图，可以帮助指挥员研究地形，正确部署兵力，选择地面和空中机动路线，选择武器发射阵地，为各种电子装备选取最优配置方案，以争取作战胜利。

计算机辅助地形分析的最大优点是效率高、误差小，具有很强的功能扩展能力。凡是在作战过程中遇到的与地形有关的问题，原则上都可以建立相应的数学模型加以解决。从发展上看，计算机辅助地形分析技术将与自动要素提取、自动模式识别和计算机图像生成技术相结合，并研制出智能化的综合性自动地形分析系统，成为指挥人员更强有力的辅助决策工具。

计算机辅助地形分析提供了一种新型的、强有力的分析研究利用地形的手段，但它不会也不可能完全取代传统的地形研究方法。根据实际情况，多种方法结合才是最佳途径。

4.2.2　地形状态的描述参数

地形情况极其复杂。在装备作战仿真中，要完全详细地描述地形变化和结构特点几乎是不可能的。目前能做到的只是在模型中对地形做近似的描述，抽象出其对作战行动影响最大的几个方面，如地形的起伏和植被、土质、水文等，用参数的形式定量化。描述地形特点的主要参数如下。

（1）地形标高

用来描述地面的起伏。其影响主要体现在作战单位的机动速度和通视性上。

（2）地物标高

用来描述地面的植被及建筑物等各种固定性物体。其影响主要体现在通视性上。有时可与地貌标高合并为 1 个参数。

（3）通行性

用来描述道路等级、土质、水文特点，以及对机动产生影响的地貌类型和植被。其影响主要体现在作战单位的机动速度上。

（4）隐蔽性

用来描述可被用于隐蔽和防护的地物、地貌。其影响主要体现在搜索发现和杀伤效果上。

描述上面几种参数的方式有定量和半定量两种。定量描述适用于一些实现方便的可测参数，如地形标高和地物标高等。半定量的分级描述适用于一些难以用物理方法测出具体数值的参数，如通行性和隐蔽性等。在使用这些参数时，可根据模型的需要选用其中的部分或全部。

4.3　战场地形量化的方法

地形量化指的是地形起伏状态的量化。

由于模型规模大小不同，用途不同，采用的数学方法不同，因而对地形量化的精度要求也不一样。地形量化的方法大致可分为两大类：标高法和分类法。标高法是量化地形的精细微观定量描述方法，分类法是量化地形的粗略宏观半定量描述方法。

4.3.1　标高法

所谓标高法，就是给出战场区域各点的标高，以此来确定地形的起伏。在标高法中，通常使用三维笛卡儿坐标系 $Oxyz$，其中 x、y 轴在水平面上，z 轴垂直于水平面，指向地心相反方向。坐标 z 可用来表示点 (x,y) 处的海拔高度。如果 z 能够表示成 (x,y) 的函数，则曲面 $Z=Z(x,y)$ 可用来表示地面起伏。由于地形的复杂性，要准确地确定曲面 $Z(x,y)$ 的解析表达式几乎是不可能的，多数情况下只能给出某些离散点处的标高，以近似地确定地形起伏。为此，模型设计者们提出了许多有效的办法。

（1）网格法

其基本原理是，把战场区域分成相同大小的正方形网格，对网格顶点给出标高值，利用这些数值再构造出近似表示地形的数学模型。

由于地形的复杂性，在对其进行量化时，还必须对地形作出一些简化假设。所作的假设不同，数学模型也不相同。在网格法中主要有下面几种。

① 平均标高法。其基本原理是，把地面近似成阶梯状，并假定在同一方格内的标高相同，取方格 4 个顶点标高的平均值作为方格内任一点的标高。

设点 (x, y) 处于第 i 行第 j 列的方格内，则该点处的标高为：

$$Z(x, y) = \frac{1}{4}(Z_{i,j} + Z_{i+1,j} + Z_{i,j+1} + Z_{i+1,j+1}) \qquad (4.1)$$

式中：$Z_{i,j}$——第 i 行第 j 列个顶点的标高。

② 线性插值法（地图数字化法）。其基本原理是，假定同一方格内的标高沿 x 轴和 y 轴方向呈线性变化，利用两个过渡点的标高求出指定点的标高。

如图 4-1 所示。为了求方格内任一点 M 处的标高 Z，先求出两个过渡点 M_1、M_2 的标高 Z' 和 Z''。首先求 M_1 点处的标高 Z'。

为了清楚起见，画出方格左面一条边的垂直剖面图，如图 4-2 所示。

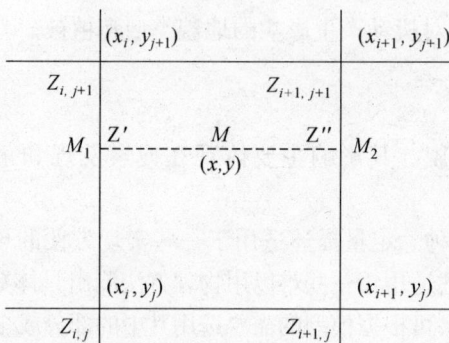

图 4-1　线性插值法　　　　　　　　　图 4-2　垂直剖面图

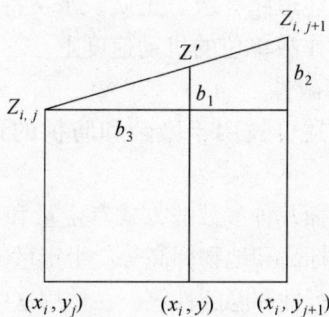

由相似三角形的性质得：

$$\frac{b_1}{b_2} = \frac{b_3}{a} \qquad (4.2)$$

而 $b_2 = Z_{i,j+1} - Z_{i,j}$，$b_3 = y - y_j$，所以

$$b_1 = (Z_{i,j+1} - Z_{i,j}) \times \frac{y - y_j}{a} \qquad (4.3)$$

又因为 $Z' = Z_{i,j} + b_1$，所以

$$Z' = Z_{i,j} + (Z_{i,j+1} - Z_{i,j}) \times \frac{y - y_j}{a} \qquad (4.4)$$

同理可求得 M_2 点处的标高 Z''：

$$Z'' = Z_{i+1,j} + (Z_{i+1,j+1} - Z_{i+1,j}) \times \frac{y - y_j}{a} \qquad (4.5)$$

再利用 Z'、Z'' 和相同的计算方法，可求得作战区域内任一点 (x, y) 处的标高 Z：

$$Z = Z' + (Z'' - Z') \times \frac{x - x_i}{a} \qquad (4.6)$$

③ 三角形平面法。其基本原理是，用方格的一条对角线将方格分成两个三角形，近似认为方格内所有地表面上的点都位于所在三角形三顶点所确定的平面上。

如图 4-3 所示。用一条对角线把方格分成两个三角形。对角线上点的坐标 (x, y) 满足关系式 $x - x_i = y - y_j$。左上三角形（Ⅰ）中的任意点都有 $x - x_i < y - y_j$，右下三角形（Ⅱ）中的任意点都满足 $x - x_i > y - y_j$。这两个关系式可用来判定方格内的点位于哪一个三角形内。由于三点可确定一个平面，因而平面内各点的标高可由三角形三个顶点的标高所决定。对于三角形（Ⅱ）可建立如下的平面方程：

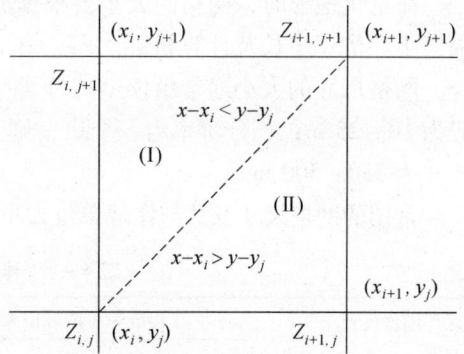

图 4-3　三角形平面法

$$\begin{vmatrix} x & y & Z(x,y) & 1 \\ x_i & y_j & Z_{i,j} & 1 \\ x_{i+1} & y_j & Z_{i+1,j} & 1 \\ x_{i+1} & y_{y+1} & Z_{i+1,j+1} & 1 \end{vmatrix} = 0 \tag{4.7}$$

整理后可得：

$$Z(x,y) = Z_{i,j} + (Z_{i+1,j} - Z_{i,j})\frac{x - x_i}{a} + (Z_{i+1,j+1} - Z_{i+1,j})\frac{y - y_j}{a} \tag{4.8}$$

同理可求得三角形（Ⅰ）中点的标高：

$$Z(x,y) = Z_{i,j} + (Z_{i,j+1} - Z_{i,j})\frac{y - y_j}{a} + (Z_{i+1,j+1} - Z_{i,j+1})\frac{x - x_i}{a} \tag{4.9}$$

④ 四点面法。其基本原理是，用一空间二次曲面近似表示所对应的实际地形，二次曲面方程由该方格的 4 个顶点坐标和其对应的标高值决定。

设近似表示实际地形的空间二次曲面的形式为：

$$Z(x,y) = Axy + Bx + Cy + D \tag{4.10}$$

其中 A、B、C、D 的值可由方格 4 个顶点的坐标和标高求得：

$$A = \frac{1}{a^2}(Z_{i,j} - Z_{i+1,j} - Z_{i,j+1} + Z_{i+1,j+1}) \tag{4.11}$$

$$B = \frac{1}{a^2}[-y_{j+1}(Z_{i,j} - Z_{i+1,j}) + y_j(Z_{i,j+1} - Z_{i+1,j+1})] \tag{4.12}$$

$$C = \frac{1}{a^2}[-x_{i+1}(Z_{i,j} - Z_{i,j+1}) + x_i(Z_{i+1,j} - Z_{i+1,j+1})] \tag{4.13}$$

$$D = \frac{1}{a^2}[x_{i+1}(y_{j+1}Z_{i,j} - y_jZ_{i,j+1}) - x_i(i_{j+1}Z_{i+1,j} - y_jZ_{i+1,j+1})] \tag{4.14}$$

用这个曲面即可近似表示该方格所对应的实际地形。对方格网中的每一个方格，都要确定这样一个二次曲面来近似表示其所对应的实际地形。

对于网格法中的几种方法，平均标高法最简单，但精度低且边界不连续；线性插值法和三角形平面法虽然保证了区域内的标高连续变化，但在方格交界处曲面不光滑；四点面法是用一系列曲面来近似表示实际地形，但情况较复杂，不易掌握，使用较少。

在量化地形时，网格的大小要根据需要和可能而定，主要考虑的因素包括模型规模、地幅大小、仿真步长及计算机能力等。在进行营以下分队仿真或其他需要详细描述地形的场合，网格尺寸的大小通常由模型的分辨率决定。例如，若分辨率为单人单炮，则方格边长一般为 $10 \sim 25$ m；若分辨率为一个班，则方格尺寸为 $50 \sim 100$ m；若分辨率为一个排，则方格尺寸为 $250 \sim 500$ m。

常用的网格尺寸及其与作战单位大小、作战规模、活动范围之间的关系，可参考表 4-4。

表 4-4 作战单位与网格尺寸的关系

网格尺寸 (m)	作战单位的近似大小				规模最大的部队		最小活动范围（m）	
	步兵	机械化步兵	火炮	飞机	步兵	机械化步兵	正面	纵深
10	1 人	不适用	1 门	不适用	2 个排	不适用	600	630
25	2 人	1 辆车	2 门	1 架	1 个连	1 个连	1 500	1 575
50	半个班	2 辆车	4 门	1 架	1 个营	1 个营	3 000	3 150
100	1 个班	3 辆车	6 门	2 架	2 个营	2 个营	6 000	6 300
250	1 个排	7 辆车	12 门	4 架	4 个营	4 个营	15 000	15 750

（2）剖线法

其基本原理是，在作战地域的一个方向上（如 x 轴方向）划分等间隔或不等间隔的点，过这些点作垂直于该方向的垂线，利用这些垂线同等高线的交点的坐标及其标高求出作战地域内任一点 $M(x,y)$ 的标高。如图 4-4 所示。

令剖线 x_i 同等高线的交点序列为 y_{i1}，y_{i2}，$\cdots$，y_{im}，相应的标高为 z_{i1}，z_{i2}，$\cdots$，z_{im}。设 M 为量化区域中的任一给定点，其相邻的两条剖线分别为 x_i 和 x_{i+1}。M 点的横坐标 x 一定满足：

$$x_i \leqslant x < x_{i+1} \tag{4.15}$$

过 M 点作 x 轴的平行线，与剖线 x_i 和 x_{i+1} 的交点分别为 M_1 和 M_2。为了清楚起见，画出 M 点所在区域的放大图，如图 4-5 所示。

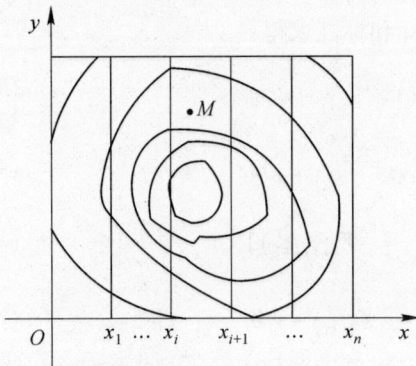

图 4-4 剖线法

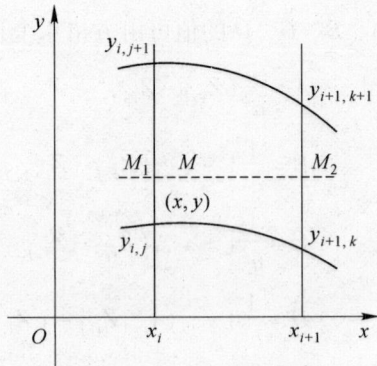

图 4-5 M 点局部放大图

显然，M_1 点的横坐标为 x_i，而 M_1 又一定落在剖线 x_i 与等高线的某两个交点之间。设其纵坐标分别为 $y_{i,j}$ 和 $y_{i,j+1}$，即下式成立：

$$y_{i,j} \leq y < y_{i,j+1} \tag{4.16}$$

对 M_2 点，其横坐标为 x_{i+1}。对于纵坐标 y，一定有 k，使得下式成立：

$$y_{i+1,k} \leq y < y_{i+1,k+1} \tag{4.17}$$

假定高度的变化为线性，利用线性插值原理可得 M_1 点的标高：

$$Z_1 = Z_{i,j} + \frac{Z_{i,j+1} - Z_{i,j}}{y_{i,j+1} - y_{i,j}}(y - y_{i,j}) \tag{4.18}$$

同理可得 M_2 点的标高：

$$Z_2 = Z_{i+1,k} + \frac{Z_{i+1,k+1} - Z_{i+1,k}}{y_{i+1,k+1} - y_{i+1,k}}(y - y_{i+1,k}) \tag{4.19}$$

于是 M 点的标高为：

$$Z = Z_1 + \frac{Z_2 - Z_1}{x_{i+1} - x_i}(x - x_i) \tag{4.20}$$

当 $x_{i+1} - x_i$ 为常数时称为等距剖线，否则为不等距剖线。不等距剖线可在满足相同精度的要求下把剖线数减到最少。

剖线法的地形数据可从计算机所存储的数字化地图中获得。利用数字化地图中等高线拟合参数方程求得交点坐标和标高。剖线法实际上是网格法中线性插值法的变种。

（3）参量法

其基本原理是，对量化区域内每一个山包状地形都用 1 个二维正态曲面进行拟合。参量法模型是为了减少数据量而设计的一种高解析度数字地形模型。正态曲面拟合地形的结果，使每一条等高线都对应于一段或几段椭圆弧。

二维正态曲面上任一点 (x, y) 的高程在直角坐标系中的解析表达式为：

$$H(x, y) = H_c \cdot \exp\left\{\frac{-1}{2(1-\rho^2)}\left[\frac{(x-x_c)^2}{\sigma_x^2} - \frac{2\rho(x-x_c)(y-y_c)}{\sigma_x\sigma_y} + \frac{(y-y_c)^2}{\sigma_y^2}\right]\right\} \tag{4.21}$$

式中：(x_c, y_c) ——中心点坐标；

　　　H_c ——中心点高程；

　　　σ_x 和 σ_y ——均方差；

　　　ρ ——相关系数。

在已知上述 6 个参数的条件下，把相应的坐标值代入公式，即可算出一个高程值。而任意指定点的高程近似值为：

$$H = \max\{H_1(x, y), H_2(x, y), \cdots, H_m(x, y)\}$$

式中：(x, y) ——指定点坐标；

　　　m ——拟合量化区域内地形的高斯曲面个数。

参数 x_c、y_c 和 H_c 可从地形图上直接得到。下面介绍一种计算 σ_x、σ_y 和 ρ 的方法。

如图 4-6 所示。对任一二维正态曲面，以其中心点 (x_c, y_c) 为坐标原点，选取一新的坐标系 $O'\xi\eta z$，其平面上的二轴 ξ、η 分别平行于任一截面椭圆的长半轴和短半轴，z 轴垂直向上。又设长半轴与 x 轴的夹角为 α，那么该二次曲面在新坐标系中的方程为：

$$Z(\xi, \eta) = H_c \cdot \exp\left[-\frac{1}{2}\left(\frac{\xi^2}{\sigma_\xi^2} + \frac{\eta^2}{\sigma_\eta^2}\right)\right] \tag{4.22}$$

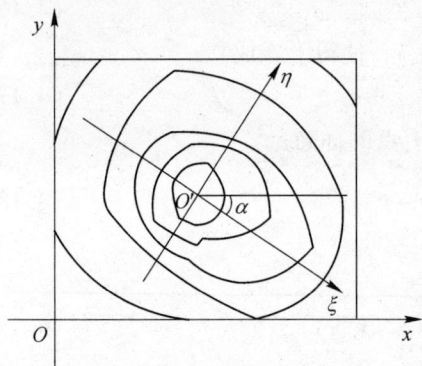

图 4-6 参量法

选取一条等高线椭圆 C，量得两个半轴长度分别为 a 和 b（a 为长轴）。则 C 在 $\xi O'\eta$ 平面直角坐标系中的方程为：

$$\frac{\xi^2}{a^2} + \frac{\eta^2}{b^2} = 1 \qquad (4.23)$$

将椭圆 C 上任一点坐标（ξ_0，η_0）代入方程，可得二次正态曲面上 Z 的坐标值 $Z_0 = Z(\xi_0, \eta_0)$。用高度为 Z_0 且平行于水平面的空间平面截取二次正态曲面，得到一个空间椭圆，其方程为：

$$Z_0 = H_c \cdot \exp\left[-\frac{1}{2}\left(\frac{\xi^2}{\sigma_\xi^2} + \frac{\eta^2}{\sigma_\eta^2} \right) \right] \qquad (4.24)$$

而椭圆 C 就可看作是此空间椭圆在水平面上的投影。

对上述方程两边取自然对数得：

$$\frac{\xi^2}{\sigma_\xi^2} + \frac{\eta^2}{\sigma_\eta^2} = 2\ln\frac{H_c}{Z_0} \qquad (4.25)$$

令 $A = \ln\dfrac{H_c}{Z_0}$，则上述方程可变为：

$$\frac{\xi^2}{2A\sigma_\xi^2} + \frac{\eta^2}{2A\sigma_\eta^2} = 1 \qquad (4.26)$$

与椭圆 C 的方程比较可得：

$$\sigma_\xi^2 = \frac{a^2}{2A} \qquad (4.27)$$

$$\sigma_\eta^2 = \frac{b^2}{2A} \qquad (4.28)$$

再利用概率论中的公式：

$$\sigma_x^2 = \sigma_\xi^2\cos^2\alpha + \sigma_\eta^2\sin^2\alpha \qquad (4.29)$$

$$\sigma_y^2 = \sigma_\xi^2\sin^2\alpha + \sigma_\eta^2\cos^2\alpha \qquad (4.30)$$

$$\rho = \frac{\sigma_\xi^2 - \sigma_\eta^2}{2\sigma_\xi\sigma_\eta}\sin 2\alpha \qquad (4.31)$$

即可确定 σ_x^2、σ_y^2 和 ρ。其中，关系式 $|\rho| \leqslant 1$，$\sigma_x^2 + \sigma_y^2 = \sigma_\xi^2 + \sigma_\eta^2$ 可在计算过程中作为验证结果的手段。

虽然在上述计算公式中用到的 a、b 和 α 都可通过地图度量而直接获取，但度量困难且误差较大。为此，可改为度量两半轴端点坐标（x_1，y_1）和（x_2，y_2），通过下式计算得到这三个参数。

$$a = \sqrt{(x_1 - x_c)^2 + (y_1 - y_c)^2} \qquad (4.32)$$

$$b = \sqrt{(x_2 - x_c)^2 + (y_2 - y_c)^2} \qquad (4.33)$$

$$\alpha = \arctan\frac{y_1 - y_c}{x_1 - x_c} \qquad (4.34)$$

（当 $x_1 = x_c$ 时，$\alpha = \dfrac{\pi}{2}$）

按这种方式输入二次曲面的参数，在有数字化仪帮助的条件下，量化一个需要 10 个左右二次曲面拟合的地形区域，仅需 3 ~ 5 min 的时间，数据量约为 0.5 KB。这不但克服了参量法量化地形的困难，保持了数据量小的优点，而且大大提高了参量法对数据采集的速度和精度。

另外，若在二维正态曲面的公式中用绝对高程 H_c 为系数来计算高程，仅能保证在山包中心附近区域有较好的精度，而在距山包中心较远的地方误差可达数十米。为此，在二次曲面及相应的辅助公式中，可用相对高程 $H_c - H_0$ 和 $Z_0 - H_0$ 代替绝对高程 H_c 和 Z_0 进行计算，即

$$H(x,y) = (H_c - H_0) \cdot \exp\left\{\frac{-1}{2(1-\rho^2)}\left[\frac{(x-x_c)^2}{\sigma_x^2} - \frac{2\rho(x-x_c)(y-y_c)}{\sigma_x\sigma_y} + \frac{(y-y_c)^2}{\sigma_y^2}\right]\right\}$$

(4.35)

$$A = \ln\frac{H_c - H_0}{Z_0 - H_0}$$

(4.36)

式中：H_0——量化区域内最低等高线高程。

其他计算公式保持不变。在最后的计算结果中，再用 H_0 予以恢复，即：$H^* = H + H_0$。

经过修正后的计算结果，在山包中心区域附近仍能保持较高的精度，而在距山包中心较远点处的高程误差则大为减小，有些地区的误差由数十米降到了几米。虽然全部精度还不是很理想，但与用 H_c 计算的结果相比较，精度有了明显改善和提高。当用相对高度计算高程时，需要增加一个输入参数，即最低等高线高程。

（4）型值点法

其基本原理是，用一些点的拟合曲面来代替实际地形。

首先在作战地域内取 N 个大致均匀分布的离散点 (x_i, y_i) $(i = 1, 2, \cdots, N)$，其相应的标高为 Z_i。设 $M(x, y)$ 为区域内任一点，r_i 为 M 点至各离散点的距离，即

$$r_i = \sqrt{(x-x_i)^2 + (y-y_i)^2} \quad (i = 1, 2, \cdots, N)$$

(4.37)

设 R 为大于 0 的常数，建立函数：

$$f(r) = \begin{cases} \dfrac{1}{r} & 0 < r < R \\ 0 & r > R \end{cases}$$

(4.38)

又设 μ 为大于 0 的实数，定义曲面方程：

$$Z = F(x,y) = \begin{cases} \sum_{i=1}^{N}\{Z_i[f(r_i)]\}^\mu / \sum_{i=1}^{N}\{[f(r_i)]\}^\mu & r_i \neq 0 \\ Z_i & r_i = 0 \end{cases}$$

(4.39)

$(i = 1, 2, \cdots, N)$

这样，空间曲面 $F(x, y)$ 在 (x_i, y_i) 处的标高恰好等于 Z_i，而在非 (x_i, y_i) 处的值，仅依赖于那些以 M 为中心，R 为半径的圆形区域内的那一部分 r_i。而 $F(x, y)$ 的结构是一个有理多项式函数，故这个公式是一个有理函数的局部逼近公式，是在 M 点附近构造一个小曲面来近似实际地形。这是一种描述不规则多峰值地形时精度较高的有效方法。

其中，μ 一般取为大于 1 的常数，根据经验，取 2 较为合适。

应用此法量化地形时，为了减少计算量，提高计算速度，要将整个量化区域划分为一些其内部地貌特点基本一致的小区域，在划分区域的基础上准确地选择离散数据点。离散数据

点的数量要根据地形变化特征而定，一般原则是地形起伏较小的区域较稀疏，地形起伏较大的区域较密集。对多峰值地形，每平方千米需 600~800 个数据点。一般地讲，点的密度越大，则精度越高，但占据内存也多，计算量大，计算速度下降。

此外，要正确地选择 R 的值，应保证有一定数量的数据点落在圆形区域中，一般以有 8~10 个数据点为好。在每平方千米 600~800 个数据点的前提下，R 值为 60 ± 5 m。

4.3.2　分类法

当仿真规模很大（师以上）时，战场面积可达数百到数万平方千米。如果采用标高法量化地形，则数据量极大，给计算机实现带来很大困难。另一方面，这些模型中所描述的独立作战单位的疏散面积可达几十甚至几百平方千米，作战单位所在地域的标高含意已模糊不清，更不能表征其地形特点。再者，有些情况下，也不必对地形作如此详细的描述。因此，对战役行动或对地形要求不高的战术行动，常采用半定量的分类法描述地形。

地形的分类法描述，一般是先对地形分类，再对描述参数定级，最后划分作战地域。

所谓地形分类，就是根据地形的特点及其对作战行动的影响，重点提出几类具有代表性的地形。在一般的装备作战仿真中，当用分类法描述地形时，通常仅考虑 4 种类型的地形，即平坦地、丘陵地、低山地和中山地，除此之外还有不可通行山地、沼泽地等。由于除平坦地、丘陵地、低山地和中山地 4 类地形以外的其他地形，在一般的作战行动中不常遇到或影响面较小，大多数情况都不把它们列入地形类中。

在地形分类后，还要对地形的描述参数进行定级，给出相应于地形类的参数值大小。参数分为两种：不可测参数和可测参数。

（1）不可测参数

主要指通行性和隐蔽性等。对通行性参数，可预先将其分为若干级，再建立各种地形与等级间的对应关系，然后定出其对人员和各种车辆机动速度的影响。影响通行性的因素主要是坡度。除此之外，地貌、植物分布等也可影响到通行性。在实际应用中，通常是按装备作战仿真中划定的地形类，用一个参数值来修正作战单位的机动速度，以定量的方式体现出地形对通行性的综合影响。对于隐蔽性，可在最差（完全暴露无隐蔽）和最好（3 m 以上的隐蔽物）之间分成若干个等级，然后给出相应的隐蔽系数值。

（2）可测参数

主要指地形的标高和植被高等。表明地面起伏状态的标高虽然是可测参数，但当作战地域较大或对地形量化的要求不高时，也可采用半定量法分级描述。此时，只需给出作战地域内相应的平均海拔高度和平均相对高度即可。对植被高的处理方式类似。

地形的分类和参数的定级是半定量描述地形的准备，最主要的还是划分作战地域。

划分作战地域就是把整个作战地域分为若干个小的区域，使每个小区域内的地形与地形分类标准中的某一类地形基本一致，以便于用相应的参数值进行描述。作战地域的划分方法有网格法、不规则多边形法和随机矩形法。

（1）网格法/嵌套网格法

网格法/嵌套网格法就是把量化区域分成正方形网格，使划分后的每一小块区域内的地形类基本一致，并给出相应的描述参数。为减少数据量，可采用嵌套网格，即在同一模型中，用尺寸不同的多种网格划分作战地域。其过程是：先把战区分成大尺寸网格，若某格地形类已基本一致，则不再细分，否则继续细分为中小网格，直至每一格中地形类一致为止。嵌套网格法的结构大致如图 4-7 所示。这种方法的优点是简便易行。不足之处是效率不高，灵活性不够。

（2）多边形法

多边形法就是用一些不规则多边形划分作战地域，使每个多边形内的地形类基本一致，用相应的参数描述其状态。其中多边形的边可看作为特征线，用两个端点的坐标确定。不规则多边形法的结构大致如图 4-8 所示。

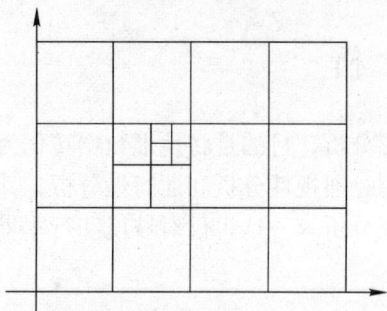

图 4-7　嵌套网格法

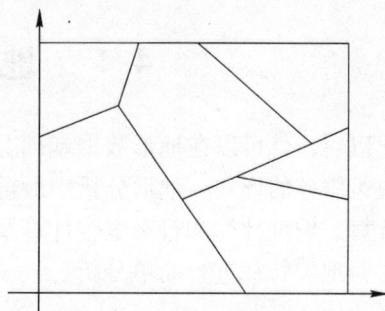

图 4-8　多边形法

这种方法的优点是比较灵活，不足之处是计算繁琐，边界不易表达，数据采集不方便，坐标点位置的判定困难。

（3）随机矩形法

随机矩形法就是用一系列的随机矩形划分作战地域。随机矩形系统的结构是大小不等、长宽各异、边界相连的一组矩形，在保证矩形四边平行于坐标轴的前提下，每一边的位置可根据地形特点和需要随意划定。随机矩形系统的结构大致如图 4-9 所示。

这种方法的优点是简单，边界易于确定，灵活性好，数据量小，采集方便，效率高，适应性强。

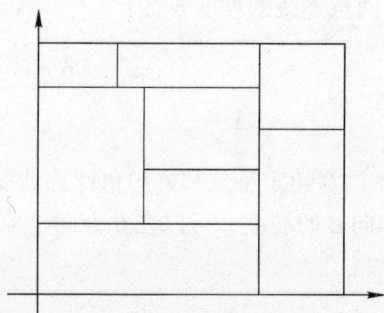

图 4-9　随机矩形法

4.3.3　地形量化方法的选择

前面介绍的几种地形量化方法，在使用时应根据模型特点、精度要求、计算机内存容量及运行速度进行选择。通常，在师、团级别的模型中，主要依据地形的类别，采用分类法反映地形的影响，或在整体上采用分类法描述，而对发生战斗的局部地区进行精细量化，以体现地形对作战行动的影响；在营以下的分队战术模型中，多采用网格法或参量法对地形进行精细描述。

几种量化方法各有优缺点。除了要根据模型的特点选用外，还要考虑到它们的技术特性。其大致情况如表 4-5 所示。

表 4 – 5　地形量化方法比较

方　法		存储量	运行速度	适用范围	量化难易	描述函数
标高法	网格法	大	快	营以下	易	阶跃或线性
	剖线法	中	中	营以下	中	逐段线性
	参量法	小	慢	营以下	中	光滑曲面
	型值点法	大	中	营以下	难	光滑曲面
分类法	网格法	小	快	团以上	易	参数
	多边形法	大	慢	团以上	难	参数
	随机矩形法	小	快	团以上	易	参数

4.4　地　形　分　析

地形量化以后，就可以在地形数据基础上进行地形分析，目的是将地形数据转化为更直接地为军事决策服务的形式。地形分析中最重要的内容是通视性分析和通行性分析，其次还有地形高程计算、坡度计算和行军里程计算及地貌特征分析等。这里仅对坡度和行军里程进行近似计算，对地貌特征进行简单分析。

4.4.1　坡度计算

① 给定两点计算坡度。给定 $A(x_A, y_A)$、$B(x_B, y_B)$ 两点，其高程分别为 Z_A 和 Z_B，则 A、B 两点连线的坡度 α 为：

$$\alpha = \arctan \frac{Z_A - Z_B}{\sqrt{(x_A - x_B)^2 + (y_A - y_B)^2}} \tag{4.40}$$

② 给定某点和方向角计算坡度。给定 $A(x_A, y_A)$ 点和方向角 β，要求以 A 为基准点，沿方向 β 的坡度，可以在 β 方向上取适当距离 s，得到一个新的点 $B(x_B, y_B)$。则

$$x_B = s \cdot \cos\beta + x_A \tag{4.41}$$
$$y_B = s \cdot \sin\beta + y_A \tag{4.42}$$

再求出 A、B 两点的高程，就可用计算两点间坡度的公式计算坡度 α，则 α 可被看作是以 A 为基准点，沿方向 β 的坡度。

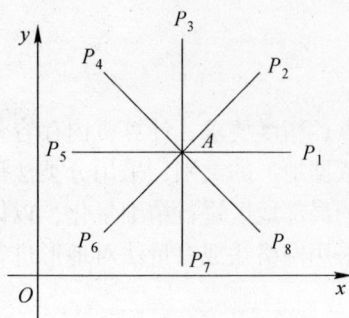

4.4.2　局部地形特征判定

局部地形特征指的是小范围地域的地形大致状态，如山顶、平地、凹地等。下面讨论利用数字地图判定局部地形状态的方法。

给定点 $A(x_A, y_A)$，则 A 点周围的地形特征可根据 A 点的高程与 A 点附近一些点的高程关系来判定。

取适当距离 s，以 A 点为中心选取 8 个点 P_i，$i = 1, 2, \cdots, 8$，每个点与 A 点连线之间的夹角都是 $45°$，距离都是 s，如图 4 – 10 所示。

图 4 – 10　比较点

则各 P_i 点的坐标分别为：

$$P_1 : (x_A + s,\ y_A) \tag{4.43}$$

$$P_2 : (x_A + \frac{\sqrt{2}}{2}s,\ y_A + \frac{\sqrt{2}}{2}s) \tag{4.44}$$

$$P_3 : (x_A,\ y_A + s) \tag{4.45}$$

$$P_4 : (x_A - \frac{\sqrt{2}}{2}s,\ y_A + \frac{\sqrt{2}}{2}s) \tag{4.46}$$

$$P_5 : (x_A - s,\ y_A) \tag{4.47}$$

$$P_6 : (x_A - \frac{\sqrt{2}}{2}s,\ y_A - \frac{\sqrt{2}}{2}s) \tag{4.48}$$

$$P_7 : (x_A,\ y_A - s) \tag{4.49}$$

$$P_8 : (x_A + \frac{\sqrt{2}}{2}s,\ y_A - \frac{\sqrt{2}}{2}s) \tag{4.50}$$

利用数字地图分别计算 A 及各 P_i 点的高程，设其为 Z_A 和 Z_i，$i = 1, 2, \cdots, 8$。若对所有 i 都有：

$Z_A \approx Z_i$，则 A 点附近为平地；

$Z_A > Z_i$，则 A 点附近为山顶或凸地；

$Z_A < Z_i$，则 A 点附近为盆地或凹地。

山谷、山坡、山脊等情况的判定较为复杂。

4.4.3　行军里程的计算

首先考虑用定量法量化地形的情况。设作战单位行军路线的起点为 $A(x_A, y_A)$，终点为 $B(x_B, y_B)$，高程分别为 Z_A 和 Z_B。行军路线上的节点分别为 $P_i(x_i, y_i)$，$i = 1, 2, \cdots, n-1$，高程为 Z_i。这些节点把全部行军路线分为 n 段。若每两个节点间坡度的变化基本一致，则可用下面的公式来近似计算两节点间的里程：

$$s_i = \sqrt{(Z_{i+1} - Z_i)^2 + (x_{i+1} - x_i)^2 + (y_{i+1} - y_i)^2} \tag{4.51}$$

于是行军路线的总长度为：

$$s = \sum_{i=1}^{n} S_i \tag{4.52}$$

若两节点间坡度变化不完全一致，则可通过增设附加节点的办法处理后，再计算每一个 s_i，然后求出行军路线的长度。

若在半定量法量化的地形基础上计算行军里程，可在计算两节点间平面距离的基础上，对每一段用适当的系数修正后再求和。即

$$s = \sum_{i=1}^{n} A_i s_i = \sum_{i=1}^{n} A_i \sqrt{(x_{i+1} - x_i)^2 + (y_{i+1} - y_i)^2} \tag{4.53}$$

式中：A_i——对应于第 i 段行军路线地形类的修正系数。

上述行军里程的计算是用折线近似曲线、用线段近似弧段来实现的。因此在计算曲线行军里程时，为了保证有足够的精度，首尾两点间的节点应足够多。

4.5 战场地形数据的采集

4.5.1 地形数据采集的方式

地形数据采集通常采用数字化仪半自动采集方式或地图图像矢量化方式。

用数字化仪半自动方式采集数据，就是把地形图置于数字化仪面板的适当位置上，通过鼠标器描绘等高线的方式采集地形数据。使用这种方法可直接采集各种比例尺地形图的地形数据，其优点是设备（数字化仪）比较普及，便于推广使用；缺点是速度较慢且有一定误差，工作量较大。

用地图图像矢量化方式采集数据，就是使用专业的矢量化软件，对地图图像进行矢量化，获取地形的高程信息。使用这种方法，首先要用扫描仪对地图进行扫描，得到地图图像文件，然后再用矢量化软件进行处理。与上一种方式相比，采集的速度和精度明显提高；缺点是需要购买专业的矢量化软件。

4.5.2 用 ScanIn 采集地形数据

ScanIn 是一个半自动化的地图矢量化工具软件。它的主要功能是，根据地图图像提供的信息，将等高线以及其他地图符号提取出来，并以矢量的形式存储在文件中。另外，它还可以根据提取出来的等高线及其高程值，插值生成地形网格的高程数据。对于道路、河流、湖泊等信息，ScanIn 也能将其坐标提取出来，并以矢量的形式存储。

使用 ScanIn 采集地形数据的基本过程如下：

① 扫描地图：使用扫描仪对地图进行扫描，得到地图图像。如果是对 1∶5 万的地图进行矢量化，推荐的扫描分辨率为 200～300DPI。虽然对扫描分辨率没有硬性要求，但扫描的结果应该是，线与线之间应尽可能分离，线也不要由于分辨率太低而断断续续。得到的图像以 TIF 或 BMP 格式存储。

② 预处理：ScanIn 只能对二值图像或 256 色图像进行矢量化，如果地图图像不是这两种，则首先要对其进行预处理。用 ScanIn 将地图图像打开后，可以用 ScanIn 提供的预处理功能，将其转化为二值图像或 256 色图像。另外，ScanIn 还可完成去除噪声等其他预处理工作。

③ 矢量化：预处理完成后，接下来就可以进行矢量化了。如果图像质量非常理想，可以采用自动矢量化方式。但大多数情况下，自动矢量化效果不理想，需要对结果进行很多额外的后处理工作，所以通常采用半自动交互式矢量化方法。采用交互式矢量化方法，只能对等高线逐条进行矢量化。计算机如果能够判断线的走向，就自动采集；如果不能判断，则由用户指示线的走向，帮助计算机完成采集。在这个过程中，用户也可用手工画线代替图像中的线。

开始矢量化前，用户需要指定"平滑系数"。平滑系数决定了矢量化后得到的折线的平滑程度。系数越大，折线越不光滑，但线段数量越少。反之，系数越小，折线越光滑，但线段数量越多。

④ 后处理：后处理主要包括对采集到的矢量线段进行编辑、修改和赋 ID 值等。对线段的编辑包括对节点的移动和加点、减点等，对线段的修改包括线段的合并、打断、删除和线

的闭合等。对于等高线矢量化后得到的线段，通常用高程值作为线段的 ID 值。

⑤ 数据输出：ScanIn 可以将矢量化结果保存为多种国际主流的地理信息系统所能输入的格式。这些地理信息系统包括 ArcInfo、ArcView、MapInfo、Titan、E00 等。如果用户开发了自己的地理信息系统，也可以采用这些格式。例如，ArcInfo 的 Generate 命令接收的线要素文件（扩展名为 .gen）和点线要素文件（扩展名为 .pnt）格式是非常简单的。以线要素文件为例，它实际上就是一个 ASCII 码文件，由线的 ID 和 x、y 坐标对组成。每一条线结束时，使用一个关键字"END"，文件末尾再加一个"END"。格式如下：

ID_0

x_{00}，y_{00}

x_{01}，y_{01}

…

x_{0m}，y_{0m}

END

…

ID_n

x_{n0}，y_{n0}

x_{n1}，y_{n1}

…

x_{np}，y_{np}

END

END

此外，ScanIn 还可以生成数字高程模型（Digital Elevation Model，DEM）文件。DEM 以点阵的形式存储地形的高程信息，是对连续地形表面的一种离散化采样。DEM 文件格式很多，如 DED、DTED、GRD 以及 USGS DEM 等。ScanIn 生成的 DEM 文件为 GRD 格式，扩展名为 .grd。

第 5 章　装备建模与仿真

5.1　装备机动的建模与仿真

装备的机动性能指标一般包括以下几项：单位功率；发动机类型；最大速度；公路平均速度；越野平均速度；加速时间；最小转向半径；制动距离；单位压力；平均最大单位压力；最大侧倾行驶速度；过垂直墙高；越壕宽；履带形式；悬挂形式；车底距地高；最大行程；涉水深；潜渡能力等。

机动性仿真主要包括动力学仿真和运动学仿真。动力学模型根据外界条件（地面摩擦系数、转向阻力系数、坦克俯仰角、制动力矩）所产生的阻力和车辆自身输出的动力计算车辆加速度；运动学模型则根据加速度计算车辆速度、转向半径和发动机转速等。机动性仿真就是负责针对动力学和运动学模型进行仿真的，它与其他模块一起驱动图形系统中的实体运动，使图形中坦克的动力学运动学性能具有与真实坦克一样的特征，即表现出加速性能、转向性能以及爬坡性能等。

5.1.1　机动模型

现对某型坦克推进系统各模块建立数学模型，并将车体的受力分析折算到主动轮处。下面根据某型坦克构造分别加以阐述。

（1）发动机模块

以某型燃气轮机性能为例，进行如图 5-1 所示处理。

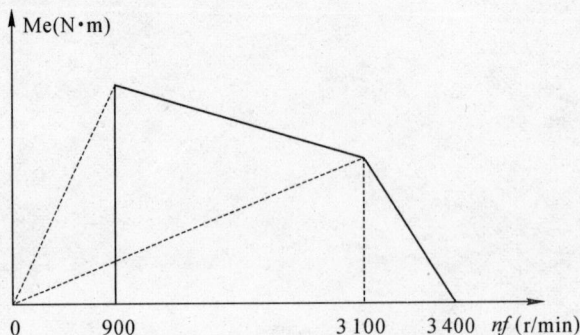

图 5-1　某型燃气轮机性能简化图

数学表达式如下：

$$Me = 0 \qquad\qquad (0 \leqslant nf < 900)$$

$$Me = 7016.614 \times Ag/100 - 1.156 \times nf \qquad (900 \leqslant nf < 3100 \times Ag/100)$$

$Me = 3433.014 \times Ag/100 - 34.33014 \times (nf - 3\,100 \times Ag/100)$

$(3100 \times Ag/100 \leqslant nf \leqslant 3200 \times Ag/100)$

其中 Me 为发动机输出力矩，nf 为发动机转速，Ag 为油门开度，其值为从 1～100，即当 $0 \leqslant nf < 900$ r/min 时，令 $Me = 0$，认为发动机此时不输出力矩；当 900 r/min $\leqslant nf <$ 3 200 r/min时，由公式算出不同油门开度值时的发动机输出力矩值。油门开度由自治行为模块输出，即由外界赋给仿真程序，发动机转速则由仿真程序自己返回。

（2）液力变矩器模块

根据液力变矩器的特性，可以将发动机输出转速与变速箱输入转速分成三段来近似处理，即 $896 \leqslant n_{\max} < 1300$、$n_{\max} \geqslant 1300$ 和 $0 < nc < 896$、$896 \leqslant nc < 1300$、$nc \geqslant 1300$ 组成的 8 种工况。数学表达式如下：

当 $n_{\max} \geqslant 896$ 且 $n_{\max} < 1300$

① $nc < 896$　nf 取 896　　　　　　　　　　　$Mc = (2.2 - 1.2 \times nc/nf) \times Me$

② $nc \geqslant 896$ 且 $nc < 1300$

$n_{\max} > nc$　nf 取 nc　　　　　　　　　　　　$Mc = (2.2 - 1.2 \times nc/nf) \times Me$

$n_{\max} \leqslant nc$　nf 取 896　　　　　　　　　　　$Mc = -Me$

③ $nc > 1300$　nf 取 896　　　　　　　　　　$Mc = -Me$

当 $n_{\max} \geqslant 1300$

① $nc < 896$ 且 $nf < 1300$　nf 每一步长递增 8　$Mc = (2.2 - 1.2 \times nc/nf) \times Me$

② $nc \geqslant 896$ 且 $nc < 1300$　nf 取 1300　　$Mc = (2.2 - 1.2 \times nc/nf) \times Me$

③ $nc > 1300$　nf 取 nc　　　　　　　　　　$Mc = (2.2 - 1.2 \times nc/nf) \times Me$

④ $nc > n_{\max}$　nf 取 896　　　　　　　　　$Mc = -Me$

式中：Me ——发动机输出力矩；

　　　Mc ——液力变矩器输出力矩；

　　　nf ——发动机转速，即液力变矩器输入转速；

　　　nc ——传动箱输入转速，即液力变矩器输出转速；

　　　$n_{\max}$——发动机在该油门开度下的空转转速，即 $3200 \times Ag/100$。

（3）变速装置模块

变速装置的档位由自治行为模块输出，即由外界赋给仿真程序，在 DRIVE 档和 REVERSE 档时，根据 nf 的值自动换档，当 $nf > 2\,800$ r/min 时，变速装置自动换入更高一档。在前进四档时，由于没有更高的档位，所以就保持在这个档位上，并可以超过 2 800 r/min，如坦克继续加速，使发动机转速超过了调速控制器所限制的范围的 3 100 r/min 时，发动机将进入超速状态，输出力矩将迅速下降。与此相似，当 $nf < 1\,600$ r/min 时，传动系统将自动换入下一个低档，如没有更低的档位，发动机也不会失速，因为此时液力变矩器的闭锁离合器将自动解脱，使变矩器产生一个速度差。数学公式表达如下：

当挂 DRIVE 档时

$nf < 1600$ 且 $gear \geqslant 3$　　　　　　　　　$gear = gear - 1$

$nf > 2800$ 且 $gear \leqslant 3$　　　　　　　　　$gear = gear + 1$

当挂 REVERSE 档时

$nf < 1600$ 且 $gear = 2$（REVERSE）　　　$gear = gear - 1$

$nf > 2800$ 且 $gear = 1$ （REVERSE） $\qquad$ $gear = gear + 1$

当坡度角大于 18 度时，也将车辆档位自动换上低速档（LOW）。

（4）转向装置模块

分析各档传动比，对应该最大速度和最小转向半径时的主动轮速度增量的变化可知，这个增量是十分接近的，大约是：$n_s = 48.84$ r/min。仿真时可把这个 n_s 值作为车辆转向时的速度差的近似值，如表 5 – 1 所示。

表 5 – 1   不同档位的传动比表

档位	n_s	$n_s + n_d$	$n_d - n_s$	转向转动比
前进 1 档	122. 67	171. 51	73. 83	2. 32：1
前进 2 档	238. 64	287. 48	189. 8	1. 51：1
前进 3 档	381. 24	430. 08	332. 4	1. 29：1
前进 4 档	564. 11	612. 95	515. 27	1. 19：1
倒 1 档	86. 81	135. 64	37. 97	3. 57：1
倒 2 档	306. 26	355. 1	257. 42	1. 38：1

通过计算，将其转换成数学公式如下：

$gear = 0$

$0 \leqslant steer < 50$ $\qquad$ $R = 200 - steer \times (200 - 3.761)/50$

$50 \leqslant steer < 100$ $\qquad$ $R = 3.761 - (steer - 50) \times (3.761 - 1.509)/50$

$gear = 1$

$0 \leqslant steer < 50$ $\qquad$ $R = 200 - steer \times (200 - 3.761)/50$

$50 \leqslant steer < 100$ $\qquad$ $R = 3.761 - (steer - 50) \times (3.761 - 1.509)/50$

$gear = 2$

$0 \leqslant steer < 50$ $\qquad$ $R = 200 - steer \times (200 - 7.313)/50$

$50 \leqslant steer < 100$ $\qquad$ $R = 7.313 - (steer - 50) \times (7.313 - 1.509)/50$

$gear = 3$

$0 \leqslant steer < 100$ $\qquad$ $R = 200 - steer \times (200 - 11.569)/100$

$gear = 4$

$0 \leqslant steer < 100$ $\qquad$ $R = 200 - steer \times (200 - 17.393)/100$

（5）制动装置模块

制动力矩可由制动程度百分比乘以最大制动力矩获得，即

$M_t = M_{tmax} Z_d$ （M_t 为制动力矩，M_{tmax} 为最大制动力矩，Z_d 为制动程度）

（6）动力学模块

发动机扭矩加速度 $\qquad\qquad$ $a_e = \dfrac{\eta_t i_t}{\delta_x m R_z} M_e$ $\qquad\qquad\qquad\qquad$ (5.1)

制动阻力加速度 $\qquad\qquad$ $a_t = -\dfrac{M_t \eta_t}{\delta_x m R_z}$ $\qquad\qquad\qquad\qquad$ (5.2)

坡上重力沿地面分量加速度 $\qquad$ $a_b = \dfrac{\sin\beta}{\sigma_x} g$ $\qquad\qquad\qquad\qquad$ (5.3)

地面阻力加速度 $\qquad a_f = -\dfrac{f\cos\beta}{\sigma_x}g$ $\hspace{3cm}$ (5.4)

车辆加速度 $\qquad a = a_e + a_b + a_f + a_t$ $\hspace{3cm}$ (5.5)

式中：M_e——发动机输出扭矩（kg·m）；

$\quad$ δ_x——车辆质量增加系数；

$\quad$ m——车辆质量（kg）；

$\quad$ η_t——传动系统传动效率；

$\quad$ i_t——传动系统总传动比；

$\quad$ M_t——制动力矩（N·m）；

$\quad$ β——坦克俯仰角；

$\quad$ g——重力加速度；

$\quad$ f——地面阻力系数；

$\quad$ R_z——主动轮半径（m）。

（7）运动学模块

① 运动速度：

$$v_1 = v_0 + \int_{t_n}^{t_{n+1}} f(t,y)\,\mathrm{d}t$$ (5.6)

式中：v_1——本帧车辆速度；

$\quad$ v_0——上一帧车辆速度。

② 发动机转速：

$$N_e = i_b i_d V/R_z$$ (5.7)

式中：i_b——变传动比，由档位状态确定；

$\quad$ i_d——定传动比，为除变速箱之外的传动装置的传动比。

5.1.2　仿真算法

动力学运动学仿真通常要求较高的结算速度，因此选取节省时间的算法也是一个重要的方面。比较欧拉法和龙格－库塔法，龙格－库塔法虽然计算精度较高，但其计算时间比欧拉法多几倍。如果对实体的动态性能要求不高，则选取欧拉法是适合的。设一阶向量微分方程及初值为：

$$\left.\begin{array}{l} \dfrac{\mathrm{d}y}{\mathrm{d}t} = f(t,y) \\ y(t_0) = y_0 \end{array}\right\}$$ (5.8)

对其在区间 $[t_n,\ t_{n+1}]$ 上求积分，得

$$y(t_{n+1}) = y(t_n) + \int_{t_n}^{t_{n+1}} f(t,y)\,\mathrm{d}t$$ (5.9)

若把积分区间取得足够小，使得在 $[t_n,\ t_{n+1}]$ 上 $f(t,y)$ 可以近似地看成常数 $f(t_n,\ y_n)$，那么可以用矩形面积近似地代替该区间上的曲线积分。于是 $n = 0,\ 1,\ 2,\ 3\cdots$ 时，$y_{n+1} = y_n + h \times f_n$。

以上方法实质上是将 $f(t,y)$ 看成阶梯函数。

则运动学仿真模型为

$$V_i = V_{i-1} + a \cdot \nabla t$$

式中：∇t——时间步长。

5.2 侦察的建模与仿真

5.2.1 侦察的类别和侦察目的

《孙子兵法》云："知彼知己，百战不殆。"现代战争条件下要做到"知己"，必须通过指挥自动化系统通讯网络，随时报告己方（包括友军）兵力数量、部署情况、运动情况以及兵力损失等。要做到"知彼"，就必须采取侦察手段对敌方（包括其盟军）进行侦察，侦察活动的目的是为了获得敌方的有关情报，为做出正确的决策（定下决心和修订作战计划）提供重要依据。侦察的内容一般包括：

① 查明一定地区内是否有敌方兵力和武器装备存在；

② 查明敌方目标的类型、数目、番号；

③ 查明敌方目标部署情况及运动情况，包括目标的坐标位置、机动兵力及机动方向；

④ 查明敌方目标受攻击后的损失情况；

⑤ 有关态势的其他各种迹象。

情报机关和各部门将侦察情况上报首长，用于决策，主要是：查明战区情况，以决定是否采取某种军事行动；或决定对己方已制定的作战行动计划是否进行修正。侦察的手段可以是：警戒雷达、侦察机、侦察卫星、侦察气球、侦察大队等。侦察类型可以分为对空侦察、对地侦察和派出侦察；按侦察手段划分为目视与光学侦察、红外侦察、雷达侦察、飞机侦察、气球侦察、卫星侦察和人员近区侦察。侦察的效率指标根据侦察的目的不同而有所不同。对敌方兵力集结区的侦察，可以取平均有效侦察面积（或相对有效侦察面积）作为侦察效率的指标。而对用于修正决策的监视性侦察，可以用作战行动效率指标的绝对增长值或相对增长值作为侦察行动的效率指标。下一节以飞机为例进行侦察效率的计算。

5.2.2 侦察效率的计算

（1）飞机的侦察效率

估计在某个地区 D 内有敌方部队，派出一架或数架侦察机进行侦察，侦察机的任务是尽可能多地获得对方情报，也即侦察到尽可能大的敌方面积。自然较方便的是采用相对平均侦察面积作为效率指标：

$$M_p = \frac{S_p}{S_D} \qquad (5.10)$$

式中：S_p——侦察到的有效面积；

S_D——要侦察的地区 D 的总面积。

如果被侦察到的地区内的目标以概率 P 被发现，概率 P 取决于探测仪器的技术性能、大气状态、敌方伪装程度等因素，则侦察的平均相对面积可以表示为：

$$M_p = \frac{S_p}{S_D} \times P \qquad (5.11)$$

（2）多架飞机同时侦察的效率

若用 n 架飞机同时侦察，如果侦察面积互不重叠，则总的平均相对侦察面积为：

$$\sum M_{np} = \sum_{i=1}^{n} M_{Pi} \tag{5.12}$$

式中：M_{pi}——第 i 架飞机的平均相对侦察面积。

在一般情况下，如果 n 架侦察机错综交织地对某个地区进行侦察时，则总的平均相对侦察面积为：

$$M_{np} = \frac{1}{S_D} \sum_{i=1}^{n} S_p^i P_i \tag{5.13}$$

式中：S_D——侦察的地区 D 的总面积；

　　　S_P^i——被第 i 架侦察机侦察到的面积；

　　　P_i——第 i 架侦察机在侦察到的情况下，目标被发现的概率。

在很多情况下，侦察机执行侦察任务时，可能被敌方防空火力击毁，如果侦察机只有在顺利返回己方基地后才能将侦察资料报告给有关方面，这时就应考虑在往返途中敌方防空火力的抗击。如果侦察机可利用无线电通讯的方式传回侦察资料，则只需考虑飞往敌区途中的敌方防空火力的抗击。

$$M_p^i = P_t \times P_s \times M_p \tag{5.14}$$

式中：P_t——飞机突防敌空区域的概率；

　　　P_s——返程中飞机安全返回的概率。

对于其他侦察手段的侦察，可作类似的考虑。

（3）监视性侦察的效率

监视性侦察，主要目的是查明目标是否已经被击毁。如果侦察到目标已被击毁，则停止射击；否则，继续射击，直到击毁目标为止。在简单情况下，需要给出敌方处于不同状态下的被侦察到的概率，再通过一些简单计算。监视性侦察的结果可用于修改作战命令。例如：对于某个目标，计划使用 N 发导弹打击，单发击毁目标的概率为 p，在发射 m 发后进行监视性侦察，如发现目标被毁，则停止射击，将节省下 $N-m$ 发导弹；如果目标未被毁，则继续射击直到 N 发导弹发射完毕。我们来分析这种情况下监视性侦察的效率。可用平均节省弹药数的均值作指标来反映。

节省弹药数是一随机变量，设为 X。从上面的分析可知，若 m 次射击一次也未击毁目标，则 $X=0$；若 m 次射击至少一次击毁目标，则 $X=N-m$。

进行监视性侦察，若未发现目标被毁，N 发导弹射击完，节省导弹数 $X=0$，其概率为 $p(0) = (1-p)^m$；若发现目标已被击毁，则余 $N-m$ 发导弹不射击完，节省导弹数为 $X=N-m$，其概率为 $p(N-m) = 1-(1-p)^m$。得到节约导弹平均数为：

$$M[X] = 0 \times (1-p)^m + (N-m)\left[1-(1-p)^m\right] \tag{5.15}$$

例 1　已知 $p=0.6$，$N=5$，$m=2$，求节约导弹数并证明这是一个最佳策略。

解：$M[X] = (5-2)\left[1-(1-0.6)^2\right] = 2.52$

即可以平均节省 50%的弹药。可见监视性侦察很有效。我们还可以利用上式来确定监视侦察的最佳时机，即打几发后进行观测为好。可计算 $M[x]$ 与 m 的关系，用列举法选优；

或对公式求导，在导数 $dM[x]/dm$ 为 0 时，求出最大值。

以上例讨论，得到表 5 – 2，可知射击两发导弹后进行监视性监察最好。

表 5 – 2　$M[x]$ 与 m 的关系

m	1	2	3	4	5
平均节约导弹数 $M[x]$	2.4	2.52	1.87	0.974	0

（4）目标设防对飞机侦察效果影响初步分析

飞机侦察发回的信息为 x_1，x_2，x_3，…，x_m，目标可能的状态为 X_1，X_2，…，X_m，飞机不发回任何信息或信息不明，记为 x_0。现有 n 架飞机组成的侦察机群，发回 x_i 的架数为 n_i。这一组信息称为消息：

$$S = \{(n_0, x_0), (n_1, x_1), \cdots, (n_m, x_m)\} \tag{5.16}$$

且有 $\sum\limits_{i=0}^{m} n_i = n$

在发回消息 S 的条件下，目标处于 X_i 状态的条件概率 $P_h(X_i | S)$，称为验后概率。记 $P_0(X_i)$ 为验前概率是事前根据情报或经验或有关估算系统处于 X_i 状态的概率。飞机不发回任何信息的原因，可能是飞机未能突破防空火力网，也可能是由于无法分辨系统的状态。

为了简便，设机群侦察器材性能相同，且侦察人员素质能力相仿，有以下矩阵，称为侦察性矩阵，见表 5 – 3。

表 5 – 3　侦察特性矩阵

系统状态	信　　息				
	x_0	x_1	x_2		x_m
x_1	a_{10}	a_{11}	a_{12}		a_{1m}
x_2	a_{20}	a_{21}	a_{22}		a_{2m}
…	…	…	…	…	…
x_m	a_{m0}	a_{m1}	a_{m2}		a_{mm}

其元素 $a_{ij} = P(x_j | X_i)$ 为系统 X_i 状态时飞机发回信息 x_j 的概率，且满足

$$\sum\limits_{j=0}^{m} a_{ij} = 1 \tag{5.17}$$

$a_{ii} = P(X_i | x_i)$，$i = 1, 2, \cdots, m$ 称为发回信息 x_i 的可信度。侦察特性矩阵获得同样通过历史战例数据、演习积累数据和理论分析或计算机模拟侦察战斗行动获得的数据。

若已知侦察机构的性能，则可算出概率，$P(S | X_1)$，$P(S | X_2)$，…，其中

$$P_a(S | X_i) = C_n^{n1} C_{n-n1}^{n2} C_{n-n1-n2}^{n3} \cdots \times \prod\limits_{j=0}^{m} a_{ij} n_j \tag{5.18}$$

式中 C_{n1}^{n} 为 n 个元素取 n_1 个的组合，其余类推。

5.3　装备火控系统的建模与仿真

5.3.1　五种火控系统的介绍

近些年来，火控系统取得了前所未有的发展，一大批建立在各种新技术基础上的火控系

统相继问世。不同火控系统，虽然组成、结构和选用的部件不同，但就其控制方式来分，大致有五种：自动装表火控系统、扰动式火控系统、非扰动式火控系统、稳像式火控系统、大闭环控制火控系统。这种分类方式并不科学，有重复性，它只是人们对火控系统在发展过程中出现的几种类型的称呼，并非严格意义上的火控系统分类。

（1）自动装表火控系统

自动装表火控系统的工作过程是：射手用瞄准镜中的激光瞄准点瞄准目标，发射激光进行测距，在激光测距仪测出距离后，弹道计算机进行弹道解算，并将解算结果变成一定的控制信号输送到瞄准镜上的装表机构，自动装好表尺，射手重新将瞄准标记压住目标进行射击。对于具有自动抬炮装置的火控系统来说，在装定表尺的同时，火控计算机输出另一个控制信号到火炮稳定器，使火炮（带动瞄准线）自动抬起一个与所装表尺大小大致相同但方向相反的角度，这样瞄准标记将自动返回目标附近，射手二次精确瞄准，进行射击。

（2）扰动式火控系统

扰动式火控系统与自动装表火控系统工作过程相似，炮手完成一次射击，要进行两次精确瞄准，中间要扰动一次。区别是，后者计算射角时只考虑距离因素，前者还要根据各传感器输送的数据，进行高低瞄准角和方位修正。

（3）非扰动式火控系统

非扰动式火控系统的工作过程是：测距后，火控计算机算出的射击提前角同时传输给瞄准传动装置和接口装置。接口装置收到信号后控制炮塔和火炮传动装置，使火炮和炮塔自动准确地调转到提前角位置上，而瞄准镜传动装置控制瞄准镜中的反射镜朝相反方向转动同样的角度。由于瞄准线和炮轴线同时受射击提前角信号控制，并朝相反方向以相同速度移动，所以瞄准线和目标之间的相对运动等于零，瞄准线就能始终对准目标，而火炮却调转到要求的射击位置上。

以上三种火控系统瞄准镜都与火炮呈刚性连接，在非射击条件下，瞄准线和火炮轴线平行，瞄准线是随动火炮的。

（4）稳像式火控系统

稳像式火控系统能保证炮手在车辆行进间进行射击，炮手在行进间从瞄准镜向外观察，目标和背景几乎是不动的。这是由于它采取了新的控制方式。在这种系统中，瞄准镜与火炮分开控制，瞄准线是独立稳定的，并作为系统工作的基准。在瞄准状态时，炮手用操纵台驱动瞄准镜的瞄准线，使瞄准线跟踪、瞄准目标并测距，而火炮随动于瞄准线；射击时，火控计算机算出的射击提前角只传输给火炮和炮塔传动装置，使火炮自动调转到提前角位置，而瞄准线仍然保持跟踪和瞄准目标。

（5）大闭环控制火控系统

这种系统是一种对射击效果能实时自动校正的系统。它首先对前一发弹脱靶情况进行实时测量，把偏差的距离和角度自动输入给火控计算机并进行后一发弹的修正计算，然后立即射击，从而提高第二发弹的命中率。这种系统要求有自动跟踪目标及自动跟踪弹丸的装置或传感器。

5.3.2　火控系统的输入和输出

装备火控系统分为直接火控和间接火控。

　　直接火控用于控制武器射击可以观察到目标，比如说：利用光学或电—光仪器从武器本身或从附近单元（像指挥仪控制型武器系统那样）可以观察到目标。在可以由武器本身看到目标时，就在火炮和目标间建立了瞄准线。然后，利用安装在武器上的瞄准仪器或指挥仪式火控系统，就可以参照这条瞄准线在高低或方位上将武器瞄准目标。

　　间接火控用于控制武器，射击从武器位置不能观察到目标。当目标不能直接被武器看到时，例如目标在山后时，则利用间接观察方法。然后利用火控情报，在火控中心计算火炮的射击数据。可以由无线电、电线或电缆以语言或熟悉方式将射击数据传送至武器。在数字情况下，火炮可以按照确定的射击数据完成方位和高低瞄准。

　　火控系统的建模与仿真的理论问题就是找出所需的武器和瞄准线之间的提前角的量值和旋转角的方向。它们是可测量的物理量的函数。考虑到获得所需的武器线和瞄准线之间的提前角和旋转角的方向，以及它们是可测量的物理量的函数；同时考虑到获得所需的武器线至瞄准线的偏移时的实际情况，提前角用两个单独的分量——高低分量和方位分量来规定，并由它们来实现。这两个分量组合产生所需的提前角。

　　从用作输入的某些测量量和射击固定或活动目标时武器定位所需某些输出这两个方面考察火控。在考虑采集目标位置方面的数据、计算目标未来位置、将外弹道信息相关和控制武器瞄准以便射击目标时，就隐含着输入—输出概念。

　　可以列举出的基本输入数据有：距离、高低角、方位角、目标的运动、有关武器位置的所有可测量的数据。补充性输入数据有：有关风的信息以及炮管烧蚀和发射药温度之类影响射弹初速的项目。任何火控系统都尽系统的能力使用所有可能利用的输入数据，以产生射击诸元这样的输出，用于受控武器的瞄准。

　　建立输入—输出关系时的两类主要因素：影响射弹飞行路线的因素；目标相对于武器的运动。

　　影响射弹运动的因素有射弹内部因素和外部因素。外部因素有重力和介质。介质一般是弹丸运动通过的空气。内部因素有射弹质量分布、形状、尺寸、旋转和初速。外部因素和内部因素不是彼此独立的，而是结合起来产生所谓的刚体效应。

　　这些效应应用一组非线微分方程来描述。由于这些方程中出现的系数和由经验数据得到的系数依赖于速度的特性，因而这些方程不能以封闭方式解算。刚体效应除了引起非抛物线弹道以外，还可解释射弹运动自发射平面的偏离。"6 自由度模型"这个词往往用于描述这组方程。这些方程已通过与实弹射击结果的比较，并进行了全面的检验。目标相对于武器的运动，显然，投向活动目标的任何东西，不管是武器发射的射弹或用脚猛踢的足球，如果要命中，必须考虑到目标运动的某个余量，或提前量。如果火控地点的其他所有条件保持不变，那么修正目标运动需要提前的量，随目标速度的增加而增加，并随目标的相对方向而改变。对付垂直于瞄准线运动的目标，与以同样的速度在其他路线上运动的目标相比，需要较大的提前角。

　　目标的距离和射弹飞行时间也影响提前量。随着飞行时间增加，需要的提前量增加，或者说，射弹速度越大，需要的提前量越小。

5.3.3 坦克火控系统的仿真

5.3.3.1 坦克火控模型

根据稳定器稳定范围，坦克火炮的控制方式可分为单向稳定控制（垂直方向）和双向稳定控制两类。根据不同火控控制方式分为三大类：火炮独立稳定、火炮随动于瞄准线、火炮受车长控制。两种分类是相互交叉的，即火炮受车长控制时，火炮既有单向稳定又有双向稳定的情况。

下面就"火炮独立稳定"和"火炮随动于瞄准线"两种方式的模型展开讨论。

（1）火炮独立稳定

在非射击状态时，火炮在稳定器作用下，由操纵台控制水平方向与俯仰角。操纵台的转动行程与转速关系符合二次曲线，方法与瞄准线的控制相同，由最小瞄准速度、最大调炮速度及最大瞄准速度决定曲线参数。

以某型坦克为例，垂直向最小瞄准速度 $0.03°/s$，最大调炮速度 $6°/s$，该坦克模拟器操纵台俯仰方向电位值范围在（-1024，1024），用 x 表示操纵台电位值，y 表示瞄准速度，见图 $5-2$。

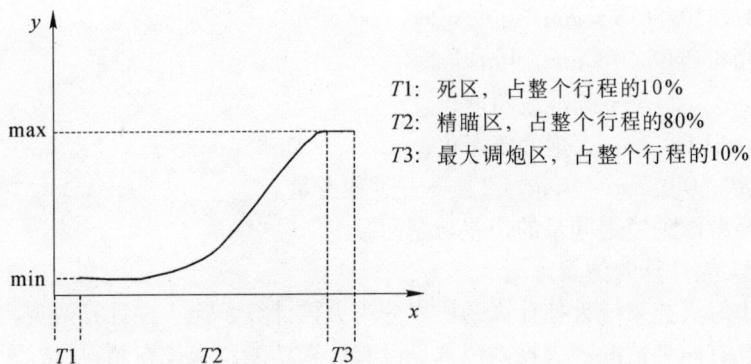

T1：死区，占整个行程的10%
T2：精瞄区，占整个行程的80%
T3：最大调炮区，占整个行程的10%

图 $5-2$　垂直向操纵台信号与火炮转速关系曲线图

设二次曲线方程为：

$$y = \alpha \ (x - \beta)^2 - \gamma \tag{5.19}$$

曲线过点（102.4，0.03），（921.6，6），且在（102.4，0.03）点的斜率为 0，则

$$\left. \begin{array}{l} 0.03 = \alpha \ (102.4 - \beta)^2 - \gamma \\ 6 = \alpha \ (921.6 - \beta)^2 - \gamma \\ 0 = 2\alpha \ (102.4 - \beta) \end{array} \right\} \tag{5.20}$$

解得曲线方程为：$y = 8.89 \times 10^{-6} \ (x - 102.4)^2 + 0.03$

因此，垂直向操纵台信号与火炮俯仰速度的数学模型为：

$$
\left.\begin{array}{ll}
y = -6, & -1024 \leqslant x < -921.6 \\
y = -8.89 \times 10^{-6}\,(-x-102.4)^2 - 0.03, & -921.6 \leqslant x \leqslant -102.4 \\
y = 0, & -102.4 < x < 102.4 \\
y = 8.89 \times 10^{-6}\,(x-102.4)^2 + 0.03, & 102.4 \leqslant x \leqslant 921.6 \\
y = 6, & 921.6 < x \leqslant 1024
\end{array}\right\} \tag{5.21}
$$

在具有自动调炮功能的武器系统中，火控计算后火炮能自动装定射角。

测距后，根据火控计算出的射角及不同工况驱动火炮装定射角。

（2）火炮随动于瞄准线

实车完成火炮跟踪瞄准线的一套控制系统非常复杂，涉及的数学模型很多，求解时间长，不适合实时仿真，必须将其进行简化。现已掌握某型坦克火炮随动于瞄准线的简化数学模型为：

$$
\left\{\begin{array}{l}
gun\_state\,[2] = gun\_state\,[0] \\
gun\_state\,[0] = 0.51340847338680 \times gun\_state\,[0] \\
\quad -5.94926940409262 \times gun\_state\,[1] \\
\quad +0.01487317351023 \times aim\_state\,[1] \\
gun\_state\,[1] = 0.01487317351023 \times gun\_state\,[2] \\
\quad +0.93402182025615 \times gun\_state\,[1] \\
\quad +0.00016494549360 \times aim\_state\,[1]
\end{array}\right. \tag{5.22}
$$

式中：$aim\_state\,[1]$——瞄准线角度；

$gun\_state\,[1]$——火炮的姿态角；

$gun\_state\,[0]$、$gun\_state\,[2]$——过程变量。

模型中已经考虑到镜炮同步的误差与超回量。

5.3.3.2　火控计算的仿真

仿真软件中对火控系统火控计算的仿真分为火控计算、无火控计算两类。

无火控计算有两种情况：火控系统本身没有计算功能，炮长在测得目标距离之后查射表得到射击诸元，然后人工装定表尺。另一种情况是在应急射击工况下，火控计算机根据目标距离和弹种直接赋予固定射角，而不必经过计算。这种情况下火控计算模块为空模块。

不同车型，实车火控计算所用的数学模型不同。现有火控外弹道数学模型大多是由射表拟合而成。

火控计算的准确性和精度直接影响射击命中率，同时反映了车辆研制时期的实验技术、测量技术、理论水平和火控计算机硬件的性能。为了能体现不同水平间的差别，对火控计算的仿真最好使用实车采用的数学模型，该模型可以从装备火控设计部门得到。

若不能得到实车的数学模型，可以使用射表利用插值法进行拟合。这种方法的缺点是：每种模拟车型使用同一种拟合方法得到的结果相同，不能反映火控计算方面的发展与进步。

实装的火控计算机战技指标有解算频率、解算精度、解算时间等。某型坦克稳像工况下解算频率为 4 次/s，循环解算直到火炮发射出去或者解算时间超过 20 s；自动装表工况下测距后只进行一次火控计算。对于稳像工况火控计算的仿真流程如图 5-3 所示。

```
┌─────────────────────────┐
│   接收到"测距有效"消息      │
└─────────────────────────┘
            │
            ▼
      ┌───────────┐
      │  计时累计   │
      └───────────┘
            │
            ▼
      ╱─────────────╲                    ┌─────────────────┐
     ╱ 与上次计算时间相隔超过计 ╲──────────▶│   返回调用程序     │
     ╲    算周期      ╱                    └─────────────────┘
      ╲─────────────╱
            │
            ▼
      ╱─────────────╲                    ┌─────────────────┐
     ╱ 计算时间累计超过解算 ╲──────────────▶│   将射角清零       │
     ╲     时间       ╱                    └─────────────────┘
      ╲─────────────╱                            │
            │                                    ▼
            ▼                             ┌─────────────────┐
 ┌─────────────────────────┐            │   返回调用程序     │
 │ 将目标距离、气象条件代入火控  │            └─────────────────┘
 │   计算模型计算射角          │
 └─────────────────────────┘
            │
            ▼
 ┌─────────────────────────┐
 │      返回调用程序          │
 └─────────────────────────┘
```

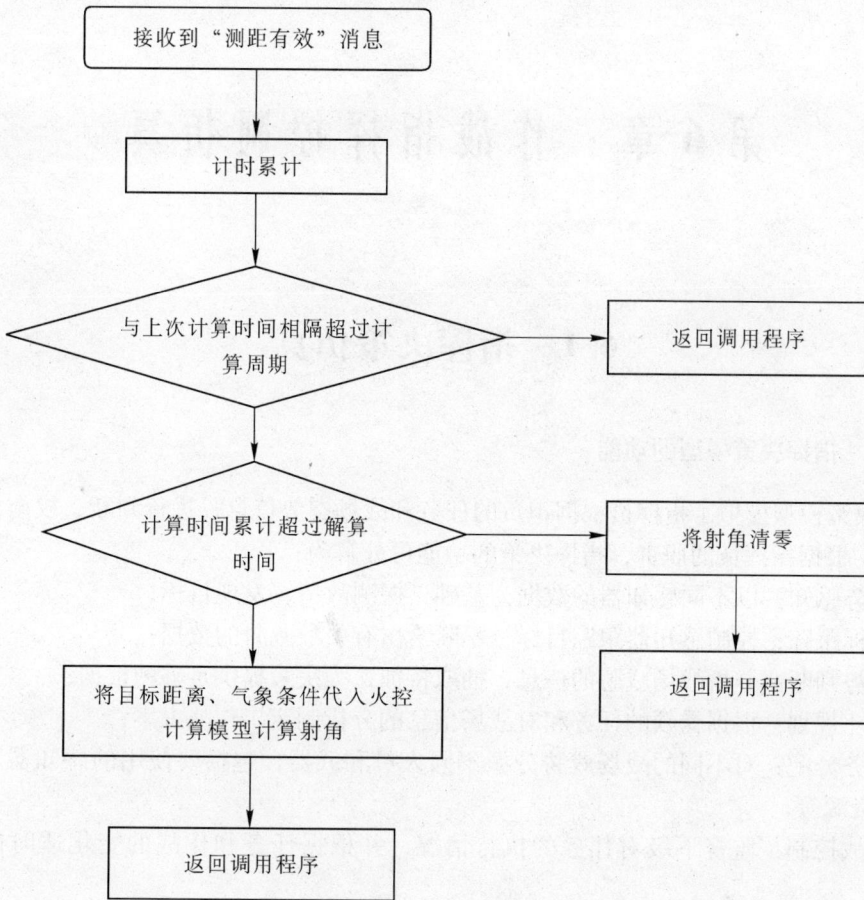

图 5 - 3　火控计算流程图

第6章 作战指挥控制仿真

6.1 指挥决策仿真

6.1.1 指挥决策模型的功能

指挥决策模型模拟了指挥员根据担负的任务和战场态势信息，进行判断、权衡，做出决定的过程。根据指挥员的职责，指挥决策的功能可分解为：

① 态势感知：以不同感知器的数据为基础，探测敌情，发现目标；

② 目标跟踪：控制感知器跟踪目标，不断给出有关敌威胁的数据；

③ 态势判断：分析战场威胁的信息，抽取特征，为决策提供足够的根据；

④ 战斗规划：根据受领的任务和对战场信息的分析制定出作战方案；

⑤ 任务分配：对不同的战场威胁分派不同人员和武器，包括要使用的感知器、通信设施和其他资源等；

⑥ 作战控制：监督下级对任务的执行情况，并根据任务和作战的变化适时做出新的决策。

根据指挥决策模型的功能和指挥控制的过程，可以把指挥决策模型分解为探测模块、态势分析模块、决策模块和通信模块等几个功能模块。有些指挥员还同时担负操纵装备的任务（如坦克车长的超越调跑），所以还要加上一个操作执行模块。模型的功能结构如图6-1所示。

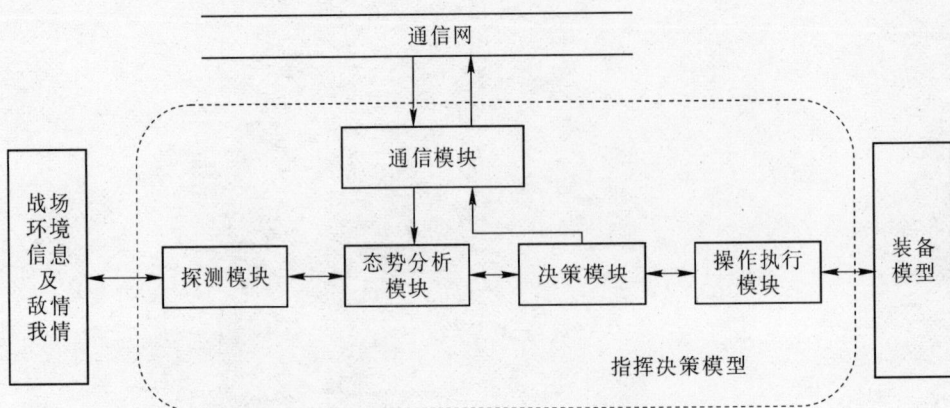

图6-1 指挥决策模型功能结构图

6.1.2　基于 Agent 建模方法的指挥决策模型结构

作战系统具有非线性、不可约简性、自组织性和自适应性等特点，是一种典型的复杂系统。目前我们熟知的对于复杂系统研究的方法论是由钱学森提出的定性与定量相结合的"综合集成研讨厅"的研究方法。除此之外，针对复杂系统的建模，贺兰（Holland）提出了 Multi - Agent 体系和基于 Agent 的建模方法学。前者是一种认知哲学，不适于系统建模与仿真；而后者作为一种新的建模方法，可以被应用于装备作战仿真。

美国的 Maes 是 Agent 的研究先驱之一。他给 Agent 下的定义是："Agent 是指那些宿主于复杂动态环境中，自治地感知环境信息，自主采取行动，并实现一系列预先设定的目标或任务的计算系统。"

Agent 包含了信念、能力、决定和承诺等精神状态，具有自主性、协作性、分布性和自适应性，以及感知、通信、行动、控制和推理等基本功能。从信息交换上讲，Agent 可以自主地感知外界环境，经过推理、决策，自主运行。这些都与指挥决策模型的功能极其相似。因此，基于 Agent 的建模方法适合于指挥决策模型的建立。

6.1.2.1　Agent 的结构

Agent 结构需要解决的问题是，Agent 由哪些模块组成，模块之间如何交互，Agent 感知到的信息如何影响它的行为和内部状态，以及如何将这些模块用软件或硬件的方式组合起来形成一个有机的整体。有三种基本的 Agent 结构：慎思式结构、反应式结构和混合式结构。

① 慎思式结构（Deliberative Architecture）：在这种结构中，Agent 的决策是通过基于模板匹配和符号操作的逻辑推理做出的，如同人们通过深思熟虑、精心推敲后做出决策一样，因此称为慎思式结构。如图 6 - 2 所示。

② 反应式结构（Reactive Architecture）：在这种结构中，Agent 包含了感知内外部状态变化的感知器、一组对相关事件做出反应的动作和一个依据感知器信息激活某过程执行的控制系统。Agent 的活动是由于受到某种刺激而引发的，因此被称为反应式结构。如图 6 - 3 所示。

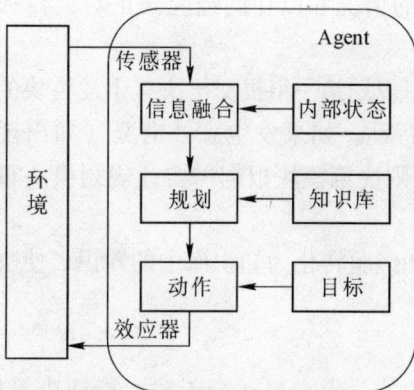

图 6 - 2　Agent 的慎思式结构　　　　　　图 6 - 3　Agent 的反应式结构

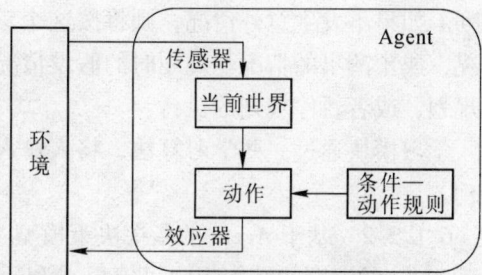

③ 混合式结构（Hybrid Architecture）：这种结构是慎思式和反应式两种结构的结合，主要包含感知、动作、反应、建模、规划、通信、决策等模块，如图 6 - 4 所示。

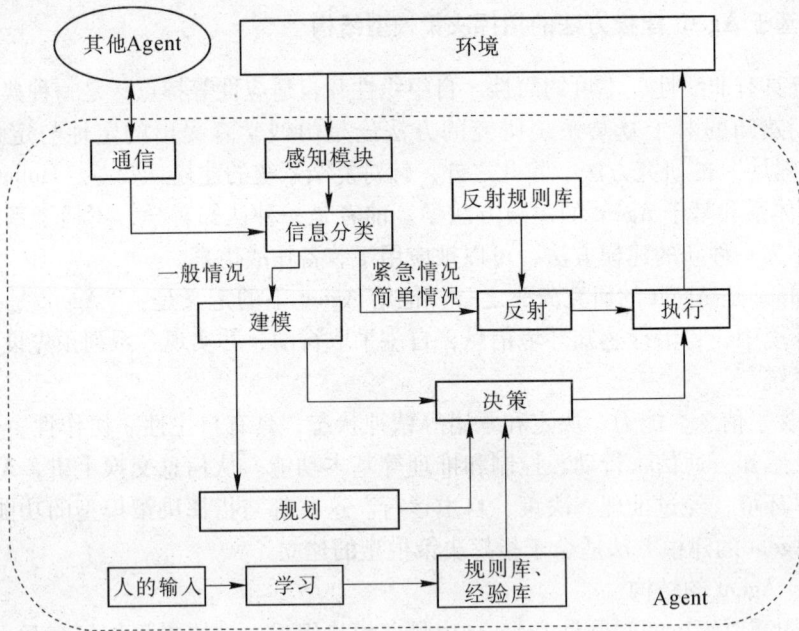

图 6 - 4　Agent 的混合式结构

其中，感知模块用来感知现实世界，并对环境信息做出一定的抽象。根据信息的类型，感知模块将经过抽象的信息送到不同的处理模块。

如果感知到的是简单的或紧急的情况，则信息被送到反应模块。反应模块对传入的信息立即做出决定，并将动作命令送到行动模块。行动模块则根据传入的动作命令做出相应的动作，对外部世界做出反应。

如果感知到的是复杂的或不紧急的情况，则信息被送到建模模块进行分析。建模模块中包含了对世界和其他 Agent 所建立的模型，根据模型和当前感知到的情况，可以对短期的情况做出预测，进而提出相应的对策。同时根据感知的情况和以往的经验修正对世界和其他 Agent 所建立的模型。

规划模块用于根据目标对中短期行动做出规划。规划是一组提交给决策生成模块的动作序列。如果不发生意外情况，则将按这个动作序列行动。如果发生意外情况（如出现紧急情况，或预测出的情况与规划时的假设情况不同），则决策模块根据需要让规划模块重新做出规划，或者暂停规划的执行。

学习模块通过一些学习算法，将人输入的规则和经验转化为知识库中的知识，使决策更合理。

6.1.2.2　基于 Agent 的指挥决策模型

Agent 的混合式结构集中了慎思式和反应式结构的优点，更适合于建立指挥决策模型。这里给出一种基于混合式结构 Agent 的指挥决策模型，如图 6 -5 所示。

下面分别对各功能模块作简要说明。

① 战场环境：战场环境包含地形和天候等信息本身并不是指挥决策模型的组成部分，而是指挥决策模型获取环境信息的来源。战场环境也是作战指挥的重要条件，它影响作战方

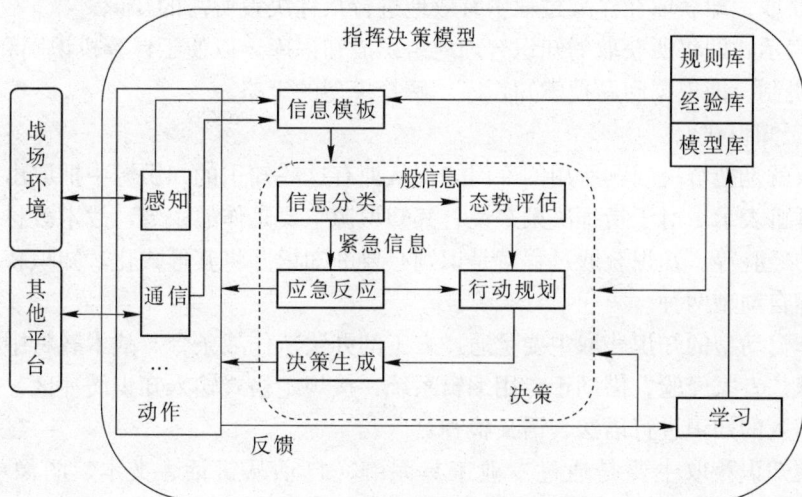

图 6-5　基于混合式 Agent 的指挥决策模型

案的制定和组织指挥决策。

② 动作：主要包括感知、通信以及其他动作。感知和通信是 Agent 依据装备模型决定指挥决策模型获取信息的方式。感知模块根据侦察装备的性能搜索战场，取回兴趣范围内和条件范围内的信息。通信模块通过通信装备来与其他装备模型交互信息，通信方式与所用的通信设备、通信网、通信机制有关。

③ 知识库：知识库由三部分组成，包括由各种战术规则、反射规则构成的规则库、由指挥员的经验提取的经验库以及由各种战场态势抽象建模得到的数学模型构成的模型库。

④ 信息模板：信息模板是 Agent 的信息存储器。Agent 对一些获取的信息不能马上处理，需要存放一定的时间。因此，通过感知和通信得到的信息首先分类存储在信息模板中，供 Agent 提取。信息模板还有一部分信息来自知识库。

⑤ 决策模块：可分为信息分类、反射、态势评估、规划、决策生成等模块。指挥决策模型通过信息分类模块对信息进行分类，对于紧急情况迅速做出反应形成作战行动，对于一般情况由态势评估模块根据战场态势进行环境分析、任务分析、敌我情况判断。规划模块根据态势评估的结果生成作战行动序列，由决策生成模块根据行动方案和行动执行中的反馈综合推断，并决定当前的行动。

⑥ 学习模块：通过行动执行后反馈的结果进行学习，更新知识库中的内容。

6.1.3　人工智能技术在思维仿真中的应用

在上述基于 Agent 的指挥决策模型各功能模块中，决策模块用于模拟指挥员的思维过程，是整个模型的核心。对于人的思维的仿真一直是装备作战仿真中的难点，也是研究的重点。20 世纪五六十年代兴起的人工智能技术，为人的思维仿真提供了一种重要的方法和途径。事实上，目前这方面的研究成果主要集中在人工智能技术的应用方面。

人工智能技术在作战指挥员的思维仿真中的应用研究主要包括以下三个研究内容：

① 知识获取，即获取在作战过程中有效地进行指挥决策所需的知识；

② 知识表示，即将所获取的知识合理地组织成知识库，以便于计算机识别和访问；

③ 推理机制，即根据问题搜索知识库、解算模型的策略。

6.1.3.1 知识获取

知识获取就是把解决问题所用的专门知识从拥有这些知识的知识源中抽取出来，并转化为特定的计算机表示。对于指挥决策来说，其知识源主要是作战条令、战术教材、各级指挥员和参谋员的经验等。知识获取过程就是识别必要的知识并将其形式化。知识获取的方法分为非自动型和自动型两种。

目前，非自动型的知识获取主要是通过人工的办法从作战条令、战术教材中抽取作战规则、动作知识、专家经验，借助于专用编辑系统，按规定格式输入知识缓冲区，并通过专用编辑系统对输入的知识进行语法、语义检查。

自动型的知识获取主要是通过专业工具系统，自动从讲话、文本、图像中抽取领域知识。

6.1.3.2 知识表示

知识表示就是将知识表示为计算机能够识别的方式。知识表示的方法有多种，这里重点介绍基于规则、基于案例和基于框架这三种知识表示方法。

（1）基于规则的知识表示

规则作为一种通用的格式，在很多领域都被用来进行知识的表示。其基本的结构是：前提→结论。例如，表示因果关系知识的产生式规则的基本形式是：

IF ＜前提＞ THEN ＜结论＞

一条规则是相当简单的，根据一条规则不足以做出某个决策。事实上，在决策知识的表示中通常采用规则网的形式，即把所需要的一组规则放在一起，互相配合，协同作用，一个规则的结论可以供另一个规则作为已知事实使用。为便于查询，通常对规则进行分类表示，如坦克排的决策规则主要分为机动和火力两大类。由于决策中的前提条件并不都是确定的，例如，坦克排排长在判断敌威胁程度的时候，其前提条件"威胁系数"就是不确定的，因此在规则中还可能包括一些模糊处理规则。

规则具有短小精悍的特点，易于表现形式为"条件—结论"的知识。因此，规则通常用于表示决策中选择和判断性的知识。例如，坦克排是否集火、坦克排队形选择等知识就适合用规则来表示。

（2）基于案例的知识表示

案例包括"问题"和"解决方案"两部分。一个问题可能有多种可供选择的解决方案，这就需要有描述各解决方案优劣性的知识，以及相应的评估方法。

一般案例库是按以下结构表示：

1. 问题表达

·描述

·情景

·约束

2. 方案生成与方案选择

·可能的选择方案

　　　　　·方案名称
　　　　　　·动作序列
　　　　　　·方案优势
　　　　　　·方案劣势
　　　·选择标准
　　　·评估方法
　3. 选择结果
　　　·结果
　　　·评论

　　案例库集成了问题、方案、结论等各方面的知识，适合表现关系复杂、具有可对比性的知识。例如，对于多个同种作战样式下的作战方案，就可以按案例库的结构加以集成，生成作战方案、战术规划的知识。

　　（3）基于框架的知识表示

　　框架是表示某类事物共同属性的结构化数据结构。每个属性称为框架的一个槽，具体的属性称为槽值。属性可以进一步分成许多方面，每一个方面称为一个侧面。其表示形式如下：

框架名：

　　　　槽名1：

　　　　　　侧面名 11：：值 111，值 112，值 113

　　　　　　侧面名 12：：值 121，值 122，值 123

　　　　　　…

　　　　　　侧面名 $1n$：：值 $1n1$，值 $1n2$，值 $1n3$

　　　　　　…

　　　　　　…

　　　　槽名 i：

　　　　　　侧面名 $i1$：：值 $i11$，值 $i12$，值 $i13$

　　　　　　侧面名 $i2$：：值 $i21$，值 $i22$，值 $i23$

　　　　　　…

　　　　　　侧面名 im：：值 $im1$，值 $im2$，值 $im3$

　　框架的结构是根据要表示的知识内容来确定的，例如，作战任务的框架表示可采用 BDF（Behavior Definition Frame）结构。BDF 是由许多槽来构成的，每个槽都有一个名字和相应的内容，槽的内容主要有各种变量、表、时间关系、规则集以及其他的子框架等。BDF 表示方法提供了一种树状结构的任务分解机制。

　　基于框架的知识表示具有以下特点：

　　① 适合描述具有固定格局的物体、事件和行为，既可以用于判断和识别某一类事物，也可以用于预测事物的特性；

　　② 框架的继承性可减少信息存储，是一种有效的知识组织结构和信息存储方式；

　　③ 推理方式灵活，能方便地把陈述式和过程式知识结合起来。

　　框架用于表示决策中形式比较固定的知识。例如，渡海登岛作战中"空降"、"两栖登陆"等作战方案，其动作序列都可概括为：集结、开进、登陆、发展等四个阶段。因此对于作战方案可以用框架的形式表现出来。其表现形式是以某个作战方案为框架，其应展开的动作为子框架。以此类推，对于更深入的知识，如作战任务的分配、如何开展战术行动等知识，可以作为子框架的子框架来表示。

6.1.3.3 推理机制

人工智能中推理的方法包括基于规则的推理、基于案例的推理、基于框架的推理、模糊逻辑推理、基于神经网络的推理以及基于贝叶斯网的推理等。而推理是以知识表示为前提的，根据前一小节对决策知识的表示方法，这里主要介绍前三种推理方法。

（1）基于规则的推理

基于规则的推理方式有三种：正向推理、逆向推理和混合式推理。

正向推理的基本思想是：从用户提供的初始已知事实出发，从规则库中找出当前可适用的知识，构成可适用知识集。然后按某种冲突消解策略，从知识集中选出一条知识进行推理，并将推出的新事实加入到数据库中，作为下一步推理的已知事实。在此之后再从规则库中找出可适用的知识进行推理。如此重复进行这一过程，直到求得了满足要求的解或者规则库中再无可适用的知识为止。正向推理过程比较简单，缺点是具有盲目性，效率低。

逆向推理的基本思想是：首先选定一个假设目标，然后寻找支持该假设的证据。若所需的证据都能找到，则说明原假设是成立的；否则说明原假设不成立，需要重新进行假设。逆向推理的主要优点是不必使用与目标无关的知识，目的性强，还有利于向用户提供解释；缺点是初始假设目标的选择有盲目性，可能要多次提出假设，影响执行效率。

正向推理与逆向推理相结合的推理称为混合式推理。混合式推理分为两种情况：一种是先进行非严格的正向推理，初步选择某个目标，然后再用逆向推理证实该目标；另一种是先假设一个目标进行逆向推理，然后再利用逆向推理中得到的信息进行正向推理。

（2）基于案例的推理

基于案例的推理方法是指利用已有的经验（案例）来解决问题。采用基于案例的推理方式的一个重要原因是：人们在进行问题求解时，常常直接引用所经历的实例或范例。根据西蒙的有限性理论，由于人类的主观认识局限性和环境的复杂性，开始很难得到决策所需要的全部信息。这就需要不断收集证据，用以前的案例作指导，通过向环境学习，逐渐消除信息的不完整和不确定性，并不断地反馈到决策中，最终得到问题的满意解。

基于案例的推理过程如下：当一个新的问题提出后，将它与案例库中的所有案例进行比较，这种比较是建立在对案例中的属性子集进行相似性度量的基础上的，主要的度量方法有欧几里德距离、海明距离等。比较后得到与新问题最相似的一个或一组案例。由于这些案例并不能够与新问题相匹配，因此需要一种机制对得到的案例进行修正，得到问题的满意解。

在基于案例的推理中，需要基于规则的推理的辅助。

（3）基于框架的推理

基于框架的推理大致有两种方式：默认式和匹配式。

默认推理是指在对槽进行填充操作时，如果遇到不可知情况，用默认值代替。

匹配推理类似于模式识别。框架相当于已知模式，然后由获得的数据和事实组成待识别的模式与已知模式相匹配。在匹配过程中，通常先进行非精确匹配，找出一个或几个与待识别模式基本匹配的预选框架，形成初步假说，然后进一步收集信息，根据评估原则对预选框架进行评价，得到最适合的框架。

6.2 作战命令的仿真

在作战过程中，上级单位对下级单位的控制是依靠指挥命令来实现的。因此，对作战命令的描述以及命令下达过程的仿真是指挥控制仿真的重要组成部分。

在指挥控制仿真中，可以将作战命令分为两种类型：指挥命令和人工干预命令。指挥命令是指在装备作战仿真过程中，由指挥所/指挥员模型根据作战指挥基本原则和战场态势自主做出决策后向下级下达的命令。人工干预命令是由操作员发出的，既可以用于战斗组织阶段，也可以用于战斗实施阶段。在战斗组织阶段，人工干预命令用于将作战想定中对各个作战单位指定的作战任务下达给各作战单位；在战斗实施阶段，人工干预命令用于操作员对仿真实施人工干预，实现对作战过程的控制。

6.2.1 作战命令的描述

机动和射击是作战过程中的基本要素，作战单位最主要的作用就是依靠火力和机动的结合克敌制胜。因此，作战模型主要围绕机动和射击而展开。相应地，计划命令也主要分为两大类，即如何机动和如何射击。

在装备作战仿真中，一个作战命令主要由两部分组成：命令代码和参数。

命令代码就是给各种命令编排的数字，便于计算机识别。在程序实现时，可以用宏定义的方式来定义命令代码，以增加程序的可读性。下面是 C + + 语言中定义命令的示例。

```
#define COM_ FOLLOWING        1001      //跟随
#define COM_ ADVANCE          1002      //机动
#define COM_ STOP             1003      //停车
#define COM_ PAUSEANDSHOOT    1004      //短停射击
#define COM_ SHOOT            1005      //射击
#define COM_ FIGHT            1006      //准备战斗
#define COM_ ENDFIGHT         1007      //停止战斗
#define COM_ DEFENSEREGION    1008      //为部队指定防御范围
#define COM_ DEFENSEANGLE     1009      //为装备指定射击地境
#define COM_ SPY              1010      //侦察
......
```

参数是对命令代码的补充。命令代码与命令参数配合使用，共同描述一个有实际意义的命令。一个命令一般需要一个参数，也可能需要多个参数。还有些命令不需要参数。用 C + + 语言描述作战命令时，可以采用预定义的结构体方式，也就是将命令代码与命令可能用到的所有参数共同定义在一个结构体中。在下达命令时，只需填充命令代码与该命令用到的参数即可。下面给出一个命令结构体示例。

```
typedef struct
{
    int                issue_ time；          //命令下达时间
    CPerson *          source；               //下达命令的人
    UINT               code；                 //命令代码
    SLocation          target_ location［10］； //机动路线上的目标位置
    int                location_ num；        //机动路线上的目标位置数
    CEquipment *       target_ equipment；    //射击目标
    SFollowing         following；            //跟随基准车和方向角
    SLocation          end_ pot［2］；         //防御范围
    double             angle［2］；            //射击地境
    ……                                       //更多参数
} SCommand；
```

例如在下达机动命令时，需要将 COM_ ADVANCE 赋值给 code，将机动路线上的关节点坐标填充在 target_ location［］中，将关节点数目赋值给 location_ num。下级单位接到该命令后，首先解析 code 值，如果是机动命令，再读取 location_ num 值，最后从 target_ location［］中读出相应数量的关节点坐标。这样，下级单位就可以完整理解这个命令的含义了。

6.2.2　命令下达过程的仿真

（1）指挥命令的下达

在装备作战仿真过程中，指挥所/指挥员模型根据作战指挥基本原则和战场态势自主做出决策后，需要及时向下级下达指挥命令。因此，指挥命令的下达是由指挥所/指挥员模型实施的操作，体现在仿真模型中，就是"指挥员"类的一个成员函数。

完成下达命令功能的成员函数的参数表中至少需要包含两个参数：接收者和命令结构体。接收者指明了接收命令的对象，命令结构体包含了命令的内容。通常情况下，有这两个参数就够了。而战场上的命令传达通常是通过电台进行的，由于地形或敌方干扰等原因，电台通信不是每次都能成功。如果模型逼真度要求较高，需要反映出通信的成功率，则在函数参数表中还要包含一个表示通信成功率的参数。另外，命令的下达要占用通信信道，如果对方正在与其他人通话，则需要等待对方当前通话完毕后才能与之联络。要正确反映这种实际情况，还需在函数参数表中加入一个表示本次通话时间的参数，并且能够通过函数的返回值判断本次通信是否成功。

下级模型接收到一个命令后，要将该命令加入自己的命令列表，以备后续处理。而命令列表是模型的私有成员，不能直接被外界访问。为此在"指挥员"类中还应包括一个接收命令的成员函数，其功能就是将命令加入自己的命令列表。

图 6-6 给出了下达命令的成员函数的流程。

```
              ┌──────────┐
              │   开始   │
              └──────────┘
                    │
                    ▼
              ◇────────────◇      Y     ┌──────────┐
              ◇ 对方正在通话 ◇ ────────→ │ 返回FALSE │
              ◇────────────◇            └──────────┘
                    │ N
                    ▼
         ┌───────────────────────┐
         │ 用蒙特卡洛法计算通信是否成功 │
         └───────────────────────┘
                    │
                    ▼
              ◇────────────◇      N
              ◇    成功    ◇ ───────────┐
              ◇────────────◇            │
                    │ Y                 │
                    ▼                   │
         ┌───────────────────────┐      │
         │ 调用接收对象的命令接收函数, │      │
         │   将命令加入其命令列表     │      │
         └───────────────────────┘      │
                    │ ←─────────────────┘
                    ▼
         ┌───────────────────────┐
         │      设置双方的通话时间     │
         └───────────────────────┘
                    │
                    ▼
              ┌──────────────┐
              │ 如成功返回TRUE │
              │ 否则返回FALSE  │
              └──────────────┘
```

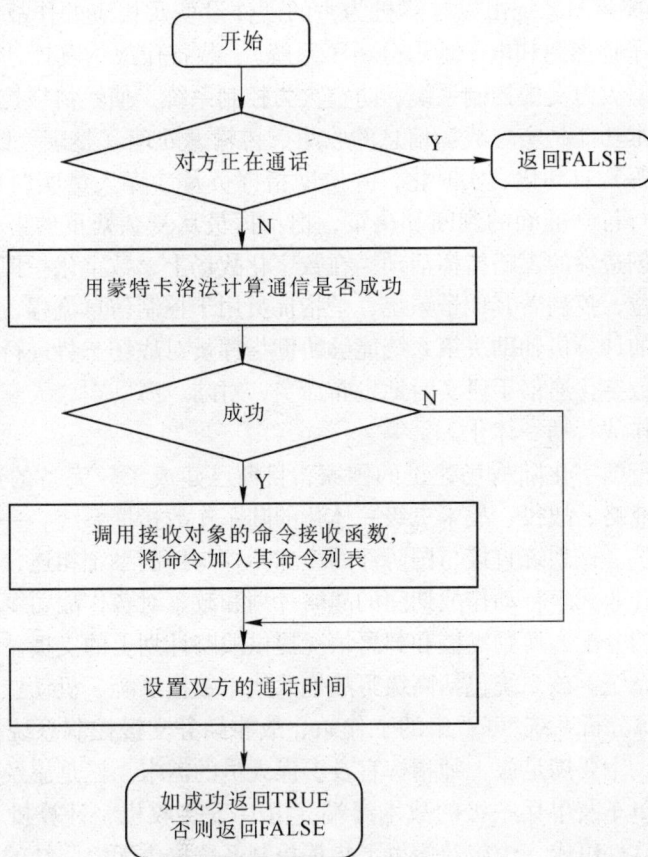

图 6-6　下达命令成员函数流程图

（2）人工干预命令的下达

人工干预是一种超级控制，应当由操作员通过界面操作来完成。在人机交互界面中，操作员通常无法访问装备中的人员，而只能访问装备。所以，需要在"装备"类中设置一个接收人工干预命令的成员函数，在该函数中调用指挥员对象的命令接收函数，实现人工干预命令的下达。

因此，指挥员对象的命令接收函数应当既能接收上级模型的指挥命令，又能接收来自操作员的人工干预命令。这两种命令在处理上没有什么区别，但在命令的下达上还是有区别的。人工干预命令的下达不存在通信失败的问题，也不存在通话时间的问题。反映在函数调用上，就是要将通信成功率参数值设为100%，将通话时间参数值设为0。另外，指挥员对象一旦接收到人工干预命令，就应当屏蔽来自上级的指挥命令，以避免出现二者不一致而无所适从的情况。

6.3　数字化指挥控制系统仿真

6.3.1　数字化指挥控制系统

数字化指挥控制系统的主要功能是进行战场信息的使用和处理，是数字化战场上的

"神经"。数字化指挥控制系统由以计算机为主的硬件设备及相应的作战软件组成，包括战场信息系统（含电子地形图和电子地形分析子系统）、装备作战仿真评估系统、参谋作业系统、作战分析系统、火力支援控制系统、防空火力控制系统、侦察情报控制系统、保障勤务控制系统等。其基本功能是实现战场信息的收集、传输、处理（整理、归类、储存、查询、计算、显示、监控等）自动化、实时化，并协助指挥员及参谋人员实时或近实时地对变幻莫测的战场态势进行科学准确的判断和决策，把指挥员从复杂繁重的事务性劳动中解放出来，集中精力进行创造性的谋略指挥活动。在数字化战场上，数字化指挥控制系统居于各种信息系统的主导地位，控制着其他子系统，是指挥员用于控制信息流程、协调各种作战行动的基础。各种先进的计算机辅助决策系统能够协助指挥员对战场态势进行综合判断，做出正确的决策，并通过数字化通信手段实时地发布命令，对陆、海、空、天、电磁等各种行动实施协调与控制，使作战行动一体化。

美军是最早进行数字化陆战场建设的国家，目前已建成了较完备的数字化指挥控制系统。该系统是一个战略、战役、战术三级一体化的陆军作战指挥系统。一是军级以上的陆军全球指挥与控制系统。该系统直接与国防部的全球指挥与控制系统相连，可依据国家在危机状态以及常规冲突和非战争行动作战期间的战略计划和政策对各作战司令部进行指导，对陆军战役、战术力量的分配、后勤支援和部署情况提供战略计划上的支援。二是旅至军级的陆军战术指挥与控制系统。该系统包括高级野战炮兵战术数据系统、机动控制系统、前方地域防空 C^3I 系统、全源分析系统/可重组的工作站、战斗勤务支援控制系统、陆军机载指挥与控制系统等子系统，主要满足旅、师指挥官及参谋人员的需求。三是旅及旅以下指挥控制系统。该系统是设在单车及单兵一级的战术终端，由 GPS 接收机、计算机、显示器和无线电通信接口及相应的软件组成。为旅及旅以下指挥控制系统提供无缝联结的是战术互联网。战术互联网是美军数字化旅及各特遣队的通信支援网络系统，用于向旅特遣队及旅以下所有单位的指挥官和士兵提供指挥控制与态势感知信息。通常，战术互联网由 GPS 单通道地面与机载无线电系统、增强型定位报告系统以及移动用户设备系统组成，各个网络将通过互联网控制器和战术多网络网关联结成一体，使战术最低层可以实时地掌握战场态势和信息共享。

从功能上分，可以将数字化指挥控制系统分为以下几个部分：

（1）情报信息分系统

情报信息分系统的硬件主要包括各种侦察设备。一是天基侦察平台，包括照相侦察、电子侦察、雷达侦察、海洋侦察、卫星导航、导弹预警等各类太空卫星，如美军的"锁眼"、"长曲棍球"、"大酒瓶"、"小屋"等。这些卫星都装有可见光传感器、红外传感器和多光谱相机，运行在几百公里到上千公里的近地轨道上，既可以拍照，又可以识别目标的伪装和探测地下目标发射的热源。信号经模数转换器变成数字信号，通过数据中继系统送到地面的接收中心进行还原。二是空基侦察平台，主要包括各种类型的战略侦察机、高空侦察机、隐形侦察机和战术侦察机。美俄等国正在大力开发无人侦察机。其中美军的"全球鹰"无人机宽 46 m，长 16 m，最大续航能力达 38 h，最大升限 20 000 m，最大载荷 2 700 kg，基本作战能力大大超过了 U-2 高空侦察机。俄军正在开发的"鹰眼"无人机续航时间为 7 h，活动范围 100 km，具有垂直起降能力，主要供海军舰艇使用。另一种"专家"无人机则可以在卡车上起降，续航时间为 6 h，有效载荷 200 kg 以上。三是地基侦察平台。地基侦察平台是陆军数字化指挥控制系统的主要设备，包括各种大功率的圆阵侦测天线和警戒雷达、各种车载式和便携式电子侦察设备、各种前置式可见光侦察器材和夜视器材，以及各种抛撒式地面传感器等。纳米技术的发展，使各种机器侦察设备趋向隐形化和微形化，如美俄都在研制类似昆虫大小的侦察机器人，而且有的已经走向实用阶段。在阿富汗战争中，为了进行反洞穴战，美军特种部队就使用了微型侦察机，只有一个手掌那样大。四是海基侦察平台。海基侦察平台是陆军数字化指挥控制系统在联合作战中的重要补充，包括各种近岸侦察设备，如岸防警戒雷达、海上观察平台和固定岛屿观察平台等。

情报信息分系统的软件部分包括上述各种设备的应用程序、操作规章和系统协议等。

（2）决策分系统

决策分系统的硬件构成主要是微机设备。一是中央处理器。该处理器可以是一台高运行速度的计算机，也可以是数台微机组成的微型网络。二是参数器。参数器的作用在于提供各种加密、通用的信息参数，以备决策人员和中央处理器调用。参数机一般说来应当是一定数量的计算机构成的网络。按照对情报参数和作战参数的分类编号，可分为静态参数机、动态参数机、白色参数机、灰色参数机、黑色参数机等。也可按照传统的情报分类分为社情参数机、自然参数机、态势参数机、敌情参数机和我情参数机等。三是显示分系统。在决策过程当中需要大量的信息数据调用和综合查询，对于信息的显示要求非常高。不仅要求信息显示要实时、真实、准确，还要求具有文字、图表、数据、声音等多种不同的表达方式。在作战节奏越来越快、信息量越来越大的数字化战场上，只有提高指挥员接受信息的效率，才能提高其决策的质量和效率。美军在数字化建设中，就提出了相关共用图形的概念，就是采用虚拟技术把各种信息数据以文、图、声的方式综合显示，以达到在最短的时间内用最大量的信息刺激指挥人员感官的目的。

决策分系统的软件主要是方案生成和方案评估程序，如专家辅助决策系统等。该类软件能够在输入固定的参数后，自动生成多套方案，还能根据战场实际情况进行模拟和评估，为指挥人员最终做出决策提供参考。

（3）文电分系统

文电分系统的主要功能是生成指挥业务文书，如各种作战指令、通报、通令、报告等。对于文电分系统的主要要求是准确、迅速、标准化。

（4）前馈反馈分系统

一般说来，在第一个决策周期完成之后，指挥控制系统就进入了反馈调控的循环过程。传统的调控是以反馈调控作为唯一的方式，只有当指挥员得到了战场的新情况和新变化之后，才能根据这些新情况进行决策调整，也就是人们常说的临机处置。但在数字化战场上，由于战场的高度透明化和可模拟预测化，指挥员不必等到下级情况的反馈即可进行超前的调控，这是数字化战场上特有的调控方式——前馈调控。前馈反馈分系统是数字化指挥控制系统必备的功能性要素。

（5）控制分系统

在数字化战场上，随着战争目的的有限性逐步增强，对作战进程和规模的可控性要求也越来越高。在这种情况下，控制分系统就理所当然地上升为指挥控制系统的主要单元。控制分系统硬件仍以中央控制中心机和控制末端机组成。软件部分则包括对武器平台的控制和对作战人员的控制程序。对武器平台的控制是通过控制大型武器系统的中心部件来实现的，对作战人员则主要是通过控制数字化士兵的数字化终端来实现的。

（6）信息对抗分系统

信息对抗是数字化战场作战指挥活动的特定内容。为了保持指挥控制的稳定和不间断，所有的指挥控制系统都必须要设计有信息对抗分系统。该系统主要包括信息对抗武器和对抗中心两部分。信息对抗武器又分为信息干扰和信息防护两大类。前者是指计算机病毒、比特炸弹、电磁波武器等，后者是指防火墙、加密解密、电码屏蔽、备份硬件和备份软件等。对抗中心则是负责统一进行汇集和侦察遭攻击情况和反击情况的中央处理器。信息对抗武器要保证信息对抗中心能及时收到各种数据，同时，对抗中心还要能与所有的分系统进行互通互连，对所有分系统的安全情况进行监视和测试。目前，美军建成的第二代综合电子战系统就属于美军数字作战指挥控制系统的信息对抗分系统。

6.3.2　数字化指挥控制系统仿真

数字化指挥控制系统的体系结构复杂，包括大量的硬件设备和软件，要对其进行高逼真度的仿真具有较大难度。由于该系统本身就是计算机系统，具有规范和明确的数据接口，这就为实装在环仿真提供了便利条件。根据实装在仿真系统中应用的程度，数字化指挥控制系统的仿真通常具有以下三种模式：

（1）数学仿真

数学仿真的特点是，系统由严格的数学模型和仿真模型来描述，并通过计算机程序反映出来，无须采用实际系统的任何部件，是个纯软件系统。该仿真模式抽象程度最高，仿真费用最省，所花时间最短，做各种变量控制试验也最简便。其弱点是仿真逼真度较差。

（2）系统原型机

系统原型机是一种物理仿真方式。其特点是全部采用实际系统的分系统或部件，仅删掉其中一些次要部分或无须进一步做研究试验的部分。系统原型机可随意接近最终的系统配置。由于它与实际系统最接近，因此仿真逼真度最高。但费用高，做变量控制试验不太方便。

（3）系统试验台

系统试验台是一种实装在环的半实物仿真系统。该系统仅采用部分与实际系统相同或相近的实物，其他部分则采用数学仿真方式。为系统演示、操作方式试验及作战效能评估服务的系统试验台，通常将实际的指挥控制设备用于仿真系统中，而将战场环境（包括威胁环境）、指挥系统及通信系统等部分用计算机程序来模拟。该模式处于上述两种模式之间，兼有两者的优点，是一种应用广泛的仿真模式。

在数学仿真中，数字化指挥控制系统的所有功能（包括硬件功能和软件功能）都要由软件来实现，所以要建立各种分系统的仿真模型。一般来说，数字化指挥控制系统仿真至少应建立七类独立的模型，包括交战模型、情报侦察探测模型、指挥与控制模型、通信与计算机网络模型、信息流模型、信息对抗模型和环境模型。

① 交战模型：主要用于仿真对抗双方各类武器装备间的对抗交战情况，通过武器平台的对抗获得双方装备的毁伤和弹药消耗数据，了解每类装备、每种编成力量的作战情况和作战效果。

② 情报侦察探测模型：主要提供参战建制范围内机载和空间情报监视与侦察平台、战场可控地域内可使用的情报侦察平台（传感器、雷达、无人机、望远镜等）的效能模型、

简单的情报处理模型和结果信息显示。

③ 指挥与控制模型：是仿真处理的核心，是指挥员或自动化指挥仪用来制定作战决策的接口，融合从交战模型和侦察探测模型来的信息，产生公共态势信息，指导作战仿真的完成。

④ 通信与计算机网络模型：用于建立不同战场节点间的通信链路并对节点间传输的信息进行适当的处理，模拟真实系统的行为，如阻断、拥塞、连通、路由、延时、误码、干扰等。

⑤ 信息流模型：用于跟踪指控、作战平台信息的生成和流向，统计其产生规律、流量及业务特性，检验信息对决策过程的影响。信息流中的信息主要包括各类以话音、文电、视频、图像等形式出现的命令、报告和情报等。信息流模型是整个仿真模型中的信息对象"代理"，主要用于评估信息流对战场火力与机动的影响。

⑥ 信息对抗模型：主要用于评估指挥控制系统在遭受软、硬摧毁条件下对作战指挥人员决策过程和武器平台作战效能的影响。

⑦ 环境模型：用于提供装备作战仿真所需的各类环境模型和环境数据，如作战地域内的地形、地物、电磁环境和天候信息，以及道路可通行性模型、通视判断模型等。

要对数字化指挥控制系统进行全面可信的仿真，还需要构建其他一些模型，如与网络仿真相关联的网络攻击（服务拒绝、欺骗、病毒、堵塞）模型、无线注入模型、参战建制单位外围或上层支撑系统模型及其信息流模型等。

6.4　通信网络仿真

战场通信网络是保障现有或未来部队机动作战的信息基础设施，是诸军兵种遂行联合作战时指挥控制、情报侦察、火力支持、通信和电子对抗等电子信息分系统传输交换的公共平台，主要为作战地域内进行运动作战的各要素提供战场态势、指挥控制、武器控制和战斗支持等信息传输，增强指挥员、武器平台等作战要素对战场信息的共享能力，是战役、战术信息系统网的重要组成部分。

网络仿真技术是一种利用数学建模和统计分析的方法模拟网络行为，从而获取特定的网络特性参数的技术。模拟网络行为是指模拟网络流量在实际网络中传输交换的过程。网络仿真获取的网络特性参数包括网络全局性能统计量，网络节点的性能统计量，网络链路的流量和延迟等，以此获取某些业务层的统计数据和协议内部的某些特殊参数的统计结果。

6.4.1　战场通信网络仿真的概念框架

在现有的装备作战仿真系统中，虽然引入了仿真的通信网络和网络节点（如通信收发电台、互联网控制器、指控计算机、服务器等），但其对通信过程的描述一般来说都是理想的，基本没有引入能够反映战场实体间真实通信情况的一些变化因素，如机动、地形、天候、毁伤等对通信效果与通信质量的影响。另外也较少考虑指控通信平台与武器平台间的交互，通信网络可能遭受的软、硬打击及发生故障的可能，不同作战地域对通信网络的影响，指挥机构、作战单元或武器平台等实体的自身状态（生存状态、机动状态等）对通信效果的影响，通信信号的衰减，由通信网络带来的延时和误码率，数据报文传输过程中的冲突、拒绝、等待等，信息流的延误对部队生存能力、打击效果的影响等。这些都忽略或弱化了信息流及信息系统在现代战争中的作用与地位，不符合实际作战过程，降低了装备作战仿真结果的可信性。因此在装备作战仿真过程中引入通信网络仿真是非常必要的，有利于改善仿真过程的可信度，也是对战场通信网络系统进行性能效能评估、规划应用论证的前提。

战场通信网络仿真概念框架如图6-7所示。其中，战场实体 i 和战场实体 j 泛指战场环境中参战的不同指挥机构、作战单元、武器平台等。通信网络包括任何可能的点对点直接通信和网络通信，通信媒介可以是有线（电缆、光缆），也可是无线电波或卫星链路。不同的传输信道对传输信号产生不同的影响。当有一部分信息（或报文）从信源节点发至网络上，在网络内传输过程中会受到一个或多个通信仿真模块的影响，最后才到达接收节点。

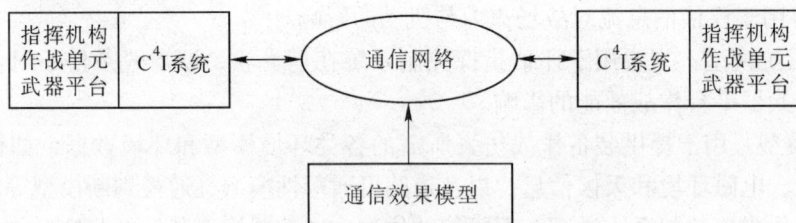

图6-7　作战仿真中通信网络仿真的概念框架

6.4.2　战场信息流的描述与建模

信息是比知识更基础的概念。信息的动力学问题主要涉及信息过程自身，即输入端和输出端之间所发生的任何事件。数据是信息的载体，人们可以根据形式规整的、有意义的和真实可信的数据得到令人满意的分析结果。因此，可以将研究信息流的问题归结为研究表示信息的数据的问题，如数据获取、数据传递、数据内容、数据容量、数据含义、数据解释等。

6.4.2.1　战场信息流

战场信息流是指在作战过程中，由各参战实体或外围信息支撑系统生成或发送，并在各实体间通过战场传输网络传输的数据流。评价战场信息流的指标通常有信息流的真实性、相关性、时效性（传输时间）、适用性、完整性、安全性、正确性等。

战场信息流中除了含有有效数据之外，还有大量的控制信息。基于不同通信体系结构的通信网络，由各作战实体生成并在网络中传输的实际信息流量是不同的。不同的通信体系结构采用不同的协议族，常见的有 ISO/OSI 开放系统互联七层协议模型和 TCP/IP 协议族。基于 Internet 技术的战场通信网络是在 TCP/IP 协议族的基础上建立起来的。TCP/IP 协议族将复杂且多变的通信任务进行了模块分割和功能分类，用于完成数据网络传输过程中的封装、分段与重组、连接控制、按序交付、流控制、差错控制、寻址、复用、传输服务等功能。由此也引入了大量的冗余控制信息和额外的应答流。

作战过程中生成和传输的信息种类繁多，信息量大，生成和传输过程中的随机性、突发性强，影响其流程的因素众多。信息流中包含的有效信息与作战环境是密不可分的。一般来说，主要的战场有效信息流可分为两类，一类是指挥控制信息流，另一类为情报信息流（有时也称态势感知流）。

情报信息流从关系上分为敌我友情态势报告、战场环境信息（电磁、气象、地形地物、水文等）；从内容上分为上层提供的态势感知数据、预警信息，对抗双方各级各类作战单位的位置、状态和属性，双方的企图和计划，阶段目标打击效果等；从获取途径来分包括上级发布、友邻协同、本级侦察、下级侦察汇报（由综合集成的光、电、声、磁、红外等多种侦察手段实施的宽频谱、多幅员侦察）的各种情报信息，经本级筛选、融合处理后分发（上报和下发）的战场态势信息等。信息流的形式可以是文电、话音、图像，也可以是多媒体信息。由于多媒体信息中多含有态势图形信息和战场图像资料，故信息流量较大。

指挥控制信息流包含了除态势感知信息以外的所有数据，包括上级对下级的指挥、命令信息，下级对上级的请求、报告信息。如各种指挥作战命令、侦察命令、电子战命令、短语命令等各类命令信息，来自下级作战部队或武器平台、作战单元、信息装备等的请示汇报信息，上级或友邻指挥机构或指挥员的指控支援信息以及协同信息、批示信息，通信与战术互联网的状态控制与管理信息，作战预案与协同预案，炮兵、防空火力支援与召唤信息等。信息流主要以文电和话音为主，其流量将随着战斗的激烈程度和横向协同作战需求的增加而增大。

6.4.2.2　战场信息流的封装与分段

在有效数据上附加一些控制信息的过程称为封装。不同的网络协议层需要附加上不同的控制信息（常见的有地址信息、差错检测码信息和协议控制信息等），其目的是为了确保数据在通信网络中进行更有效更可靠的传输。当有应答流存在时，封装的数据流中只有控制信息，而没有有效数据。

将数据分割成更小尺寸数据块的处理过程称为分段。网络中将在两个实体之间通过协议进行交换的分段数据块称为协议数据单元（Protocol Data Unit，PDU）。PDU 的尺寸可大可小，依网络特性的不同而不同，如 ATM 网络的数据块大小限制为 53 个八位组，而以太网要求的最大尺寸为 1526 个八位组。PDU 尺寸越小，差错控制就越有效，所需分配的缓存区更小，传送每一个 PDU 的时延越小；但 PDU 尺寸过小，在有效数据量较大时，会降低数据传输的利用率，网络传输不可靠时整体时延明显增大，传输有效性会明显降低。因此，建立信息流模型也有助于论证和探索战场通信网络中 PDU 的尺寸优化与信息流量问题，如研究作战进程与 PDU 设计尺寸大小的关系，信息传输类别与 PDU 设计尺寸大小的关系，网络规划与 PDU 设计尺寸大小的关系等等。

作战发展过程中，当参战实体 X 需要向实体 Y 发送报文时，它应将这些数据传递给应用层中的一个应用实体。在这些数据上添加一个首部，其中包含的是对等层协议所需要的信息（第一次封装）。随后，原始有效数据加上一个首部形成一个整体单元递交给下一层，而下一层的实体将这个完整的数据单元作为它的有效数据，并在其上添加它自己的首部（第二次封装）。这个过程一直持续到第 2 层（如网络接入层、数据链路层），添加上相应的首部和尾部，就构成了在物理层上传输的分组或帧。战场环境下，军事通信网络物理层上的数据分组或帧在传送到目标系统以前，还必须经过相应的信道加密和信道纠错封装，这层封装是绝对不能忽略的，它直接关系到链路上或网络中的信息流量。当目标系统接收到这个帧时，发生的处理过程正好相反。随着数据的不断上升，每一层都剥离掉最外层的封装信息，并根据其中的协议信息进行处理，然后把剩余数据向上递交给上一层。具体封装过程见图 6-8。

6.4.2.3　信息流的建模

信息流由参与装备作战仿真的各指挥控制机构及平台、作战单元、武器平台根据作战需求

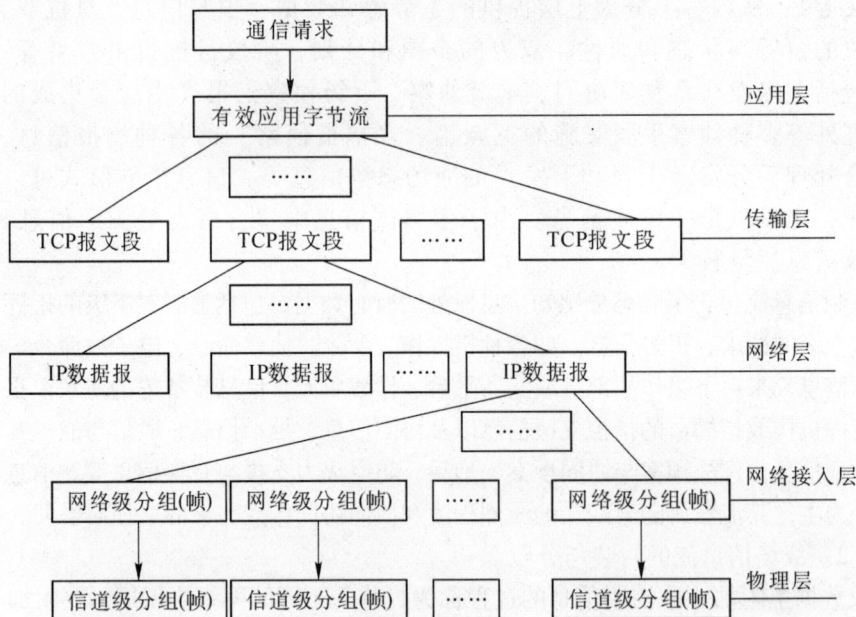

图 6-8　信息流在通讯网络中的封装与分段过程

随时生成，并根据实际网络协议中的组包和拆包过程，生成由一系列封装数据包组成的信息流。

可用于对信息流进行建模的方法较多，主要有：

① 排队和排队网络模型：这种模型多适用业务流相对平稳的系统，如计算机网络、数据传输系统、集群调度系统等信息系统，输入数据流从统计试验的角度来看一般服从 Possion 流分布。主要用于研究网络延迟、动态控制管理、网络协议等。

② 马尔可夫链模型：这种模型多适用于交换系统、集中器、环形和轮询网络等。

③ Petri 网方法：它是一种网状结构的信息流模型，主要应用在离散复杂事件的建模中，是一种针对系统的数学和图形描述与分析工具，可用于仿真研究信息作战中的指挥控制流及所应用的各类通信协议，目前已成为一个研究热点。

④ 基于实际 C^4ISR 系统建模方法：引入互操作概念，利用符合标准的数据转换接口，将各类现有的 C^4ISR 系统与仿真系统互联，利用仿真系统监控和研究真实 C^4ISR 系统中的信息流及系统的性能和效能。

利用这些方法，可以研究不同信息流、不同业务种类以及特定的用户群，提供终端用户所关心的与信息流相关的平均传播时延、传输容量、输入流量、误码率、丢包率、系统生存性等参数，为分析评估、对比对抗双方信息系统的性能效能提供依据。

在装备作战仿真系统中，网络中的节点、节点间链路、链路容量等可以在初始化时设定，因此各节点依据作战过程需求生成相应的信息流并发送至目的地，信息的输入/输出流量、信息流在各节点处的缓冲队列长度、等候时间、发送时间、信息流的路由才是我们真正关心的重点。我们需要知道信息流的具体业务及内容，它直接决定机动与火力的运作；又不希望大量的信息流占用仿真网络资源，以免影响网上交互的时效性。在考虑信息内容本地存储的基础上，提取信息的外部描述特性，根据数据包的大小和多少、节点采用的数据传输协议等来获取信息流的统计特性，评估信息流对网络性能和效能的影响。

关于流量的统计与仿真，在实际建模与仿真过程中可以做一些简化，用背景利用率流量来表示。所谓背景利用率流量，是指以百分比形式表现的链路上的真实流量，用于表示网络中传输的流量占整条链路可承受的最大负载的比例。链路的背景容量由源节点和目的节点的流量属性共同决定。这种流量定义方法的优点是可缩短配置仿真网络流量的时间，使仿真运行速度加快，又可获得相应的统计量。

6.4.3 路由选择协议及路由功能的建模

互联网路由选择协议用于交换有关目的可达性和通信量时延的信息。有了这些信息，路由器就可以为穿越网络的所有通路构造一张（下一跳）路由选择表。典型情况下，战场通信网络均为较大型的复杂互联网络，根据不同的指挥控制需求、指控优先级和作战分布区域，网络中存在一些自治系统，在这些自治系统之间应用的路由选择协议相对简单，而每个自治系统内使用的路由选择协议则要更复杂一些。

网络中的路由器负责接收数据报并使数据报沿一组互相连接的网络不断前进。每个路由器都要根据自己对该网拓扑结构以及当前状态的了解，做出路由选择的判决。简单的互联网通常可使用固定路由选择机制。而在类似战术互联网这样比较复杂的互联网中，就需要考虑路由器与路由器之间的动态合作能力，尤其是路由器必须回避那些出现故障、遭受软、硬压制与毁伤的网络部分，回避出现拥塞情况的网络部分。为了实现这样的动态路由选择判决，路由器之间必须使用专门的路由选择协议来交换路由选择信息，兼顾相关的网络状态信息和不同路由的时延特性。

6.4.3.1 路由策略与路由协议

由于野战环境和战术应用的特殊性，现代战场通信网络通常采用静态路由和动态路由相结合的路由策略，使发生路由环路的可能性更小、持续时间更短，确保战场信息流传输的及时性、准确性，确保所有的信息都能够以某种方式被处理。

所谓静态路由方式，是指在源节点和目的节点之间（人工）建立固定的唯一的路由途径，并由此创建一张静态路由表。一旦设定完毕，网络路径不会自动改变，路由表对网络拓扑结构的变化无自动反应。可能采用静态路由策略的场所包括各级指挥机构间情报和指挥命令信息的上传下达、侦察传感器系统信息的逐级汇总等，其路由表中的路由信息是由指挥关系和信息流向来决定的。

动态路由策略也称自适应路由策略或随机策略。战场通信网络中常用的动态路由协议有OSPF、BGP－4等，用于确保"动中通"。

战场互联网络一般由多个自治系统构成，如图 6－9 所示。根据与自治系统的关系，路由器协议可分为内部路由器协议（IRP）和外部路由器协议（ERP）。IRP 用于自治系统内部的路由器之间传递路由选择信息，不需要在系统之外应用，并可根据特定应用和需求进行用户定制。不同自治系统中的路由器所使用的路由选择算法和路由选择表有可能不同。ERP主要用于不同自治系统上路由器间的路由选择信息传递。

IRP 和 ERP 各有特点。为了计算自治系统内从给定路由器到任意网络的最小费用路径，IRP 需要为自治系统内的路由器建立相当详细的路由器互联模式。而 ERP 则支持

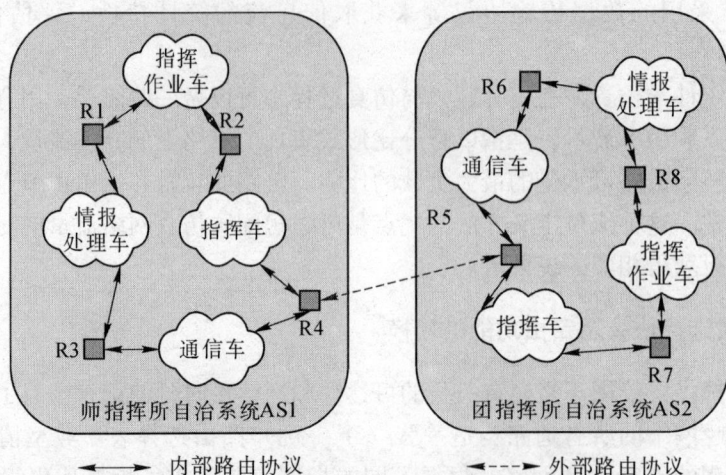

图6-9　典型的师团指挥所互联网络图

在独立管理的自治系统之间交换总结性的可达信息。在典型情况下，一个自治系统中的大多数路由器都没有应用 ERP，只有少数几个路由器被委以与其他自治系统中的路由器通信的重任。

OSPF 协议被广泛用作 TCP/IP 网络中的内部路由器协议，用于获取经过互联网络的最少费用的路由。OSPF 协议基于链路状态路由选择算法 Dijkstra。每个路由器维护它与网络之间的本地链路状态信息，并及时向其他相关的路由器传输更新状态信息。当更新信息量较少时，产生的路由选择通信量很小。

边界网关协议 BGP（BGP-4，RFC1771）是 Internet 中应用最为广泛的外部路由器协议。协议以报文的形式操作，报文通过 TCP 连接发送。不同自治系统内的路由器间交换路由选择信息时，要分别执行邻站获取、邻站可达、网络可达功能。具体网络负责哪些路由器之间的互联与交换由网络管理员动态干预。所有 BGP 路由器都能够建立和维护路由选择信息数据库，其中包含了它能够到达的网络以及到达该网络的最佳路由的信息。一旦这个数据库有所改变，即向其他所有实现了 BGP 的路由器广播一个 Update 报文，添加或取消路由列表。表6-1详细列出美军数字化师战术互联网各层所采用的网络协议。

表6-1　美数字化师战术互联网协议结构

应用层	OSPFv2	BGP4	SNMP	EPLRS	网管代理
				WDN	
传输层		TCP	UDP	分段重组	
				可选择直接广播	
网络层	互联网		IP		
	内部网		内部网、拓扑修订		
数据链路层	PPP	ATM	宽带网协议	220C	X.25	IEEE802.3
物理层		RS232、RS422、RS423、RJ45、HDSJ接口、E1接口、A接口、K接口				

6.4.3.2　典型路由协议与路由算法建模

路由协议的主要功能是用于交换路由信息，建立和维护路由表的基本路由算法。路由算法初始化并维护路由表，路由信息因路由算法不同而各异。每一种路由算法对网络和路由器资源产生的影响是不同的。当前应用最为广泛的路由算法主要有两类：

① 距离向量：用于 RIP、IGRP、RTP 和 RTMP 等协议。

② 链路状态：用于 OSPF（IP）、NLSP（Novell）和 IS – IS 协议。

距离向量路由协议已在 Internet 中广泛使用，度量简单。但因对路由信息采用周期性广播方式，所以会造成带宽浪费；此外也很容易受路由环路的影响，在大型网络拓扑中收敛非常慢，影响网络拓扑的更新时间。

链路状态路由算法是比距离向量算法更新的一种算法，实现了网络拓扑的快速收敛，更适用于分层（分域）管理的大型复杂网络。链路状态路由中所有节点不必以分布方式计算"最佳路由"，而是使所有路由器节点存放一张完整的网络链路状态图（拓扑数据库），并不断更新，保持其一致性。信息更新及时，没有或很少周期性更新发送状态信息，路由开销低，消除了路由环路。但因算法和信息数据库相对复杂，路由器 CPU 的资源利用和内存需求紧张。链路状态协议通常采用 Dijkstra 算法计算最短路径，更新路由表。

下面以使用 Dijkstra 算法的动态路由协议 OSPF 为例，讨论路由协议的建模方法。

OSPF 建立了路由的分层机制，大大降低了路由更新业务量。这种分层机制符合大部分企业的管理方式，也符合部队作战的需求。美军机步四师战术互联网的网络层就采用了改进的 OSPF 路由协议。

每个使用 OSPF 协议的路由器都要维护与之相关的本地链路状态描述，并且及时向与它有联系的所有路由器传输更新状态信息。每个接收到更新分组的路由器必须向发送方返回应答。因此，OSPF 的建模主要涉及三个功能性过程：

① 本地链路状态更新：周期性更新或由事件驱动。

② 邻接交互：建立路由器间可能的交互关系。

③ 数据库同步：同步更新自治系统内关联路由器的链路状态数据库和路由状态信息。

网络最短路径问题是网络优化领域中的基本问题，许多网络优化问题都以最短路径问题为其研究子问题。Dijkstra 算法是著名的最短路径算法。它通过拓展路径，不断增加路径的长度，寻找给定源节点到所有其他节点的有效路径，计算结构改变后新的路由。拓展路径的依据是路径长度（路径上各边的加权和）最短。

首先作如下定义：

N：网络中的节点集合；

E：网络中的边集合；

S：源节点；

T：由算法合并的标号节点集合；

$w(i, j)$：节点 i 到节点 j 之间的链路费用或权重，$w(i, j) \in R$；

$L(n)$：算法目前所知从源节点 s 到节点 n 之间的最优路径代价。

最短路径算法可用如下算法框架来描述：

$L(s)$：$= 0$；

T：$= \{s\}$；

```
if(v≠s)   L(v)：= +∞；
While(T≠Φ||T≠N)
{
    u：= Select(N)；    //从标号节点集 N 中选取一个顶点
    Delete(u,N)；      //将顶点 u 从标号节点集 N 中删去
    if((u,v)∈E)
{
if(L(u)+w(u,v)<L(v))
{
    L(v)：=L(u)+w(u,v)；
    Insert(u,T)；      //将顶点 u 插入当前的标号顶点集 T 中
}
}
}
```

其中，Select(N)代表从当前标号节点集 N 中选取一个顶点；Delete(u,T)代表将顶点 u 从标号节点集 T 中删去，Insert(v,T)代表将顶点 v 插入当前的标号顶点集 T 中。Select(T)的不同实现方式导致不同的最短路径算法。

算法分阶段进行。在第 k 阶段，已经判断出 k 个离源节点最近的（费用最优）节点具有的最短路径，这些节点在集合 T 中。在第（$k+1$）个阶段，不在 T 集合中但具有到源节点最短路径的节点被加入到 T 中。该节点一旦加入 T，就定义了它与源节点之间的路径。算法是不断循环进行的。当所有的节点都已经加入 T 之后，算法结束。

在以距离、费用、流量等作为边权重的非负网络中，对于任意（u,v）$\in E$，有 $w(u,v) \geq 0$。如果 Select(T)能从当前标号节点集 T 中选取当前路径（距离、费用、流量等）L 最短的顶点 u，即 $L(u) = \min\{L(v)|\ v \in T\}$，我们就能得到最短路径。

民用网络与军用网络的路由代价应该是有差别的。与民用网络常以最小费用、最短距离、最佳流量等为路由依据的事实有所不同，战场通信网络在战时的路由搜索依据应与网络中链路节点的战时可靠性、安全性（与威胁度相关）、信息流传输延时、节点链路的资源占用情况等密切相关，其 L 是一个由单一属性或多属性共同决定的代价函数，即：

$$L(u) = \min\{L(v)|v \in T\}$$
$$L(v) = f(De(v)), Ca(v), Re(v), Th(v)), v \in T$$

式中：$De(v)$——从源节点 s 到节点 v 的传输延迟；

　　　$Ca(v)$——流经节点 v 的信息流量；

　　　$Re(v)$——节点 v 或链路（s,v）的可靠性；

　　　$Th(v)$——节点 v 或链路（s,v）的威胁度量。

在实际的建模与仿真过程中，可分别考虑上述几个因素建立最优代价函数，也可以以最短路径、最少跳数、最小流量等作为最优代价函数，进行路由判断，比较各种不同代价评估方法对网络性能效能发挥、网络连通性、网络战时抗毁性、武器装备作战效能发挥等方面的影响，寻找最佳的路由选择依据。

6.5　敌我态势显示

装备作战仿真过程中要产生大量各种类型的数据，信息极其丰富。将这些数据以图形化的方式显示出来，军事指挥人员就可以对仿真的过程和结果做到一目了然，从而更加形象直观地了解仿真的全过程，获得直观明确的感性认识。也只有综合采用多种形式完整、全面、准确、及时地显示虚拟战场的态势，才可以使军事指挥人员及时把握作战进程，对作战过程适时进行人工干预，达到研究和训练的目的。同时，态势显示还能够在地理信息系统的支持下，帮助军事指挥人员发现新的知识，提供辅助决策支持。

6.5.1　态势显示系统的功能

态势显示系统作为整个仿真系统的可视化输出界面，可以将仿真解算的结果直观、形象地显示出来，为军事指挥人员和军事参谋人员进行人工干预、分析战斗结果、评估装备作战效能提供依据，同时也是系统开发人员分析模型和仿真的可信度的重要技术手段。其主要功能包括：

（1）基本地图操作

打开/关闭矢量地图

放大/缩小/漫游

图层控制

鸟瞰图（即导航图）

根据地名查询地点

战场地理、环境要素提示（即在适当的位置显示当前战场的地形类别、天气、天候）

切换比例尺

在状态栏显示当前地理坐标、高斯坐标、高程、地形类型

（2）地形分析功能

距离计算

面积计算

剖面图（包括最大坡度、平均坡度、崎岖度、高程剖面图）

通视图（包括两点间是否通视、视野内哪些地方可通视）

（3）信息查询功能

查询某一作战单元的位置、状态（包括该作战单元的编号、名字、编制/编成、交战方、目前毁伤状况等）

用单位名字或编号进行模糊查询

按照编制或者编成查询某一作战单元

用鼠标单击选中某一单位查询，也可以用矩形框选中多个单位进行查询

（4）查看功能

按照编制或者编成单位查看

查看交战关系

查看机动路线

按武器类型分别查看（分为装甲、防空、保障、陆航、指挥所等）

（5）播放及回放

在仿真解算的同时进行播放

根据记录的数据进行仿真过程回放

（6）图形输出功能

将某一时刻的态势保存为位图

将某一时刻的态势用打印机打印输出

6.5.2　态势显示系统的输入

态势显示系统以作战任务编辑器、作战模型、武器性能模型、机动模型、战场地理/地质环境的输出数据作为输入数据。

① 作战任务编辑器：根据初始想定，作战任务编辑器给出部队的编制、编码、部署位置等数据，作为初始态势的数据源。

② 作战模型：对各种类型的武器装备模型进行仿真计算，其计算结果（如作战单位坐标、毁伤数据、交战关系、武器剩余率、作战时段等）作为动态态势的数据源。

③ 战场地理/地质环境：由地理信息系统提供基础图层和矢量地图数据，作为本系统中战场地理/地质环境的数据源，同时也是进行基本地理空间分析（如距离量算、通视分析、坡度分析等）的基础数据。具体包括：

表层地质：土质、湿地

地形数据：DEM、等高线

基础设施数据：交通线路；桥梁、机场、涵洞、水库；狭窄隘路；地下工程布局；重要工业区、工厂、军民两用企业、大型企业、居民地、独立地物

植被：植被覆盖类型及其疏密状况

行政区划：各级行政区空间分布

6.5.3　军标库的设计

（1）军队标号

在态势显示系统中，军队标号的绘制和显示应以现行军队标号为准。为了使用和管理上的方便，一般把军队标号作为一种特殊的字符进行处理，像生成一般的字库（字符或汉字）一样，通过专用软件生成军队标号库。用代码来表示或调用军队标号。

在设计军队标号时，应考虑显示器的能力与特点，对个别复杂的军队标号可适当简化，除了力求保持原军队标号形象、直观、便于记忆的特点外，应力求清晰，便于计算机的制作显示、辨认和判读。从技术的角度讲，还必须清楚一个军队标号所必须占用的基本点阵数。为此，可事先按比例把军队标号绘制在方格纸上。表 6－2 给出了装备作战仿真中常用的几种军队标号。

表 6-2　常用的军队标号

标号	名称	点阵数	标号	名称	点阵数
	步兵战车	15×7		无后坐力炮	14×7
	坦克	14×7		加农炮	13×7
	步兵行军队形	17×7		滑膛炮	14×7
	步兵冲击队形	13×15		工兵分队	17×10
	防御中的步兵	17×5		炮兵射击地段	19×11
	反坦克导弹	19×17		航空兵突击地区	17×17
	反坦克导弹发射车	22×7		预备队	21×9
	重机枪	13×5		指挥所	19×11
	迫击炮	13×7		前进指挥所	21×13

　　由于军队标号较多，可分类绘制和管理。军队标号大致可分为：军兵种符号、司令部符号、级别符号、特种部队符号、空军符号、海军符号、后勤仓库符号、运输工具符号、后勤分队符号、战斗部署符号、箭标符号、战况显示符号、其他符号。

　　所有军队标号都应具有定位、移动、旋转、放大、颜色选择等功能。

　　（2）状态标号

　　在显示模拟的作战过程时，为了使态势显示逼真生动，除了使用军队标号外，还应给出一些状态显示符号，主要包括敌情显示符号、战况显示符号、战果显示符号等。表 6-3 给出了装备作战仿真中常用的几种状态标号。

表 6-3　常用的状态标号

标号	名称	点阵数	标号	名称	点阵数
	装备毁伤	15×15		施放烟幕	22×13
	地雷炸点	19×16		开辟的通路	17×7
	炮兵射击炸点	23×16		火箭布雷	17×10
	临空直升机	22×16			

第7章 作战仿真的理论和方法

7.1 兰切斯特方程

兰切斯特（Lanchester）是第一个对作战过程中对抗双方的力量关系进行系统数学描述的科学家。兰切斯特方程模型实质上是一个微分方程模型。在有大量成员参加的作战过程中，每一个作战单位被毁或不被毁的随机性对作战双方整体状态的影响很小，不会引起战斗力总量的剧烈变化。因此，每个作战阶段的实际兵力处于一种统计平衡状态，接近当时兵力的平均值，并且参战兵力的损耗可以被看成是连续变化，从而可以用反映连续变化量特点的微分方程形式加以描述，这就是可用兰切斯特方程描述带有众多随机因素的作战过程的基本依据。

兰切斯特方程的用处主要是对作战过程进行各种预测，如预测交战双方哪一方获胜，预测作战过程的大致持续时间，预测战斗结束时胜方战斗损失大小，预测初始总兵力和战斗力的变化会对作战结局带来哪些影响等。

兰切斯特方程基本形式包括兰切斯特线性律和兰切斯特平方律等。

7.1.1 兰切斯特线性律

7.1.1.1 第一线性律

（1）方程基本形式

$$\left.\begin{aligned}\frac{\mathrm{d}x}{\mathrm{d}t} &= -\beta\\[1mm]\frac{\mathrm{d}y}{\mathrm{d}t} &= -\alpha\end{aligned}\right\} \qquad (7.1)$$

式中：x、y ——作战双方在 t 时刻的瞬时兵力（或剩余兵力）；

$\quad\quad \beta$ ——红方的兵力损耗率系数，亦为蓝方作战单位的平均战斗力；

$\quad\quad \alpha$ ——蓝方的兵力损耗率系数，亦为红方作战单位的平均战斗力。

对（7.1）式积分，得：

$$\left.\begin{aligned}x &= x_0 - \beta t\\y &= y_0 - \alpha t\end{aligned}\right\} \qquad (7.2)$$

式中：x_0，y_0 为作战双方在 $t = 0$ 时刻的初始兵力，即：

$$x_0 = x(0)，x = x(t)$$
$$y_0 = y(0)，y = y(t)$$

式中：t 为时间变量。

方程（7.2）的含义为，任何一方的瞬时兵力等于初始兵力减去兵力损耗（损耗率系数 ×
时间）。

方程（7.2）消去 t，得战斗过程的状态方程为：

$$\alpha(x_0 - x) = \beta(y_0 - y) \tag{7.3}$$

由状态方程（7.3）得：

$$\alpha x - \beta y = \alpha x_0 - \beta y_0 \tag{7.4}$$

（7.4）式中：αx_0、βy_0 分别为红方、蓝方的初始战斗力，αx、βy 分别为红方、蓝方的
瞬时战斗力。

（2）战斗结局预测

当 $\alpha x_0 > \beta y_0$ 时，红方胜。

其剩余兵力为：

$$x_e = \frac{\alpha x_0 - \beta y_0}{\alpha} \tag{7.5}$$

战斗持续时间为：

$$t_0 = \frac{y_0}{\alpha} \tag{7.6}$$

当 $\alpha x_0 < \beta y_0$ 时，蓝方胜。

其剩余兵力为：

$$y_e = \frac{\beta y_0 - \alpha x_0}{\beta} \tag{7.7}$$

战斗持续时间为：

$$t_0 = \frac{x_0}{\beta} \tag{7.8}$$

当 $\alpha x_0 = \beta y_0$ 时，双方势均力敌。

（3）兵力转机时刻

x、y 为瞬时兵力，我们研究各方瞬时兵力的多少。

设 $f(t) = y(t) - x(t)$，则：

$$f(t) = (y_0 - \alpha t) - (x_0 - \beta t)$$
$$= (y_0 - x_0) - (\alpha - \beta)t$$

当 $\alpha \neq \beta$ 时，令 $f(t) = 0$（这时为瞬时兵力转换时刻）时有：

$$T = \frac{y_0 - x_0}{\alpha - \beta} \tag{7.9}$$

则存在兵力转机时刻的必要条件是 $T > 0$，即分子分母同号。

当 $y_0 > x_0$，且 $\alpha > \beta$ 时，红方相对于蓝方的兵力将由少到多，其兵力转机时刻为 T。

当 $y_0 < x_0$，且 $\alpha < \beta$ 时，蓝方相对于红方的兵力将由少到多，其兵力转机时刻为 T。

第一线性律适用于同兵种、损耗系数为常数、能进行直接瞄准的一对一格斗过程（如
步兵对坦克、坦克对坦克的格斗）。第一线性律的基本特征是：作战过程中，双方不断减
员，兵力对比关系不断变化，但双方在单位时间内的对敌杀伤数却始终恒定。也就是说第一
线性律所描述的战场态势具有这样的性质：在战斗进行过程中，双方各自的对敌杀伤率不因

战斗减员而变化，不因兵力对比关系的变化而变化。

例 7.1　红方有 50 辆坦克与蓝方 30 辆坦克进行遭遇战，每分钟红方能消灭蓝方 1 辆坦克，蓝方能消灭红方 2 辆坦克，战斗采取一对一方式进行。问：哪方取胜？胜方剩余兵力为多少？什么时间胜方兵力为负方的 3 倍？确定兵力转机时刻；战斗持续时间多长？

解： 由给定条件知：$x_0 = 50$，$y_0 = 30$，$\alpha = 1$，$\beta = 2$。

由于 $\alpha x_0 - \beta y_0 = 1 \times 50 - 2 \times 30 = -10 < 0$。所以，战斗结果为蓝方胜。

蓝方的剩余兵力为：

$$y_e = \frac{\beta y_0 - \alpha x_0}{\beta} = \frac{2 \times 30 - 1 \times 50}{2} = 5 \text{（辆）}$$

战斗持续时间为：

$$t_0 = \frac{x_0}{\beta} = \frac{50}{2} = 25 \text{（min）}$$

由定义 $u = y/x$ 为双方兵力比，只需令 $u = \frac{y_0 - \alpha t}{x_0 - \beta t} = \frac{30 - t}{50 - 2t} = 3$，解方程得 $t = 24$（min），即在 24 min 时蓝方兵力是红方兵力的 3 倍。这时红方剩余兵力为 2 辆，蓝方剩余兵力为 6 辆。

兵力转机时刻为：

$$T = \frac{y_0 - x_0}{\alpha - \beta} = \frac{30 - 50}{1 - 2} = 20 \text{（min）}$$

这时，蓝方的剩余兵力为：

$$y = y_0 - \alpha t = 30 - 1 \times 20 = 10 \text{（辆）}$$

红方的剩余兵力为：

$$x = x_0 - \beta t = 50 - 2 \times 20 = 10 \text{（辆）}$$

7.1.1.2　第二线性律

（1）方程基本形式

$$\left.\begin{array}{l} \dfrac{dx}{dt} = -\beta xy \\[2mm] \dfrac{dy}{dt} = -\alpha xy \end{array}\right\} \tag{7.10}$$

式中：x、y——作战双方在 t 时刻的瞬时兵力（或剩余兵力）；

　　　β——红方的兵力损耗率系数，亦为蓝方作战单位的平均战斗力；

　　　α——蓝方的兵力损耗率系数，亦为红方作战单位的平均战斗力。

式（7.10）两式相除得：

$$\frac{\dfrac{dx}{dt}}{\dfrac{dy}{dt}} = \frac{\beta}{\alpha} \tag{7.11}$$

即战斗单位数量的损失速率的比值与战斗的数量无关，而仅与战斗单位的平均战斗力（武器的效能）直接相关。

又双方实力相等的条件为：

$$\frac{dx}{xdt} = \frac{dy}{ydt} \tag{7.12}$$

由（7.11）、（7.12）得：

$$\alpha x = \beta y \tag{7.13}$$

即战斗单位的数量与单个战斗单位的平均战斗力的乘积相等时，两支军队的总战斗力实力相等。

对（7.10）式积分得战斗过程的状态方程为：

$$\alpha(x_0 - x) = \beta(y_0 - y) \tag{7.14}$$

其与第一线性律的状态方程一样。

方程（7.10）的解为：

$$x(t) = \frac{-x_0(k-1)}{e^{-\beta y_0(k-1)t} - k} \tag{7.15}$$

$$y(t) = \frac{-y_0(k-1)e^{-\beta y_0(k-1)t}}{e^{-\beta y_0(k-1)t} - k} \tag{7.16}$$

式中：$k = \frac{\alpha x_0}{\beta y_0}$ —— 红方对蓝方的初始总战斗力之比。

蓝方对红方的瞬时兵力比为：

$$u = \frac{y(t)}{x(t)} = \frac{y_0}{x_0}e^{-\beta y_0(k-1)t} \tag{7.17}$$

（2）战斗结局预测

当 $k < 1$ 时，蓝方胜。

其剩余兵力为：

$$y_e = \frac{\beta y_0 - \alpha x_0}{\beta} \tag{7.18}$$

当 $k > 1$ 时，红方胜。

其剩余兵力为：

$$x_e = \frac{\alpha x_0 - \beta y_0}{\alpha} \tag{7.19}$$

当 $k = 1$ 时，双方势均力敌。

（3）兵力转机时刻

若 $k = 1$，双方势均力敌，永远不会出现转机。

若 $k \neq 1$，令 $f(t) = y(t) - x(t)$，则：

$$f(t) = \frac{-(k-1)\left[-x_0 + y_0 e^{-\beta y_0(k-1)t}\right]}{e^{-\beta y_0(k-1)t} - k} \tag{7.20}$$

设 $f(t) = 0$，则：

$$x_0 = y_0 e^{-\beta y_0(k-1)t} \tag{7.21}$$

解出 t 得：

$$t = \frac{1}{\beta y_0 - \alpha x_0}\ln\left(\frac{x_0}{y_0}\right) \tag{7.22}$$

存在兵力转机时刻的必要条件是：$\beta y_0 - \alpha x_0$ 与 $\ln\left(\dfrac{x_0}{y_0}\right)$ 同号。

若 $\beta y_0 > \alpha x_0$，且 $x_0 > y_0$，则可以确定存在一个蓝方相对红方在兵力数量上是由少变多的过程，转机时刻为 T。

若 $\beta y_0 < \alpha x_0$，且 $x_0 < y_0$，则可以确定存在一个红方相对蓝方在兵力数量上是由少变多的过程，转机时刻为 T。

第二线性律对仅知对方兵力的分布地域但不知作战单位准确位置的同兵种作战有用。第二线性律是一个面目标模型，在某些条件下对炮兵间接瞄准射击特别有用。

例 7.2 x、y 两方进行炮战，双方各有 18 门火炮，都仅知对方兵力的分布区域而不知其准确位置，红方的平均损耗率为 $\beta = 0.008$ 门 / min，蓝方的平均损耗率为 $\alpha = 0.01$ 门 / min。问谁能取胜？30 min 后双方剩余兵力各为多少？

解：由给定条件 $x_0 = 18$，$y_0 = 18$ 得初始战斗力之比为 $k = \dfrac{\alpha x_0}{\beta y_0} = \dfrac{0.01 \times 18}{0.008 \times 18} = 1.25$。

战斗结果为红方胜。

用 $t = 30$ 计算双方剩余兵力：

$$x(30) = \frac{-x_0\ (k-1)}{e^{-\beta y_0(k-1)t} - k} = 4.91\ (\text{门})$$

$$y(30) = \frac{-y_0\ (k-1)\ e^{-\beta y_0(k-1)t}}{e^{-\beta y_0(k-1)t} - k} = 1.64\ (\text{门})$$

战斗结束时，红方的剩余兵力（时间足够长的收敛解）为：

$$x_e = \frac{\alpha x_0 - \beta y_0}{\alpha} = 3.6\ (\text{门})$$

7.1.2 兰切斯特平方律

兰切斯特线性律没有反映出现代战争中集中优势兵力会影响作战进程这一重要因素，兰切斯特平方律就可以解决这一问题。

（1）方程基本形式

$$\left.\begin{array}{l} \dfrac{\mathrm{d}x}{\mathrm{d}t} = -\beta y \\[2mm] \dfrac{\mathrm{d}y}{\mathrm{d}t} = -\alpha x \end{array}\right\} \tag{7.23}$$

式中：x、y ——作战双方在 t 时刻的瞬时兵力（或剩余兵力）；

　　　β ——红方的兵力损耗率系数，亦为蓝方作战单位的平均战斗力；

　　　α ——蓝方的兵力损耗率系数，亦为红方作战单位的平均战斗力。

双方的初始兵力分别为 x_0、y_0，两式相除，得：

$$\beta y = \frac{\mathrm{d}y}{\mathrm{d}t} = \alpha x \frac{\mathrm{d}x}{\mathrm{d}t} \tag{7.24}$$

又双方实力相等得条件为：

$$\frac{\mathrm{d}x}{x\mathrm{d}t} = \frac{\mathrm{d}y}{y\mathrm{d}t} \tag{7.25}$$

由（7.11）、（7.12）式得：

$$\alpha x^2 = \beta y^2 \tag{7.26}$$

即战斗单位数量的平方与单个战斗单位的平均战斗力的乘积相等时，两支军队的总战斗力实力相等。

式（7.11）在（0，t）积分：

$$\beta(y_0^2 - y^2) = \alpha(x_0^2 - x^2) \tag{7.27}$$

7.1.2.1 平均战斗力相等的情况

（1）双方实力不相等

兰彻斯特平方律的军事含义可以用图解方法说明。

图 7 - 1（a）表示 x 军 1 400 人与 y 军 1 000 人在一次对阵战中遭遇，数量对比为 $\sqrt{2}$：1。随着战斗的进展，伤亡损失将以不同的速度减少双方的总战斗实力。如果双方平均战斗力相等，那么，由于数量上的差异，双方的损失速率相差很大。当蓝方被全歼时，红方的损失仅为 400 人。换一种情况，采用出色计谋的 y 军迫使 x 军分割为人数相等的两半应战。那么从图 7 - 1（b）可以看出，在第一场遭遇战中，y 军以损失 300 人的代价全歼 x 军 700 人；在第二场遭遇战中，两支军队以相等的兵力对战。可以推定，战斗的最后结局为不分胜负。这第二种情况的第二场战斗的结果，没有用曲线给出。

（2）双方实力相等

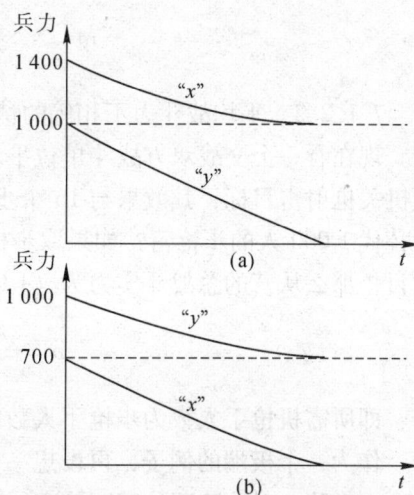

图 7 - 1 实力不相当情况下的歼灭战

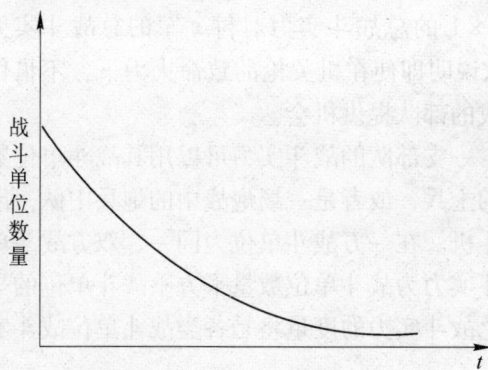

图 7 - 2 双方力量相等的遭遇战

双方力量相等的一场遭遇战，两条配对曲线重合，形成一条对数曲线，如图 7 - 2。这时战斗将无限拖长。因为双方力量实际上由有限个有限大的战斗单位（而非无限个无限小的战斗单位）构成，所以曲线的端点必须表现出不连续性，即在到达最后一个战斗单位时突然中断。建立在平均基础上的这条规律显然不严格适用于数量很小的情况。除此之外，两条曲线重合的条件是不稳定的，任何一方得到的任何便宜都将改变这种均衡性。

图 7 - 3 表示 x 军 1 000 人与 y 军 1 000 人对阵，但 y 军被 x 军施用某种计策分割为 500 人的两半，x 军力量保持完整。假设 x 军可以集中 1 000 人先攻击 y 军的一半，而另一半由于种种原因不能前去救援。那么，x 军将以损失 134 人的代价全歼 y 军的头一半；接着 x 军能以剩下的 866 人再全歼 y 军剩下的另一半。x 军两次战斗的总损失仅为 293 人。这就是平方律对"各个击破"军事原则给的数学说明。

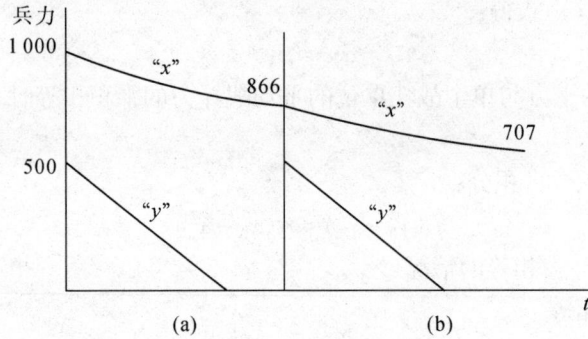

图 7-3 平方律对"各个击破"原则的说明

7.1.2.2 平均战斗力不相等的情况

现在看一个交战双方战斗单位平均战斗力不相等的情况。假定在给定时间内，一个士兵用机关枪射击目标，其效果与 16 个步枪手相当。问需要多少配备机关枪的士兵才能在野战中替代 1 000 人的步枪营？如果取步枪手的战斗效能值为一个单位，让 n 代表所需机枪手的数目，那么从营的总战斗实力为 $(1\ 000)^2$ 可以得出：

$$n = \frac{\sqrt{1\ 000\ 000}}{\sqrt{16}} = \frac{1\ 000}{4} = 250$$

即所需机枪手人数为步枪手人数的四分之一。

作为一个极端的例子，再设想一支 100 个机枪手的 x 军与一支配备军用步枪的 1 200 人的 y 军对阵，对阵阵面的宽度给定，双方之间距离很大。那么，按照兰彻斯特线性率，y 军损失 16 人，x 军只损失 1 人，战斗继续下去，y 军必定被歼灭。但是，如果假设 y 军先推进到近距离内，这时双方每一个枪手都成为单独的目标，局面转过来了，这时可以应用平方律方程和条件。即使 y 军为了夺取这个新位置付出了损失有生力量一半的代价，以剩下的 600 人 y 军仍能控制局势。因为这时的 y 军是以 $600^2 \times 1$ 的总战斗实力对付 x 军的总战斗实力 $100^2 \times 16$。这全然是一个不易料想得到的结果。这说明即使在机关枪的致命火力下，不惜代价实施近距离迫近，仍有可能为一支由步枪手组成的部队提供机会。

综上所述，按照平方律，在近代战争条件下，一支部队的战斗实力可以用其战斗单位数量的平方来度量。这些战斗单位可以是实际参战的士兵，或者是一场炮战中的炮兵中队，或者是一场海战中的军舰，或者是一场空战中的战斗机。在一方战斗单位为同一、双方战斗单位平均战斗力不相等的情况下，那么一方的总战斗实力为战斗单位数量平方乘战斗单位的平均战斗力。在战斗单位不同一的场合，一支部队总战斗实力的度量将是各类战斗单位战斗实力平方根的和的平方。

实例分析：车法加尔（Trafalgar）海战资料的分析

1805 年 10 月 21 日，在车法加尔（Trafalgar）的海战中，由纳尔逊统帅的数量居于劣势的英国地中海舰队战胜了由法国海军将领费仑纽夫率领的法国、西班牙联合舰队，挫败了拿破仑在海上与英国争雄的计划。兰彻斯特曾对英国海军上将纳尔逊事先在"秘密备忘录"中设计的战术方案进行过数量分析。按照纳尔逊的战术方案，英国舰队由 40 艘帆船组成，与包括 46 艘帆船的法国、西班牙联合舰队对阵（这些数字比后来双方实际参战的数目大一些）。英国舰队形成两个主要纵列和一个次要纵列，每个主纵列由 16 艘战船组成，小纵列成为前进支队，由 8 艘战船组成。进攻方案是：一支由纳尔逊亲自指挥的主纵列在中心位置处切断敌人的战列，另一支由柯林吴德中将指挥的主纵列从后部突破 12 艘敌船，小纵列则在中心部位附近攻击敌人先头舰队中的 3~4 艘战船，并尽可能挫败先头舰队可能采取的援救受威胁的中部和尾部的任何行动（图 7 - 4）。那些了解帆船时代航海术的人会明白，先头舰队调转船头赶来支援中部和尾部的战船，是要付出相当的时间代价的。如果用 N^2 律分析这个战术方案，可以得出以下数字：

英国舰队的战斗实力为　$32^2 + 8^2 = 1088$

联合舰队的战斗实力为　$23^2 + 23^2 = 1058$

英国舰队的实力优势为　30

如果战斗进行到最后关头，那么这个数字就等价于英国舰队最后会剩下 $\sqrt{30}$ 或 $5\frac{1}{2}$ 艘战船。

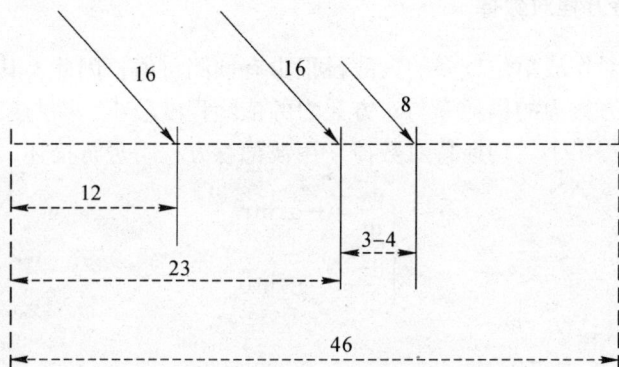

图 7 - 4　纳尔逊的"秘密备忘录"
（英国舰队为 40 艘，联合舰队为 46 艘）

为了比较的目的，假设英国舰队用老式的平行于联合舰队的战列迎战，那么，

联合舰队的战斗实力为 46^2 = 2116

英国舰队的战斗实力为 40^2 = 1600

联合舰队的实力优势为 516

这个数字等价于在全歼英国舰队后，联合舰队将剩下 $\sqrt{516}$ 或约 23 艘战船。换句话说，如果英国人采用过时的平行战斗纵列方法，即使拥有更好的帆船驾驶术和炮术，他们也会败北。

以上数量分析说明了正确的奇袭和集中的战术计划的重要性。纳尔逊的战术方案首先把敌人截成两半，按照 N^2 律，这正是把敌人有效实力减至最小的一种分割法。纳尔逊用两个大小一样的纵队共 32 艘战船去包围敌人的 23 艘战船，按照 N^2 律，这正好给他带来 2∶1 的战斗实力优势（$23 \times \sqrt{2} = 32.5$）。而且意味着，如果紧接着他要和联合舰队余下的头一半对阵，即使这一半未被 8 艘战船的小纵列所损伤，他也可以在实力相等的情况下与敌人对战。事实上，敌人的先头舰队总会被小纵列所削弱。这正是纳尔逊战术方案的优点。

双方实际参战的战舰数量较预计有些变化，纳尔逊是 27 艘战舰，费仑纽夫是 33 艘战舰。依情况的变化，纳尔逊不再把舰队分为三个纵列，而代之以两个纵列，前卫或上风纵列为 12 艘，由他亲自指挥，后卫或下风纵列为 15 艘，由柯林吴德指挥，会战结果：费仑纽夫连同 12 艘战舰被俘，7 艘负伤沉没，13 艘逃走，法、西两国海军官兵伤亡 14 000 人；英国未损失一艘战舰，官兵伤亡 1 663 人。纳尔逊虽在战斗中阵亡，但他成功的秘诀（人称 Nelson Touch）却流传下来。

7.1.2.3 平方律的使用环境

相对兰切斯特线性律来说，平方律更加符合现代战争的特点，只要满足下列条件的作战过程就可用兰切斯特平方律进行描述。

① 作战双方中的每一方都拥有大量使用同类武器的成员参加；

② 作战双方任何一个作战单位都处于暴露状态且在对方的视线和武器射程之内；

③ 每一个作战单位射击对方任何一个作战单位的机会大体相等；

④ 在给定时间内双方都进行了一定数量的有效射击并能确定双方哪些成员被消灭。

7.1.3 兰切斯特方程对数律

兰切斯特平方律对作战单位较多的大战役很少有预测价值，因此，其应用受到限制。彼德森经研究认为，一方兵力的损耗率与对方兵力的依赖程度较小，而与己方兵力的密度却有较大关系，因此，他提出了兰切斯特对数律，用彼德森方程组进行描述，即：

$$\begin{cases} \dfrac{dx}{dt} = -\alpha x \ln y \\ \dfrac{dy}{dt} = -\beta y \ln x \end{cases}$$

考虑特殊情况：$\begin{cases} \dfrac{dx}{dt} = -\alpha x \\ \dfrac{dy}{dt} = -\beta y \end{cases}$，积分，利用初始条件可得方程的解析解：

$$x = x_0 e^{-\alpha t}$$
$$y = y_0 e^{-\beta t}$$

所以，对彼德森方程，一方战斗单位的损失或剩余兵力完全取决于己方的初始兵力和平均消耗率。

双方在 t 时的兵力比为：

$$u = \frac{y}{x} = \frac{y_0}{x_0} e^{-(\beta-\alpha)t}$$

由彼德森方程得 $\dfrac{dx}{\alpha x} = \dfrac{dy}{\beta y}$，积分，利用初始条件有：

$$\left(\frac{x}{x_0}\right)^{\frac{1}{\alpha}} = \left(\frac{y}{y_0}\right)^{\frac{1}{\beta}}$$

这是彼德森对数定律所描述的战斗过程的状态方程。由该状态方程可得：

$$x = x_0 \left(\frac{y}{y_0}\right)^{\frac{\alpha}{\beta}} \text{ 或 } y = y_0 \left(\frac{x}{x_0}\right)^{\frac{\beta}{\alpha}}$$

因此战斗单位的损耗按指数规律变化。

7.2 蒙特卡洛法

克劳塞维茨曾经说过："战争是充满偶然性的领域，人类的任何活动都不像战争那样给偶然性这个不速之客留有这样广阔的活动天地，因为没有一种活动像战争这样从各方面和偶然性经常接触。偶然性会增加各种情况的不确定性，并扰乱事件的进程。"在作战仿真中，处理这种偶然性事件的最有效的方法就是蒙特卡洛法。它实际上是一种统计试验方法。蒙特卡洛（Monte Carlo）是摩洛哥的一个著名的城市，以赌博闻名于世。蒙特卡洛法借用该城市的名称来象征性地表明该方法的特点。蒙特卡洛法是威勒蒙（Velleman）和冯·诺伊曼（Von Neumann）在 20 世纪 40 年代中为研制核武器而首次提出来的。在此之前，作为该方法的基本思想，实际上早已被统计学家所发现和利用。

为了在作战仿真中确定随机事件是否发生，在早期用蒙特卡洛法进行仿真时，采用掷骰子的办法一个一个来确定。但随着战争规模的增大，作战仿真的精细化、准确化、复杂化逐渐加大，参加仿真的实体增多，需要考虑的因素增多，掷骰子的方法已经不能适应这些变化。高速电子数字计算机的出现和发展为进行大规模的蒙特卡洛仿真提供了条件，蒙特卡洛方法已成为很有价值的作战仿真工具。

例 7.3 在我方某前沿防守地域，敌人以 1 个炮排（含两门火炮）为单位对我方进行干扰和破坏。为躲避我方打击，敌方对其阵地进行了伪装并经常变换射击地点。经过长期观察发现，我方指挥所对敌方目标的指示有 50% 是准确的，而在指示正确时，我方火力单位有 1/3 的可能毁伤敌人 1 门火炮，有 1/6 的可能毁伤敌人 2 门火炮。

现在希望能用某种方式把我方对敌方实施 20 次打击的结果显现出来。从理论上分析，能够得到如下结论：

无效射击概率：$1 - 50\% \times (1 - 1/3 - 1/6)$

$\qquad\qquad = 1 - 50\% \times 1/2 = 75\%$

毁伤 1 门火炮概率：$50\% \times 1/3 = 16.7\%$

毁伤 2 门火炮概率：$50\% \times 1/6 = 8.3\%$

则有效射击概率为：$16.7\% + 8.3\% = 25\%$

我们知道，大数律是判断随机变量序列的算术平均值是否向常数收敛的定律，是概率论和数理统计学的基本定律之一。

伯努利大数律：若 V_n 是 n 次独立重复试验中事件 A 出现的次数，p 是事件 A 的概率，则对于任何 $\varepsilon > 0$，有

$$\lim_{n \to \infty} P\left\{ \left| \frac{V_n}{n} - P \right| \geq \varepsilon \right\} = 0$$

即频率 V_n 依概率收敛于 p。

根据伯努利大数律，只要试验次数足够多，某个事件出现的频率就趋近于它的概率。因此，可以用模拟试验的办法近似表现上述射击效果。

对于目标指示的正确与否，可用掷硬币的方式确定，当正面出现时指示正确，反之为不正确。

对于正确指示时我方的射击效果，可用掷骰子的方式确定，而且约定：如果出现的点数

是1、2、3，则认为是无效射击；如果出现的点数是4、5，则认为毁伤1门火炮；如果出现的点数是6，则认为毁伤2门火炮。

表7-1是模拟试验结果。

表 7-1　随机试验表（正、反、√）

试验序号	投硬币结果	指示正确	指示不正确	掷骰子结果	消灭敌火炮数		
					0	1	2
1	正	√		4			
2	正	√		4			
3	反		√				
4	正	√		1			
5	正	√		2			
6	反		√				
7	正	√		3			
8	正	√		6			
9	反		√				
10	反		√				
11	正	√		2			
12	反		√				
13	正	√		3			
14	反		√				
15	正	√		6			
16	正	√		4			
17	正	√		2			
18	正	√		4			
19	反		√				
20	正	√		6			

理论计算和模拟结果的比较如表7-2所示。虽然模拟结果与理论计算不完全一致，但它却能更加真实地表达实际的战斗动态过程。这也是它在作战仿真中能得到广泛应用的重要原因之一。

表 7-2　理论结论和仿真结果比较

	无效射击	有效射击	消灭1门火炮	消灭2门火炮
模拟	0.65	0.35	0.2	0.15
理论	0.75	0.25	0.167	0.083

7.2.1　随机数的产生

计算机不可能产生完全随机的数字，所谓的随机数发生器都是通过一定的算法对事先选定的随机种子做复杂的运算，用产生的结果来近似地模拟完全随机数，这种随机数被称作伪随机数。伪随机数是以相同的概率从一组有限的数字中选取的。所选数字并不具有完全的随机性，但是从实用的角度而言，其随机程度已足够了。伪随机数的选择是从随机种子开始的，所以为了保证每次得到的伪随机数都足够地"随机"，随机种子的选择就显得非常重要。如果随机种子一样，那么同一个随机数发生器产生的随机数也会一样。随机数的产生的算法包括平方取中法、混合（乘、加）同余法、Box—Muller 方法和近似计算法等。

7.2.1.1　平方取中法

2k 位有效数字的随机数产生过程：

① 任选一个 2k 位数作为种子；

② 把该数平方后得到一个 4k 位的数；

③ 保留中间 2k 位数；

④ 规范化该 2k 位数得到一个随机数；

⑤ 重复第 2 到 4 步产生一个随机数序列。

2k 位有效数字的随机数产生公式：

$$y_{n+1} = \left[\frac{y_n^2}{b^k}\right] \mathrm{mod} b^{2k} \tag{7.28}$$

$$x_n = y_n / b^{2k} \tag{7.29}$$

$n = 0, 1, 2, \cdots$

式中：x_n——所需要的随机数序列；

y_0——2k 位数作种子；

mod——同余运算；

$b = 2$ 时产生 2 进制随机数，$b = 10$ 时产生 10 进制随机数。

7.2.1.2　混合（乘、加）同余法

$$y_{n+1} = (ay_n + b)\ \mathrm{mod} M \tag{7.30}$$

$$x_n = (y_n / M) \tag{7.31}$$

$n = 0, 1, 2, \cdots$

式中：x_n——$[0, 1]$ 区间上均匀分布的随机数；

M、a、b、y_0——都是正整数且 M 要足够大；

mod ——同余运算。

7.2.1.3　C++语言中的 rand() 函数

C++语言中提供了生成伪随机数的函数 srand() 和 rand()。srand() 用于产生种子，rand() 用于产生伪随机数。下面给出一个使用这两个函数的示例程序。

```
#include <stdlib.h>
#include <stdio.h>
#include <time.h>
void main (void)
{
    int i;
    /* Seed the random-number generator with current time so that the numbers will be dif-
```

```
ferent every time we run.  * /
srand ( ( unsigned) time ( NULL ) );
/ * Display 10 numbers.  * /
for ( i = 0; i < 10; i + + )
printf ( "%6d \ n", rand ( ) );
}
```

7.2.1.4　Box—Muller 方法

正态分布变量的密度函数为:

$$f(x) = \frac{1}{\sqrt{2\pi}\sigma} e^{-\frac{(x-\mu)^2}{2\sigma^2}} \qquad -\infty < x < +\infty \qquad (7.32)$$

由于一般正态变量 X 和标准正态变量 η 间有如下关系:

$$X = \sigma\eta + \mu$$

所以只要求得服从标准正态分布的随机数即可。

设 ξ'、ξ'' 是 [0, 1] 区间上均匀分布相互独立的随机变量, 则可以证明:

$$\eta' = (-2\ln\xi')^{\frac{1}{2}} \cos2\pi\xi'' \qquad (7.33)$$

$$\eta'' = (-2\ln\xi')^{\frac{1}{2}} \sin2\pi\xi'' \qquad (7.34)$$

一定是相互独立的标准正态分布的随机变量。

7.2.1.5　近似计算法

设 $\xi_1, \xi_2, \cdots, \xi_{12}$ 是 [0, 1) 区间上均匀分布相互独立的随机变量序列, 显然, 每一个 ξ_i 的均值都是 1/2, 方差为 1/12, 由中心极限定理, 当 n 较大时有:

$$\eta = \frac{\sum_{i=1}^{n}\left(\xi_i - \frac{1}{2}\right)}{\sqrt{n \cdot 1/12}} \sim N(0,1) \qquad (7.35)$$

取 $n = 12$, 上式变化为:

$$\eta = \frac{\sum_{i=1}^{12}\left(\xi_i - \frac{1}{2}\right)}{\sqrt{12 \cdot 1/12}} = \sum_{i=1}^{12}\left(\xi_i - \frac{1}{2}\right)$$

$$= \xi_1 + \cdots + \xi_{12} - 6$$

$$= \xi_1 + \cdots + \xi_6 - (1-\xi_7) - (1-\xi_8) - \cdots - (1-\xi_{12}) \qquad (7.36)$$

由于 $(1-\xi_i)$ 也是 [0, 1] 区间上均匀分布的随机变量, 所以上式可变为: $\eta = \xi_1 + \cdots + \xi_6 - \xi_7 - \xi_8 - \cdots - \xi_{12}$

7.2.2　逆变换法

定理 1: 如果随机变量 x 的分布函数 $F(x)$ 为连续函数, 则 $\xi = F(x) = \int_{-\infty}^{x} f(x)\mathrm{d}t$ 确定一个新的随机变量, 它服从 (0, 1) 的均匀分布。

106

利用这条定理，我们可以首先产生（0，1）上的均匀随机数 ξ，然后用公式 $x = F^{-1}(\xi)$ 进行变换，得到有给定分布的随机数，这种变换称为逆变换。

7.2.2.1　（负）指数分布

在作战仿真中，经常遇到两个实体的到达间隔时间问题，根据统计检验得知，这一类随机变量服从负指数分布，见表 7 - 3。

表 7 - 3　到达间隔时间

序号	u	x_i	序号	u	x_i
1	0.130	0.510	8	0.805	0.054
2	0.351	0.262	9	0.699	0.090
3	0.645	0.110	10	0.983	0.004
4	0.645	0.110	11	0.326	0.280
5	0.680	0.096	12	0.129	0.512
6	0.398	0.230	13	0.146	0.481
7	0.338	0.271			

负指数分布的密度函数为：

$$f(x) = \begin{cases} \lambda e^{-\lambda x} & x \geq 0 \\ 0 & x < 0 \end{cases} \tag{7.37}$$

式中：$1/\lambda$——平均到达间隔时间。

分布函数为：

$$F(x) = \int_0^x \lambda e^{-\lambda x} dt = 1 - \lambda e^{-\lambda x} \quad x \geq 0 \tag{7.38}$$

由定理 1，$v = 1 - \lambda e^{-\lambda x}$ 是均匀分布的随机变量。

作逆变换，有：

$$x = \frac{1}{\lambda} \ln (1 - v) \tag{7.39}$$

令 $u = 1 - v$，则 u 也是均匀分布的随机变量。

所以取 $(0,1)$ 上的均匀分布的随机数 u_i，则 $x_i = -\dfrac{\ln u_i}{\lambda}$ 是服从负指数分布的随机数。

例 7.4　敌坦克分队对我方阵地实施突袭，其到达规律符合泊松流，平均每分钟到达四辆。试模拟敌坦克在 3 min 内到达目标区的数量及到达时间。

$$F(x) = \int_0^x \lambda e^{-\lambda x} dt = 1 - \lambda e^{-\lambda x} \tag{7.40}$$

$$x_i = -\frac{\ln u_i}{\lambda} \tag{7.41}$$

式中：u_i 取（0，1）上的均匀分布的随机数；

$\lambda = 4$（辆/min）。

$$x_i = -(1/\lambda)\ln\mu_i = -1(1/4)\ln\mu_i \qquad (7.42)$$

坦克到达时间计算见表 7-4。

表 7-4　坦克到达时间计算

到达顺序	到达时间（min）	到达顺序	到达时间（min）
第一辆	0.510	第八辆	1.643
第二辆	0.772	第九辆	1.772
第三辆	0.882	第十辆	1.737
第四辆	0.992	第十一辆	2.017
第五辆	1.088	第十二辆	2.529
第六辆	1.318	第十三辆	3.010
第七辆	1.598		

7.2.2.2　瑞利分布

瑞利分布的密度函数为：

$$f(x) = \begin{cases} \dfrac{x}{\sigma^2}e^{-\frac{x^2}{2\sigma^2}} & x > 0 \\ 0 & x \leq 0 \end{cases} \qquad (7.43)$$

求其分布函数得到：

$$F(x) = e^{-\frac{x^2}{2\sigma^2}}$$

若 ξ_1，ξ_2，… 为 $[0,1)$ 区间上的均匀分布随机数序列，令

$$x_i = \sqrt{-2\sigma^2\ln\xi_i} \quad i = 1,2\cdots$$

则 x_1，x_2，… 为服从瑞利分布的随机数序列。

7.2.2.3　威布尔分布

威布尔分布的密度函数为：

$$f(x) = \begin{cases} \alpha\beta x^{\beta-1}e^{-\alpha x^\beta} & x > 0 \\ 0 & x \leq 0 \end{cases} \qquad (7.44)$$

求其分布函数得到：

$$F(x) = e^{-\alpha x^\beta} \qquad (7.45)$$

若 ξ_1，ξ_2，… 为 $[0,1]$ 区间上的均匀分布随机数序列，令

$$x_i = \left[-\frac{1}{\alpha}\ln\xi_i\right]^{\frac{1}{\beta}} \quad i = 1,2,\cdots \qquad (7.46)$$

则 x_1，x_2，… 为服从威布尔分布的随机数序列。

7.2.2.4　几何分布

在考虑武器对目标进行射击命中问题时，若 p 表示一发炮弹命中目标的概率，则"前 $n-1$ 发都没有命中，第 n 发命中"发生的概率为：

$$f(n) = p(1-p)^{n-1}$$

这就是几何分布的概率密度函数。
其分布函数为：

$$F(n) = \sum_{k=0}^{n-1} p(1-p)^k = 1-(1-p)^n \qquad (7.47)$$

则 $v = 1 - (1 - p)^n$ 是均匀分布的随机变量。令 $u = 1 - v$, 有 $u = (1 - p)^n$, 则 u 也是均匀分布的随机变量。

作逆变换有:

$$n = \left[\frac{\ln (u)}{\ln (1 - p)} \right] \tag{7.48}$$

n 只能取整数。

取 $(0, 1)$ 上的均匀分布的随机数 u_i, 由上式计算就得到服从几何分布的随机数。

例 7.5 反坦克导弹对目标射击, 命中概率为 0.3, 必须命中目标两弹才能毁伤目标。试模拟毁伤目标所需要的射击次数。

解: 用 x_1 表示射击目标时, 第一发命中之前所需要的射击次数; x_2 表示第一次命中目标后第二次命中目标前所需要的射击次数; 则 x_1, x_2 都服从几何分布, 而 $q = 1 - p = 0.7$。

随机地产生两个随机数, 设为随机数表中的第 14 个和第 29 个, 即:

$\zeta_1 = 0.551$

$\zeta_2 = 0.313$

于是有:

$x_1 = (\ln\zeta_1/\ln q) = (\ln 0.551/\ln 0.7) = 1$

$x_2 = (\ln\zeta_2/\ln q) = (\ln 0.313/\ln 0.7) = 3$

所以, 第一次命中目标为第二次射击, 第二次命中目标为第六次射击, 六次射击毁伤目标。对几何分布, 由理论计算命中目标的平均弹药消耗量为 $E(x) = u = 1/p = 1/0.3$, 命中目标两发的平均弹药消耗为 $2u = 6.67$。理论计算与实际模拟较为接近。

7.3 指 数 法

7.3.1 战斗效能指数的基本概念

现代战争中, 不论作战规模大小, 一般情况下参战双方大都是诸兵种合成结构。为了比较双方由多兵种、多类武器、多种战斗因素构成的战斗力, 就需要有一个统一的评定标准。传统的方法是用双方的建制单位数、兵力兵员数、武器件数的比值来表示。这种方法是不精确的, 它没有体现地形、气象、时间等因素对作战能力的作用, 也没有反映出指挥、训练、士气、组织协调、作战保障、后勤保障等对作战能力的影响。为了统一度量标准, 为了在不同兵种、不同装备间有一个比较的基础, 达到综合体现诸因素对作战能力的影响和作用, 便出现了"指数"的概念。

指数就是把作战过程中的相关数据化为可以对比的相对于同一个量 (或基础) 的数字。指数法是指在多兵种参加使用多类武器的作战过程中用来统一战斗效能度量标准的方法。

例如, 初步假定 7.62 mm 半自动步枪的杀伤力为 1, 而 96 坦克炮是与半自动步枪性能和结构都不一样的另一种兵器, 但经过靶场试验和战争统计资料的分析, 大致可认为 96 坦克炮的杀伤力为半自动步枪的 m 倍。这个 1 和 m 就可分别作为半自动步枪和 96 坦克炮的火力指数。

通常将半自动步枪的火力指数定为"1", 是事先选择好的比较标准或基准点。它是建立指数的前提，是任何指数建立的基础。而某种武器的指数是其杀伤力对半自动步枪杀伤力的一种相对比较值。

当某种武器的指数用该武器在战场上的重要性和作用进行修正后，得到的结果被称为加权指数。如假定半自动步枪指数为 1，某种火炮的指数为 100，在正常情形下这无疑是正确的。但在近距离交战时，火炮的作用甚至可能不如步枪，这样就必须对火炮的指数用一个适当的系数（权重因子）加以修正，才能比较合理地体现其作用和重要性。在动态的作战过程中，不加权的指数没有多大的使用价值。

7.3.2 战斗效能指数的基本类型

7.3.2.1 火力指数

武器的基本火力指数表示的是在某种条件下该武器的杀伤力与某一特定的基准武器杀伤力的比值，也称为单项火力指数，简称火力指数。火力指数是衡量武器杀伤力的一个指标值，一般由人工计算或仿真产生，也可由试验而得。火力指数能够实现不同种类、不同效能武器的"等价"对比，它既在数量上又在质量上反映了作战双方武器杀伤力的差异。几种常见兵器火力指数的示意值如下：

7.62 mm 半自动步枪	1
7.62 mm 冲锋枪	1
7.62 mm 班用机枪	4
7.62 mm 轻重两用机枪	6
12.7 mm 高射机枪	10
40 mm 火箭筒	9
82 mm 无后坐力炮	10
60 mm 迫击炮	7
82 mm 迫击炮	12
反坦克导弹（红箭 73）	30
步战车 73 mm 炮	28
T—59、T—72 中型坦克	34

7.3.2.2 合成火力指数

合成火力指数是一个建制单位所拥有的各类武器的单项火力指数与该类武器数量乘积之和，即：

$$W = \sum_{i=1}^{n} W_i Z_i \tag{7.49}$$

式中：W——建制单位的合成火力指数；

W_i——第 i 类武器的火力指数；

Z_i——第 i 类武器的件数；

N——建制单位内武器的种类数。

合成火力指数体现了一个作战单位所装备武器的总实力，是比较作战双方战斗力的物质基础。

例 7.6 在对抗演习中，红方 1 个步兵排、59 式中型坦克 2 辆、82 无后坐力炮 2 门，向蓝方 1 个摩步班、T—72 坦克 1 辆坚守的阵地发动进攻。其中红方步兵排的配备为：有 3 个步兵班，每班有 7.62 mm 步枪、冲锋枪 9 支，班用机枪 1 挺，40 mm 火箭筒两具。蓝方摩步班的配备为：步枪、冲锋枪 7 支，班用机枪 1 挺，40 mm 火箭筒 1 具，73 mm 步战车炮 1 门，反坦克导弹发射架 1 具。求双方各自的合成火力指数。

解：

红方：

步兵班的火力指数为：

$$W_{RB} = 9 \times 1 + 4 + 9 \times 2 = 31$$

步兵排的火力指数为：

$$W_{RP} = 31 \times 3 = 93$$

中型坦克的火力指数为：

$$W_{RT} = 34 \times 2 = 68$$

无后坐力炮的火力指数为：

$$W_{RW} = 10 \times 2 = 20$$

总火力指数为：

$$W_R = W_{RP} + W_{RT} + W_{RW} = 93 + 68 + 20 = 181$$

蓝方：

摩步班的火力指数为：

$$W_{BB} = 7 \times 1 + 4 \times 1 + 9 \times 1 + 28 \times 1 + 30 \times 1 = 78$$

T—72 坦克的火力指数为：

$$W_{BT} = 34$$

总火力指数为：

$$W_B = W_{BB} + W_{BT} = 78 + 34 = 112$$

红方 181，蓝方 112。红方胜。

7.3.2.3　单位火力指数

根据需要选定一个基本建制单位，把其火力指数之和定义为一个新的度量单位，并以此为标准来计算其他武器系统的火力指数，这样的度量单位称为单位火力指数。

对一个基本配备为步枪、冲锋枪 9 支，班用机枪 1 挺，40 mm 火箭筒 2 具的步兵班，其火力指数和为 31。现把该步兵班的火力指数和作为一个度量单位，则任何其他兵器在这个新的度量单位体系中的火力指数为该兵器的基本火力指数与 31 的比值，这个比值就是该武器系统的班单位火力指数，即：

$$W_D = W_j / 31$$

式中：W_D——某种武器的班单位火力指数；

W_j——某种武器的基本火力指数。

例 7.7　60 mm 迫击炮的基本火力指数为 7，则其班单位火力指数为 7/31 = 0.2，一个基本编配为三个步兵排、2 门 60 mm 迫击炮的步兵连，其班单位火力指数为：

$$W_{LD} = 3 \times 3 \times 1 + 0.2 \times 2 = 9.4$$

在更大型的模型中，可根据需要选用相应的建制单位的火力指数作为度量单位，如连、团等，以建立相应的单位火力指数体系。

7.3.2.4 战斗力指数

战斗力是作战双方的战斗实力与武器质量、作战指挥、战术运用、战场气象、地形、作战保障、后勤保障、战斗性质等各种因素结合起来，而在作战过程中最终表现出来的一种综合作战能力。

在作战过程中，作战单位的战斗力要受到作战单位人员素质、指挥、士气、战术运用、战斗状态、地形、气象、作战保障等各种因素的综合影响。只有求出这些因素对作战单位战斗力的影响后，才能表达作战单位的实际战斗能力。定量描述这种实际战斗能力的数值称为战斗力指数。

火力指数是一种客观相对值，也是一种理想状态下的理想值，它不会随战斗环境的变化而变化，只要一个单位所具有的武器数量和类型不变，其火力指数也不会变。

战斗力指数却不是一成不变的，它要随天、地、时的变化而变化。同样一个作战单位在不同的客观环境中，其战斗力指数会有很大的差异。战斗力指数是对双方作战单位的作战能力进行全面而又统一衡量的综合性数量指标，它反映了作战双方在各方面的实际作战能力。

除火力指数外，其他各种影响战斗力的因素，如作战指挥、环境条件等被量化后的数值，称为战斗力系数。

战斗力指数等于火力指数与相应的战斗力系数的乘积。

因此，为了计算战斗力指数，还需要给出能体现各种因素对战斗力影响的战斗力系数。根据哪些因素去选择和确定战斗力系数，选择多少个系数，每个系数的值如何确定等也各不相同。它要受到计算单位大小、作战空间、作战时间等条件的制约。常用的战斗力系数有下面几个：

战术运用等级系数：可划分为 3 级，即较好（1.3）、一般（1）和较差（0.7）。它由有经验的军事人员给出或判定。

战斗性质系数：同样一个作战单位在进攻和防御中表现出的战斗力是不同的。进攻战斗性质系数通常取为 1；防御战斗性质系数，俄罗斯、美军取为 3，日军取为 2.53，我军取为 2.5。

地形系数：主要依据地形的起伏、植被的疏密等自然状况定。复杂地形易守难攻，可增强防御方的战斗力。防御作战地形系数：平坦地（1）、丘陵地（1.1）、山地（1.2）；

阵地系数：主要依据阵地的工事、障碍等设施来确定。防御准备越充分，战斗能力越强大。野战战地防御阵地系数：无准备（0.8）、半天准备（0.9）、2 到 3 天准备（1.0）、2 周以上准备（1.25）。

训练系数：主要依据作战人员的训练程度确定。可分为：严格训练（1.2）、一般训练（1）、简单训练（0.8）。

气象系数：主要依据作战时刻和作战地域内的气象条件确定。恶劣的天气能大大削弱作战单位的战斗力、影响武器火力的发挥。气象系数可分为：恶劣气象（0.7）、较差气象（0.9）、一般气象（1）、较好气象（1.1）。

在确定了各项战斗力系数后，计算作战单位战斗力指数的公式为：

$$Q = W \cdot \prod_{i=1}^{n} K_i \qquad (7.50)$$

式中：W——作战单位的总火力指数；

K_i——第 i 个战斗力系数值；

Q——作战单位的战斗力指数。

当某一种因素对不同兵器的效应不一致时，可分别计算再求和。

例 7.8 对例 7.6，计算红蓝双方的战斗力指数。其中红方进攻、蓝方防御；红方战术运用较好、蓝方一般；地形系数为 1.1；阵地系数为 1。

解：红方的战斗力指数：$Q_R = 181 \times 1 \times 1.3 = 235.3$

蓝方的战斗力指数：$Q_B = 112 \times 2.5 \times 1 \times 1.1 = 308$

红方进攻受挫，蓝方可守住阵地。

7.3.2.5 基本战斗力指数

一种（件）作战武器自身的防护力和机动力对武器作战能力的发挥有重要影响。在武器火力指数的基础上，再考虑武器的防护力和机动力的影响所得到的结果称为武器的基本战斗力指数。几种常见兵器基本战斗力指数的示意值如下：

	美国	俄罗斯	德国
步枪	1	1	1
机枪	3	2	3
反坦克火箭筒	30	80	80
中型迫击炮	220	150	220
重型迫击炮	360	240	360
反坦克导弹	300	200	300
轻型防空导弹	75	45	75
运输车	20	10	20
装甲运输车	120	200	320
坦克	1100	1000	1200
自行榴炮	900	500	900
高炮	200	400	500
自行防空导弹	400	300	400

除上面介绍的几种指数外，还有武器指数、武器火力指数等概念。

综上所述，现将战斗效能指数的类型、符号和概念比较列于表 7-5。

表 7-5 战斗效能指数的类型、符号和概念比较

类 型	符 号	概 念
火力指数	W	基准武器杀伤力的倍数
单位火力指数	W_D	以某一建制单位的火力指数和为单位形成的指数
战斗力指数	Q	用指挥和环境等主客观因素修正火力指数的结果
基本战斗力指数	Q_J	用防护力和机动力因素修正火力指数的结果

7.3.3 指数的产生

当把 7.62 mm 半自动步枪的火力指数定为 1 后，其他各种类型武器的火力指数，是按其杀伤力为半自动步枪杀伤力的倍数来确定的。这个倍数是该武器自身威力的一种相对比较值，它是对武器系统进行等价研究的基础。

7.3.3.1 专家评估法

（1）专家评估法的基本概念

专家评估法也称德尔菲法（Delphi Method），是直观预测中最有代表性的方法。

所谓专家评估法，就是由军事、兵器等方面的专业人员，对需要评定的各种武器杀伤力的大小和水平，在独立的情况下提出各自的初步方案，然后由工作人员对初步方案进行整理，对那些不一致和分歧较大的意见再进行第二轮的方案征求。经过几次反复，除少量情况外，对大多数问题都能取得一致意见。对那些少量不一致的意见在适当时机再组织讨论，以求问题得到妥善解决。

在上面工作的基础上，再用历史数据的统计结果和线性组合的理论分析方法对初步方案进行再分析，作出必要的修正和调整，最后得到一批大家认可的数据和火力指数体系。

（2）专家评估法的基本步骤

确定评估目标。

选择相关专家。由于专家意见是统计的基础，因而专家的选择是全部工作成败的关键。

拟定征询意见表。主要要求是紧扣目标，严格单义性，简明扼要，保证应答填表时间短。

意见征询。

数据统计处理。主要内容是数据排列和确定下、中、上值。所谓下、中、上值，就是将所有专家给定的数据按由小到大的顺序排成一列，在其1/4、1/2、3/4处所取的值，分别称为下值、中值和上值。

散布特性判断。对1/4、1/2、3/4的值，中值表示专家意见最集中的数据，而下值和上值则可用来判断专家意见的散布情况。

数据修正处理。用科学的方法修正数据值。

预测结果评估。评估数据产生的过程和可靠性。

在第一轮工作的基础上，将下、中、上三个值再反馈给专家，请专家再重新进行估量，或修正或坚持自己的意见。如此反复三到四轮，专家意见会基本趋于一致。

本方法适合于专家人数不太多，意见又不一致的情况。

由于统计的科学性、反馈的准确性、简易的普及性、匿名的客观性，使本方法迅速发展成为解决众多领域中问题的科学评估法。

（3）杜派经验法

由于战场情况复杂和千变万化，定量描述武器的战斗效能（火力指数和战斗力指数）很困难。单用专家评估法满足不了各种情况的要求。美国陆军退休上校杜派提供了一种经验方法，能将上述量化工作做得足够精确，并能很好地应用于军事行动的计划和作战仿真中去。

① 假设杀伤力指数

假设目标是一个宽度、纵深都无限的阵列队形，每平方米1名士兵。

然后，考虑在单位时间内，每种兵器能在这个假想的队形中使多少名士兵失去战斗力，由此比较出各种武器对人员杀伤的相对能力。用这种方法得到的结果称为"假设杀伤力指数"（Theoretical Lethality Index，TLI）。有的书上称为理论杀伤力指数。

$$TLI = RF \cdot R \cdot A \cdot C \cdot RN \tag{7.51}$$

其中：RF ——射击速度（次/h）；

　　　R ——可靠性（击发数/次）；

　　　A ——精度（击中数/击发数）；

　　　C ——毁伤效能（伤亡数/击中数）；

　　　RN ——射程引子（无量纲）；

　　　TLI ——假设杀伤力指数（伤亡数/h）。

② 实际杀伤力指数——火力指数

由于兵器的机动性、兵器分布的疏密程度都会对武器火力的发挥产生直接的影响，所以，假设杀伤力指数还不能确切反映武器的实际作战效能。例如，随着热兵器时代的到来、核武器等大规模杀伤性武器的出现，按假设杀伤力指数确定，每次战争的伤亡应该增加。这是因为随着武器性能的提高，队形的疏散更加显著。为此，杜派又提出用疏散因子对假设杀伤力指数予以修正，从而得到武器的近似战斗效能值，即实际杀伤力指数（Operational Lethality Index，OLI）或火力指数。疏散已成为制约对方火力发挥的重要因素。

为了定量描述疏散在现代战争中的作用，杜派提出了疏散因子的概念。疏散因子是描述作战部队在作战地域内疏密程度的量值。

如果把 1 名士兵在作战地域内占有 10 m^2 时的疏散因子定义为 1，则对任何一场战争，根据任何 1 名士兵所占有的平方米的大小，就可计算出其疏散因子。一名士兵平均占有的平方米越大，则疏散因子越大，反之越小。疏散因子与作战地域内部队集结的密度成反比。

武器的实际杀伤力（火力指数）、假设杀伤力、疏散因子之间的关系为：

$$OLI = \frac{TLI}{疏散因子} \tag{7.52}$$

实际杀伤力指数（火力指数）表示了武器在得到最有效使用的理想条件下，每种武器的最大杀伤力，是计算作战单位单位作战能力的基本出发点。

③ 战斗力指数

在理想条件下武器实际杀伤力指数（火力指数）和战场环境的战斗力系数的基础上，杜派提出了计算战斗力指数的方法。

首先考虑客观环境对火力发挥的影响，计算结果称为战斗实力；第二步再考虑机动、指挥等因素对战斗实力的影响，其结果称为战斗力指数。

7.3.4　战斗效能的定量判定

为了对作战的结果作出判定或预测，杜派提出了比值法和合成值法两种方法。

（1）比值法

设 x、y 双方的战斗力指数分别为 Q_x、Q_y，求出他们的比值 Q_x/Q_y。当比值大于 1 时，战斗进程将对红方有利；当比值小于 1 时，战斗进程对蓝方有利；当比值等于 1 时，双方势均力敌或结果不能判定。

（2）合成值法

杜派经验理论认为，一场战斗的结果可以通过三个方面进行估价。

① 使命完成程度的估价

在合成值法度量标准中，最难确定的是使命完成程度的估价，一般只能用专家评估法。就是由有经验的军事分析人员对战斗情况进行详细分析，对各种战斗评论报告进行认真研究，并进行加权平均试验，作出主观的判断，最后给出评估值。

在大多数情况下，用上述方法对使命完成程度都能取得比较一致的意见，给出恰当的估价。

② 空间争夺效能的估价

根据杜派经验理论，经过反复的试验和调整，可以得出计算空间效能的估计公式：

$$E_{xsp} = \pm \sqrt{\pm \left[(S_y + U_{sy}) \ / \ (S_x + U_{sx}) \right] (4Q + D_y) / (3D_x)} \qquad (7.53)$$

式中：S_x、S_y——双方各自的战斗实力；

$\quad U_{sy}$、U_{sx}——双方与实力有关的态势系数；

$\quad D$——各方占据区域的纵深；

$\quad Q$——各方每天平均进展或退后的距离，一方为正，另一方为负；

$\quad xy$——代表红方和蓝方；

$\quad E_{xsp}$——红方的空间争夺效能的度量值。当 $4Q + D_y < 0$ 时，根号内外同时取负值，否则同时取正值。

同样可计算蓝方的空间效能度量值。

③ 人员伤亡效率的估价

在一次战斗中，表示一支部队伤亡人数的效能值 E，一方面应反映出给对方造成的、用每日伤亡数字表示的相对杀伤能力，另一方面还应能反映出己方部队人员的日伤亡率。在效能值 E 公式中，伤亡人数、力量强弱、力量大小、态势因素和易损性因素均要有所表达。对蓝方，这个公式的形式为：

$$E_y = V_x^2 \left[\sqrt{(C_x \cdot U_{sy} / S_x) \ / \ (C_y U_{sx} / S_y)} - \sqrt{100 c_y / N_y} \right] \qquad (7.54)$$

式中：E_y——蓝方伤亡效率的估价；

$\quad V_x$——红方的易损性系数；

$\quad C_x$——红方伤亡人数/d；

$\quad C_y$——蓝方伤亡人数/d；

$\quad U_{sy}$——与蓝方势力有关的态势因子；

$\quad U_{sx}$——与红方势力有关的态势因子；

$\quad S_x$——红方总实力；

$\quad S_y$——蓝方总实力；

$\quad N_y$、N_x——蓝、红方部队的总人数。

对于红方伤亡效率的估价有类似的公式。

有了上面三个估价值，对每一方都可求其和，得到合成值公式：

$$R = M_f + E_{sp} + E_{对方}$$

式中：M_f——使命完成程度的估价值；

$\quad E_{sp}$——空间争夺效能估价值；

$\quad E_{对方}$——伤亡效率的估价值；

$\quad R$——定量化战斗结果的合成值。

若双方的合成值之差用 $R_x - R_y$ 表示，则：

$R_x - R_y > 0$ 表示战斗进程对红方有利；

$R_x - R_y < 0$ 表示战斗进程对蓝方有利；

$R_x - R_y = 0$ 表示势均力敌或结果不确定。

7.4　人在回路仿真器

人在回路仿真器是分布交互仿真系统的基础。从理论上讲，每种装备都可以有对应的人在回路仿真器。我国已研制了多种坦克、舰船、飞机、导弹的仿真器。本章以装甲兵数字化营装备作战仿真系统中的坦克综合训练仿真器为例，简要说明人在回路仿真器的基本情况。

7.4.1　现代战场环境的特点

随着高技术兵器广泛应用于战争，战场也发生了一系列的变化。现代条件下的高技术战场具有全方位、大纵深、立体化等特点，呈现出空间更加广阔、透明度更加明朗、形状更加不规则、破坏性更加强大的发展趋势。未来战场环境是未来高技术战争运用的场所。随着各国军队从事高技术战争能力的不断增强，未来战场环境将逐步实现高技术化。高技术条件下进攻作战需要并有可能得到足够的实时信息，实时化、综合化的侦察与监视系统，功能齐全、层次完整、灵活机动的 C^4I 系统，电子战、导弹战、坦克战、信息战构成了高技术战争的总体面貌。战场信息万变，进攻一方有时只能用几分钟或几秒钟来识别目标，并且需要在这些目标离开或隐蔽起来之前，将所有有关信息传递给实施进攻者。

高技术条件下的战场，对装甲分队的作战、指挥、协同、保障等诸方面都产生了一系列影响。由于作战空间越来越大，作战行动同时在前沿与纵深、空中与地面展开，战场情况变化剧烈，装甲机械化部队执行机动作战任务的机会必然增多，作战任务和行动具备了明显的高度机动性的特点，与其他军兵种配合，快速机动布局、快速大纵深突破，快速穿插迂回，充分显示了高技术战争中装甲机械化部队作战的突然性与快速性。而武器装备的机械化、自动化、航空化，为实施空袭和机动进攻作战提供了基础，主战坦克和步兵战车是装甲重点突击火力，武装直升机成为地面突击的重要火力手段。

7.4.2　虚拟战场环境

逼真的虚拟战场环境，是武器装备仿真平台实施作战对抗的基础。不同的军兵种对虚拟战场环境的要求也不尽相同。对陆军机械化部队而言，要求应有作战行动中的集结、机动、交战等阶段的三维战场环境，影响作战行动的环境条件主要有自然环境、战场环境和社会环境。它包括：

① 地貌地物仿真：平原、山丘、河流、湖泊、码头、桥梁、田野、森林、沙漠、草地、戈壁、雪地、城市、村庄、公路、铁路、机场等。

② 气象仿真：温度、湿度、风力、风向、云、雨量、冰雪覆盖、雾、能见度、白天、黄昏、夜间、日照方向、气压等。

③ 电磁干扰仿真：射频干扰、红外干扰、可见光干扰等。

④ 声音仿真：车辆、飞机的发动机噪音、枪炮声、爆炸声等。

⑤ 兵器图形仿真：坦克、装甲车、自行火炮、武装直升机、汽车、导弹等兵器在虚拟

战场环境的显示效果。

⑥ 爆炸效果仿真：导弹、炮弹、反坦克地雷等爆炸效果。

⑦ 社会和政治因素仿真：社会制度、经济体制结构和能力、民主特点、风俗习惯、文化与科学技术水平等。

7.4.3 装甲车辆仿真系统的组成

利用计算机网络将敌我双方武器装备仿真系统构成分布式交互仿真系统，使用装甲车辆仿真器构成我方主要车辆性能与操作仿真，与 CGF 一起实现战场的仿真。

7.4.3.1 分布式交互仿真系统

分布式交互仿真系统将不同地域的装甲车辆仿真实体（半实物仿真器）及计算机生成兵力连接起来，根据数据传输规则，在网上传输数据，完成在虚拟战场环境中仿真实体的交互、协作与对抗，遵循 TCP/IP 网络协议，提供面向联结的、字节流的可靠通信方式，分布式交互仿真系统框图如图 7-5 所示。在仿真实验室中，模拟的实体有人在环的仿真器和计算机生成兵力，这些实体之间有互相交互的能力，这就要求交互时具有一致的 PDU。装甲兵数字化仿真实验室中参考 DIS/HLA 协议，形成符合我军特点的分布式交互仿真协议标准，它规定了多种发送和接收的具体格式和内容，如实体状态 PDU 描述实体的位置、方向、速度、角速度等位置与运动特性；武器发射 PDU 描述了武器的类型、发射姿态、速度等相关信息；碰撞 PDU 描述了实体间的相互碰撞信息；爆炸 PDU 描述了爆炸发生的地点、规模和破坏程度；炮火压制 PDU 规定了在攻防战斗中，当进攻方受到防守方的炮火压制时，炮火的射击距离、炮兵的规模、射击基数、炮弹类型、作战样式、目标位置等。其网络内（战斗平台间）使用 PDU 通信，战斗平台内各乘员仿真器使用网络通信计算机（NCC）及自定义数据格式通信。这样，既可使用通用数据便于交互理解，又可以减少数据通信量达到实时通信的目的。

交互式仿真中采用联合管理、对象管理、时间管理等方式。

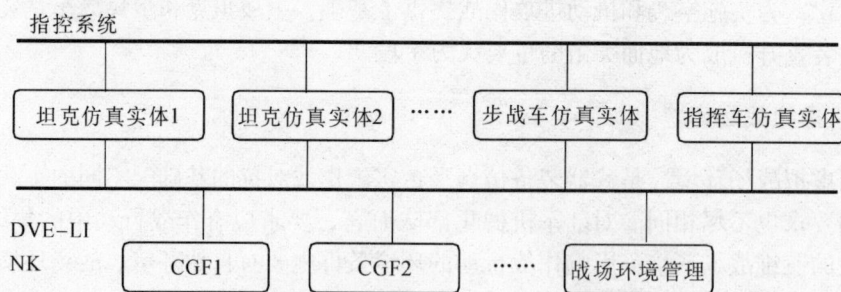

图 7-5 分布式交互仿真系统框图

7.4.3.2 装甲车辆仿真系统组成

装甲车辆的武器装备平台仿真是一个半实物仿真器，它与武器装备和 CGF 一起构成虚拟战场环境的仿真实体。每一个仿真实体由 3-4 个乘员模拟器组成，由网络通信计算机联结成内部网。模拟器水平的高低，对能否实现实验室的功能起着决定性的作用。装甲车辆仿真系统主要由网络通信计算机、装甲车辆乘员环境和操作仿真系统

（如坦克的车长、炮长、驾驶员环境和操作仿真，指挥车的驾驶员、指挥员环境和操作仿真等）、指挥自动化系统、姿态仿真系统、实时生成的三维视景仿真系统、实时战场环境声音仿真系统等组成（如图 7 - 6）。

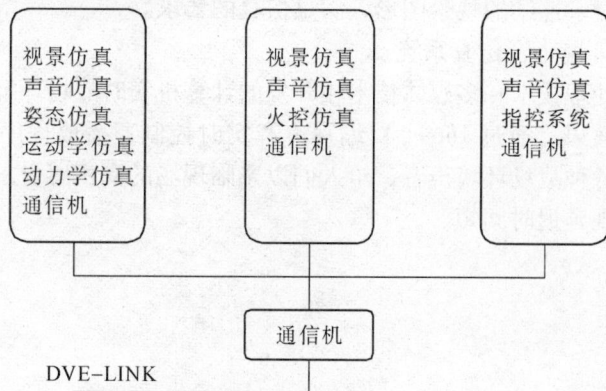

图 7 - 6　装甲车辆仿真系统框图

（1）动力学、运动学仿真系统

装甲车辆运动仿真的基础是装甲车辆的动力学、运动学模型，包括装甲车辆的动力系统模型、传动系统模型、操纵系统模型、运动系统模型等。这些模型要实时解算。

（2）火控仿真系统

装甲车辆火控系统仿真是以微型计算机为控制中心的综合系统，配有火控计算机、控制盒、视场稳定测距瞄准镜、各种传感器等仿真部件，能够仿真目标距离、目标相对运动角速度、炮耳轴斜角及阵地横风速度的自动测定，能够仿真穿甲弹、破甲弹、榴弹等弹种选择功能，并能根据不同的风速、海拔高度、药温和气温修正，进行外弹道仿真。炮控系统仿真包括垂直向和水平向两部分。在稳像工况下，自动跟踪瞄准线并赋予火炮提前量，按照火控系统仿真计算机给出的射击诸元，自动地赋予火炮射角；在装表工况下，使火炮和并列机枪在所赋予的垂直和水平空间角度上，可平稳地调整瞄准速度。另外，还能模拟车长超越调炮功能。

（3）指挥自动化系统

指挥自动化系统是军队的重要军事装备，是军队现代化的标志之一，因此受到各国政府和军队的高度重视。现代战争证明，只有建立并正确使用指挥自动化系统，才能最大限度地发挥各种武器的效能，极大地增强军队的战斗力。西方一些人士把军队指挥自动化系统看作"力量倍增器"。俄罗斯人甚至把它看作继核武器及其运载工具之后军事上的第二次革命。由于指挥自动化系统的自动化程度和计算机应用程度都很高，所以我们将真实的指挥自动化系统直接与装甲车辆仿真系统相连。

（4）姿态仿真系统

装甲车辆运动时，可用六个自由度的运动模型来近似描述。在分析地面车辆的运动规律后可知，车辆乘员对线加速度及俯仰角、侧倾角有明显的感觉。因此可以把六自由度简化成三个角自由度系统，即俯仰角、方向角、侧倾角系统，并由三个液压油缸复合实现对座舱姿态的控制，保证乘员能够获得较逼真的体感。

（5）三维视景仿真系统

运用计算机三维图形实时生成技术，可以为操纵人员提供与现实世界近似一致的视景。MultiGen Creator 和 Vega 分别是应用比较广泛的实体建模与仿真驱动软件。系统采用图形加速卡为乘员提供实时、连续的视景图形，满足仿真的要求。

（6）实时战场环境声音仿真系统

利用数字信号处理技术和多媒体技术相开发的计算机实时战场环境声音仿真系统，能产生逼真的战场声音效果。通过 Direct X 编写声音实时控制、播放程序，可以模拟枪声、炮声、飞机、坦克等各种战场环境声音，给人们以亲临现场的真实感受。产生不受数量限制的声源混音，声音重现延迟时间短。

第8章 传统的效能评估

装备作战是军事人员和武器装备的有效运用。而武器装备的运用有一个必要的前提，这就是武器装备及其构成的武器装备体系或系统必须具有某种或某些种效能。效能的强弱直接决定着装备使用的效果，并且影响着作战结果。于是，关于效能的评估便成为至关重要的工作。

8.1 武器系统作战效能

效能一般指军事人员所采取的各种军事行动或所使用的武器装备能够产生的实际效果。效能一般分为单项效能和综合效能两类。单项效能也称为单因素效能，指在单一任务或单一方面，军事人员、装备、行为所能达到的功效程度；综合效能又称为系统效能，指在一定条件下，某系统能够实现一组特定任务要求的总体功效程度。

如对于一个军事人力系统，可以将系统的效能分类为个体效能和群体效能。个体效能即单项效能，可以是体力、智力因素等；群体效能即综合效能，可以指群体行为能力、整体知识技能水平等。对于军事作战系统，单项效能可以是单兵作战能力，综合效能可以是作战部队的集团作战能力或整体战斗力。对于武器装备系统，单独的武器装备或部件只具有个体效能，而武器装备则具有整体效能。

这里的效能概念与决策分析理论中的效用概念非常相似。关于效用有一整套理论基础体系和分析计算方法。其中最为核心的基础是两个同类事物（或者说备选方案）可以通过效用的大小区分出优劣。

效用概念首先由贝努利（D. Bemeulli）提出。他认为，人们在面临同样风险时，对某事物价值增值的认可性估计与他拥有该事物的数量之间有某种对应关系。例如，如果某人拥有钱财较少，他就会对增加钱财有较高的偏好，并甘愿冒较大风险。如果他拥有钱财较多，他就会对增加钱财有较低的偏好，并不愿冒较大风险。经济管理学家将效用作为指标，用它来衡量人们对某些事物的主观价值认定、态度、偏好、倾向等。

在对某事物的价值进行评估时，评估者本人的态度对评估结果起着重要的作用。其中，既包括评估者个人性格、爱好、意愿等主观因素的影响，也包括评估者当前处境、经历、知识水平、经济条件等客观因素的影响。即使是同一评估者，由于时期、条件、心情的不同，对同一问题的评估，对相同收益或损失的反应也不一定相同，我们把评估者对收益或损失的反应称为"效用"。"效用"实质上代表评估者对风险的态度。

"效能"与"效益"、"效率"的区别。效益是指因武器装备的使用而令用户得到的好处，一般包括直接效益、间接效益和无形效益。直接效益主要表现为在武器装备应用性能方面得到的好处。如提高机动力、攻击能力和防护能力等；间接效益是武器装备的购置可能促进部队其他方面的建设，带来部队整体作战能力的提高；无形效益是由于武器装备的技术可能在其他方面应用而得到的好处。

效率是在一定数量的资源投入时，对获得利益（功能，效益等）的量度，即单位资源带来的效能。例如枪、炮射击时，单发命中概率既可表示武器的射击效能，也可以说是武器的射击效率。效率和效能的区别在于，效率要求考虑与实现系统功能相应的资源消耗，而效能则没有明确地涉及资源消耗。

从以上概念可以看出，效能、效益、效率、效用都是对一个系统使用价值的评估。虽然在概念和内容上，彼此有一定的区别，但在某些情况下，可以相互借鉴、相互完善。

按照武器系统运筹研究的需要，武器系统效能可分为单项效能、系统效能和作战效能。

单项效能指运用武器系统时，达到单一预期可能目标的程度，如防空武器系统的射击效能、探测效能、指挥控制通信效能等。与武器系统单项效能对应的作战行动是目的单一的作战行动，如侦察、干扰、布雷、射击等火力运用与火力保障的各个基本环节。

系统效能是预期一个系统能满足一组特定任务要求的程度的度量，是系统的有效性、可信性和能力的函数。系统效能度量尺度称为系统效能量度（Measures of Effectiveness，MOE）或效能指标。系统效能一般用于描述系统完成其任务的总体能力。

系统性能是系统效能的基础。系统性能是指系统的行为属性。对其进行衡量的量称为系统性能指标或系统性能量度（Measures of Perfomance，MOP），表现为单个因素或属性对于整体贡献的数量化描述。如战车速度、武器系统的生存能力、传感系统的探测区域。

作战效能（Combat Effectiveness）是指在规定条件下运用武器系统的作战兵力执行作战任务所能达到预期目标的程度。衡量作战效能的量称为作战效能量度（Measures of Force Effectiveness，MOFE）或作战效能指标。

系统效能度量依赖于系统性能和兵力因素，体现系统与其他系统和人的因素结合后所具有能力的度量。而系统作战效能度量依赖于系统效能量度和环境因素，体现系统与其他系统和人结合后在实际的作战环境中完成任务程度的度量。系统参数和性能量是对系统内部所具有的特征和能力的描述。而效能度量、作战效能度量是系统在外部环境中表现的特征和能力的描述。系统效能高并不意味着其作战效能也高。例如，一个通信系统能够及时传输一个情报，但指挥人员并没有很好地利用此情报，尽管可认为这个通信系统效能比较高，但其此时的作战效能却很低。

作战仿真可以把武器系统作战效能理解为运用武器系统的作战兵力的效能。

由于武器系统本身的复杂性，以及它在作战中运用的多样性，武器系统的效能一般由多项指标来评估。在确定效能指标时，可以根据系统是否具有直接火力毁伤功能，将武器系统分为直接火力毁伤武器系统和非直接火力毁伤武器系统两大类。

8.1.1　直接火力毁伤武器系统效能指标

直接火力毁伤武器系统，如坦克、战斗车辆、战斗飞机等，可以通过机动、瞄准、射击等作战行动，将对目标有毁伤作用的战斗部（炮弹、炸弹、导弹弹头等）作用于目标，造成目标的损害。这类武器系统运用的目的就在于通过射击使目标遭受毁伤，达到作战任务要求的目的。因此，射击效能指标是最根本的效能度尺度。然而，仅有这一指标是不够的，武器系统运筹研究要求效能指标既能度量武器系统用于完成作战任务的有效性，又能度量武器系统实现预期功能的程度和各子系统性能对实现功能的作用。这需要用层次指标体系评估武器系统效能。最低层次指标是单项的可测指标，这种指标直接与武器系统的特性和战技术性能参数联系，且又容易转换成上面层次的功能性指标。上面层次的功能指标包括系统效能指标和作战效能指标，它们在数学上可计算，但不可测，且计算要求的假设不易正确选择。

8.1.1.1　单项效能指标

单项效能指标主要度量武器系统达到特定功能（如：机动、瞄准、射击）要求的程度。对于直接火力毁伤武器而言，最重要的单项效能指标是射击效能指标。射击效能指标的选择取决于目标类型与射击任务，通常选取以下三种典型形式：

（1）射击单个目标（如单个人员、一辆坦克、一架飞机等）

此时，射击效能指标是目标被毁伤这一事件发生的概率：

$$W = P(A) \tag{8.1}$$

$$A = \{S \geqslant S_n\} \tag{8.2}$$

式中：A——目标被毁伤这一事件；

　　　　S——目标实际遭受毁伤的比例；

　　　　S_n——击毁目标必须毁伤的比例。

S_n 的数值取决于目标的类型，对于小型目标，$S_n = 1$，对于大型目标，当 $S_n \geqslant 0.5$ 时，可以认为目标被全部摧毁；当 $S < 0.5$ 时，可以认为目标局部被摧毁。

（2）射击集群目标（如飞机群、坦克编队、舰队）

射击目的是尽可能毁伤大量目标，因此基本效能指标是被毁伤目标数或目标被毁伤部分的数学期望值：

$$M = E[X_t] \tag{8.3}$$

式中：X_t——目标群中被毁伤目标数。

除上述基本指标外，还可以定义补充指标，如毁伤给定数量目标的概率、目标被毁伤数不少于给定数量的概率等。

（3）射击面目标（如军队集结地域、防御工事地带等）

射击目的是造成尽可能大的毁伤面积。效能指标常取平均毁伤面积或平均相对毁伤面积，平均相对毁伤面积的效能指标为：

$$M = E[u] \tag{8.4}$$

式中 $u = S_d / S_t$，为目标毁伤面积与目标总面积之比，称为相对毁伤面积。目标毁伤面积是在给定破坏程度和性质下目标受损的面积。若要求目标的相对毁伤面积不小于某个给定值 U_D，则效能指标为：

$$M = P(U \geqslant U_D) \tag{8.5}$$

在实际选择单项效能指标时，应对每一种具体类型目标作具体分析，根据射击的战术任务选择射击的效能指标。

8.1.1.2　系统效能指标

系统效能指标主要度量一个系统在一定条件下达到一组特定任务预期要求的可能程度。对武器系统而言，系统效能是一个综合评估指标。目前，关于确立合理的武器系统效能指标方面，还没有统一的意见。作为参考，这里介绍一下美国工业界武器系统效能咨询委员会于 20 世纪 60 年代提出的武器系统效能指标的定义。这个定义认为武器系统的系统效能指标是系统可用度、任务可信度和作战（作业）能力的函数，用一行向量 E （$1 \times m$）表示，即：

$$E = ADC \tag{8.6}$$

式中 E 为武器系统效能指标；A 是武器系统的可用度或有效性向量，是系统在执行任务开始时刻可用程度的量度，反映武器系统的使用准备程度，可用度用 $1 \times n$ 维向量表示；D 是任务可信赖度或可信度，表示系统在使用过程中完成规定功能的概率，由于武器系统有 n 个可能状态，可信度用一个 n 阶方阵表示；C 代表武器系统运行或作战的能力，表示在系统处于可用及可信状态下，系统能达到任务目标的概率。一般情况下，C 用一个 $n \times m$ 矩阵表示。在特殊情况下，上述模型可蜕化为 3 个量的乘积。此时 A 表示系统在使用前处于规定战斗准备状态且能可靠投入使用的概率。D 是使用中系统可靠工作的概率。C 是武器系统在使用可靠条件下完成战斗任务的概率。此时 E 实际是考虑到武器系统使用可靠性及使用准备特性的作战效能指标。

8.1.1.3　武器系统的作战效能指标

要由运用武器系统的作战兵力在实际使用环境下执行作战任务的成功程度来评定。一般论证武器系统技术方案或技战术指标，只需考虑单件武器系统执行一次（或在全寿命周期中的多次）作战任务的效能，有时还需要结合武器系统作战使用模式考虑分队规模兵力执行单一兵种作战任务的效能。

8.1.2　非直接火力毁伤武器系统效能指标

在现代高技术战争中，指挥自动化系统、电子战系统等属于非直接火力毁伤武器系统。它们虽然不直接毁伤敌人，但对直接火力毁伤武器系统能力的发挥具有重要作用。这类系统的效能指标不像直接火力毁伤武器系统那样明显。这首先是由于系统目的和功能没有直接联系，其次是由于这类系统的效能不是构成全系统的各子系统效能的简单总和，而是它们有机的综合。以指挥自动化系统为例，它的效能可用以下四类指标从不同层次加以度量：

① 兵力效能指标：又称作战效能指标，是最高层次的指标。它量化一定作战兵力使用指挥自动化系统完成军事任务的程度。一般说来它应包括损耗率和损耗比、交战结果以及这些变量的函数。

② 系统效能指标：又称内部效能指标，度量指挥自动化系统在给定作战环境下完成其功能的程度。这类效能指标一般包括战备程度、工作效率、工作质量、稳定性和隐蔽性等。

③ 性能指标：是系统重要行为属性的量化描述。它与系统的物理或结构参数密切相关。通常一个重要作战性能指标常常是几个量纲参数的函数，如截获和发现概率是重要性能参数，它常常是被探测目标和系统二者若干量纲参数的函数。属于这类性能指标的有发现概率、虚警率、辨识概率和目标分类精度等。

④ 量纲参数：是系统的物理部件（如通信波道、传感器、处理器等）固有的特性。其值直接描述系统行为或结构，且是可测量的性能规格。属于这类性能指标的有信噪比、带宽、频率、分辨率、采样率、孔径尺寸等。

8.2 效能评估概述

8.2.1 效能评估的基本问题

效能评估是指对某事物效能大小的客观衡量、评价或估计。效能评估一般可以分为：定性评估和定量评估。

定性评估是根据事物的性质、特点、过去和现实等状况，用逻辑推理的方法，对事物进行以文字叙述为主要结果的评估；定量评估是根据事物的内在数量关系，通过定量化分析，做出以数量为标志性结果的评估。

效能评估过程通常包括五个主要环节：

（1）确定效能评估的对象和目标

效能评估是一项有目的的活动，因此必须首先明确评估什么事物的效能、为什么要评估该事物的效能。

（2）效能评估的标准体系建立

评估活动需要在一定的规则下进行，所以必须制定相应的评估准则或标准，而这样的准则或标准往往不止一个，所以通常要建立一个效能评估的标准体系。

（3）选择合理的效能评估参数和数量指标

评估标准通常只有定性的内容，而要具体区分出效能的优劣与好坏，还必须有针对性地选择与评估标准相适应的评估参数和数量指标。

（4）计算效能指标的数值

根据效能评估标准和数量指标，在给定条件下，计算出不同事物的效能指标数值，这是分析比较不同事物优劣与好坏的必要工作。

（5）实现效能的多指标综合评估

根据综合效能指标的各项数值计算结果，获得对象系统的总体效能评估结果，最终确定事物综合效能的优劣与好坏，完成全部效能评估工作。

效能评估研究所要解决的问题基本上可分为两大类：

① 直接问题：评估给定备选运筹方案或军事系统（武器系统或军事组织）的效能或作战效能；

② 间接问题或综合问题：找出保证获得规定效能或使效能获得最大改进的运筹方案或条件。

8.2.2 效能指标及其性质

所谓效能指标是用来度量事物、行动或方案效能高低、强弱的参照标准，也称为效能指数。系统效能可以描述系统完成其任务的总体能力，效能指标可以度量系统完成给定任务的有效程度，效能指标具有以下六个性质：

（1）客观性

效能指标是客观事物某种功能的概括和体现，为确保其准确性，效能指标必须客观地反映该事物某方面功能的实际特点和状况。

（2）实用性

效能指标要用于对事物效能进行具体评估，其必须简明扼要，便于实际使用，具有实用价值。否则，就无法达到预期的评估目的。

（3）多样性

军事系统中的事物往往复杂多样，要想有效评估这样的事物，效能指标应该多种多样，而不能只是单一的。

（4）针对性

不同的事物有不同的效能，而不同的效能需要用不同的指标进行评估。所以，效能指标应该有明确的针对性，这样才能保证评估结果准确和可靠。

（5）创新性

军事技术、武器装备、军事问题始终处在不断的变化和更新过程之中，只有不断创新评估指标，才能对更新的军事技术、武器装备以及新出现的军事问题作出准确的评估。

（6）局限性

任何效能指标都是对某种特定效能而言的，对于该效能之外的其他效能，指标在用于评估时就可能完全无效。即便是对某系统的综合效能指标体系，也存在对其他系统的失效问题，效能指标的针对性已决定了它的局限性。

8.2.3 效能指标的系统观

效能评估往往是多项效能指标的同时使用，即便是单个效能指标其评估对象也往往涉及多个要素，更不要说综合效能评估问题了。所以，从普遍意义上讲，效能指标及其评估对象都应该是一个系统，一个非常复杂的系统。既然是系统，那么评估指标体系也就具有系统的各种基本特点。如整体性、关联性、层次性、综合性、反馈性、动态性，等等。

（1）整体性

现代科学技术的飞速发展使武器装备研究的对象和人们对它们的认识角度都发生了巨大的变化。有机的整体取代了被分割的局部。以往认为是独立的部分，现在看来是更大整体的组成部分，同时又是由若干更小部分构成的整体。因此，这就要求人们将复杂的武器装备评估对象问题及有关事物视为一个整体，使效能评估问题在全局意义上得到最终解决。

（2）关联性

关联是指系统内部元素之间及系统与外部环境的联系。按照系统工程的观点，一个系统的内部关联决定着系统的功能与特性，外部关联则决定着系统运动发展的方向。同时，周围环境的变化将直接影响系统功能的发挥。任何复杂问题的出现都有其内部原因和外部原因，所以系统工程方法要求在效能评估问题的研究活动中，既要考虑内在的构成要素，对相互关联关系进行最优调整，又要找出效能评估对象问题、评估准则、评估指标体系与外部环境之间的关联关系，从根本上实现有效的评估运作。

（3）层次性

按照系统工程的观点，任何一个复杂的系统都可以按某种规则将其构成要素划分为若干层次。基于这种观点，系统工程方法要求在解决复杂问题时，进行层次性把握，分清主次，逐一解决。

效能评估体系也不在例外，军事评估的对象、准则和指标体系同样可以划分为主要和次要方面，整个评估问题可以划分为评估目标、评估标准和评估对象等不同层次。所以，深入理解层次性是识别各类问题的关键，是抓住问题本质乃至最终解决问题的基本依据之一。

（4）综合性

任何一个复杂问题实质都是许多具体问题的综合体，其中不仅会有技术问题，还可能有经济、社会等方面的问题，即使是技术问题本身常常涉及许多不同的学科领域。所以，系统工程的综合性原则要求对综合的问题采用综合的解决方法。解决问题时，在观念上、方法上不局限于任何固定范围，不拒绝任何有用的知识，要敢于创新。此外，还须明确一点，即复杂问题的解决常常是许多有关问题解决的综合结果。军事评估问题往往也是一个复杂系统，也具有综合性特点。因此要想解决复杂的大型军事效能评估问题，没有系统的综合性意识是难以想象的。

（5）反馈性

按照关联性，系统本身的变化将对外界环境产生影响，导致其变化，同时，这种变化又会反过来对系统本身产生进一步影响，这个过程便是反馈。通常，对复杂的军事效能问题进行评估是一个反复的过程，需要不断地通过实际效果来判断评估的合理性和准确性，以便使评估体系更加完善、评估结果更加有效。

（6）动态性

世间万物都处在不停的运动变化中，任何系统也在不断运动。要想深入解决任何一个复杂问题不仅需要注意到问题的现时表现状况，还必须分析问题发展变化的可能方向和可能方式，把握住问题的发展变化规律。在研究军事效能评估问题的时候，不仅要考虑现存的问题，还要考虑未来可能出现的问题；不仅要注意国内各种问题的发展变化，还要注意国外各方面的发展趋势；不仅可以采用各种已有评估指标和评估方法，还应该结合问题内容的变化了解、采用最新的评估指标和评估方法。只有这样才能确保获得良好、有效的评估结果。

8.3　军事效能指标体系的建立

8.3.1　效能指标的选择

效能指标作为军事效能评估体系的重要内容，其质量的好坏，其描述问题的准确性，直接影响着评估结果的可信程度和可用程度，对军事效能评估工作的成败具有决定意义。可以想象，选用了不恰当的效能指标必然得出错误的评估结论。提出一个或一套好的效能指标不是一件容易的事情。美国的莱博维茨指出，效能指标"类似于一种道德原则，单凭推理是不能确定某种道德原则是否正确的。我们必须进行价值判断，必须凭'感觉'行事"。因此，选择恰当的效能指标往往需要专业人员与决策者共同协商，反复推敲。

一般来说，恰当的效能指标应该符合以下要求：

（1）针对性

针对军事效能评估的特定对象问题采用特定、适合的效能指标。

（2）有效性

效能指标要能够对效能评估对象的细微差异做出有效、准确的区分和反映，使评估结果真实反映评估对象的实际状况。

（3）实用性

对于同一效能对象可以有不同的评估指标。在对问题具有同样的评估效果时，只有简洁清晰、容易使用、便于计算的指标才应作为首选。这样，效能指标才有可能最大限度地被接受，真正发挥作用。

8.3.2 效能指标的类型

根据实际运用及具体特点的状况，效能指标主要有以下几种分类方式：

（1）单项指标与综合指标

单项指标是指描述某一方面效能问题或某一评估因素的指标；综合指标是指描述某个系统整体效能的指标体系。

（2）静态指标与动态指标

静态指标也称为状态指标，是指以静止方式描述效能状态的指标；动态指标也称为过程指标，是指以变化方式描述效能运行过程的指标。

（3）定性指标与定量指标

定性指标是以文字说明为主的效能指标，其对问题的描述容易做到全面、深刻、微妙，但不易把握；定量指标是以数量结果为主的效能指标，其对问题的描述比较直观、明确，易于把握。

（4）数据指标与模型指标

数据指标是指用数据方式描述效能的指标；模型指标是指用模型形式描述效能的指标。

8.3.3 效能指标的创建过程

完善的效能评估通常要有一个指标体系，该指标体系的建立需要有一个过程。而对于包含新内容的军事效能评估问题，指标体系的建立则是一个创新过程。如果将这样的过程统称为效能指标的创建过程，那么这个过程便由若干不同的阶段构成。通常，一个全面、完善的效能指标体系创建过程应该包括以下几个主要阶段：

（1）明确评估对象

要想建立起一个有针对性有实效性的军事效能评估体系，必须首先明确效能评估的对象问题，必须明确效能评估的真正目的。因为，不同的效能指标对于不同的问题具有不同的作用和效果。所以，在效能评估指标体系创建之初，必须明确所要评估的对象及其相关问题。

（2）相关特征分析

任何事物都不是孤立存在的，都有与之相关的事物。军事效能评估指标体系的创建也不例外。为了建立有效的军事效能评估指标体系，就必须在明确效能评估对象的基础上，深入分析、深刻把握、全面概括相关的关键特征，以及制约和影响这些特征的主要因素。

（3）关键特征描述

经过分析研究，确定了效能评估对象的关键特征和制约、影响这些特征的主要因素之后，需要用适当方式或方法准确、细致地描述这些特征及相关因素，刻画出它们的基本状况。只有这样才能够确保评估结果的可信与可靠。关键特征的描述往往因对象不同而不同。可以是定性描述，也可以是定量描述。通常，军事效能评估结果具有数量形式。所以，这里所说的关键特征描述应以定量描述为主。

（4）标准体系确定

完成了效能关键特征的描述之后，就需要考虑采用哪些标准（或准则）才能精确、有效地反映这些关键特征的强弱和优劣程度。通常，一个关键特征至少要有一个评估标准（或准则），而这些标准具有极强的针对性。所有评估标准（或准则）便构成一个评估标准体系。该标准体系只对所讨论的评估对象问题真正有效。

（5）指标体系设计

将评估标准用定量的方式表示出来，就成为评估指标。对于一个军事效能评估标准体系可以有许多不同体系结构和表示形式的指标体系，具有简洁、有效、易用，结构和表示形式俱佳的指标体系是人们所追求的。但由于客观现实的复杂性，这样的指标体系往往很难找到，有时，甚至不可能找到。但无论如何，都应该尽全力去找。如果不存在可供使用的效能评估指标和指标体系，就需要自行创造和设计。事实上，军事效能评估标准体系在多数情况下是要自行创造和设计的。

（6）指标实证分析

一个军事效能评估指标体系创建之后，在其投入具体使用之前，还必须借助实际数据进行分析和仿真实验，对指标体系的客观性、准确性、有效性等方面加以验证。如果存在不足，则必须及时改进。否则，一个不完善的军事效能评估指标体系如果投入使用，就可能造成难以预知的后果，甚至可能影响整个军事作战的成败。

8.4　军事系统效能指标模型

这里讨论的对象是主要武器装备系统的效能指标模型。对于军事技术系统、军事人员系统等其他军事作战领域的相关系统，也可以从某种角度进行相似的分析与研究。

8.4.1　军事系统效能指标体系

军事系统（武器、装备等各种军事实用系统）的正常运作通常包括可靠性、有效性和实效性三个基本指标：

（1）可靠性

可靠性是指系统在规定条件下和规定时间内，具备某种或某些规定功能的状况，如枪炮等武器系统在规定条件下和规定时间内能否完成规定的射击要求。这里所说的"规定"是指在特定范围内，而范围以外的情况便不在考虑之列。

可靠性是系统的内在特性。这种特性是在设计时按要求确定的。同一事物的可靠性，可以进行高低比较，但不会因评估方法的不同而有所改变。其特征量有可靠度、平均寿命、失效率、可靠寿命等。对系统可靠性而言，最基本的指标是系统运用期间在给定条件下不出现故障而良好工作的概率。可靠性是系统效能的重要属性，反映出因物理故障而引起的系统性能退化的频度。物理故障一般有突然故障和渐变故障两类。

武器系统可靠性评估可分为三个阶段。第一阶段在研制初期，对给定的设计方案分析预测其可靠性，若预测的可靠性小于设计要求，则认为该设计方案不可取；若预测的可靠性大于设计要求，则可以采纳此设计；若预测与要求差别不大，则在采用此设计方案时，应注意加强可靠性保障的各项措施。第二阶段在设计过程中，通过可靠性评估来检验可靠性设计或元部件可靠性分布是否恰当。第三阶段是在武器系统使用，通过评估系统可靠性，进而评估相应武器装备的系统效能和作战效能。

（2）有效性

有效性有时又称为可用性，是指系统在规定条件下和规定时间内，实现某种或某些规定功能的状况，以及系统若出现故障在规定时间内修复的状况。如枪炮等武器系统在规定条件下和规定时间内能否完成规定的射击要求，且若出现故障能否及时排除故障。有效性是关于系统可用能力的一般概念，它综合地反映了系统可靠性和维修性所达到的效果，是在任意时刻使用系统时，该系统在该时刻所具有的可用能力。

（3）实效性

实效性又称为成功率或系统能力。系统在规定条件下和规定时间内，达到某种或某些规定目标要求的能力。如枪炮等武器系统在规定条件下和规定时间内能否击中目标。

8.4.2 效能指标的度量模式

军事系统效能指标体系有三个基本指标，它们均有属于自己的度量模式：

（1）可靠性的度量模式

从物理可测和便于分析研究的角度出发，度量系统可靠性的定量化指标是可靠度。可靠度是指在规定条件下和规定时间内，具备某种或某些规定功能的概率。它用区间 [0，1] 中的数表示。其中，0 表示完全不具备规定功能，1 表示任何时候都具备规定功能。可靠度 $R(T)$ 的一般表达式为：

$$R(T) = P(t > T) = \int_T^\infty f(t)\,\mathrm{d}t = 1 - p(t \leqslant T) \tag{8.7}$$

式中：T——部件或系统功能保持的持续时间；

$f(t)$——部件或系统故障时间的分布密度。

上式意味着部件或系统至少在时间 [0，T] 内不出现故障的概率。

（2）有效性的度量模式

度量有效性的定量化方法是采用有效度。有效度是指在规定时间内，能够实现某种或某些规定功能及出现故障时能够修复的概率。有效度是衡量有效性的一个特征量。它同样是用区间 [0，1] 中的数表示。其中，0 表示完全不能实现规定功能，1 表示完全能够实现规定功能。一个元器件或系统的有效度 A 可以用平均故障间隔（无故障）工作时间（$MTBF$）和平均维修时间（$MTTR$）来表示和计算：

$$A = \frac{MTBF}{MTBF + MTTR} \tag{8.8}$$

如果无故障工作时间和维修时间分别服从参数为 λ 和 μ 的指数分布，那么，平均故障间隔（无故障）工作时间（$MTBF$）和平均维修时间（$MTTR$）分别可以表示为：

$$MTBF = \int_0^\infty t\lambda \mathrm{e}^{-\lambda t}\mathrm{d}t = \frac{1}{\lambda} \tag{8.9}$$

$$MTTR = \int_0^\infty t\mu \mathrm{e}^{-\mu t}\mathrm{d}t = \frac{1}{\mu} \tag{8.9a}$$

这样，元器件系统在一个时间周期里（从无故障工作开始，到出现故障，再到系统修复）的有效度便可近似地由下式计算：

$$A_T = \frac{\mu}{\lambda + \mu} \tag{8.10}$$

（3）实效性的度量模式

实效性的度量方法是采用实效度或成功率。若记 G 为系统的正常工作次数，S 为总的有效成功次数，则系统的实效度或成功率 E 近似为：

$$E \approx \frac{S}{G} \tag{8.11}$$

成功率可以包括：命中率、毁伤率等。

① 命中率：命中率是衡量在给定的射击条件下战斗部击中目标或达到目标可杀伤区可能性大小的量度。它反映武器系统的射击精确度。射击精确度取决于战斗部炸点或弹着点相对目标中心的偏差。这个偏差是随机变量，一般认为它服从正态分布规律。因此，命中率的数量化指标是命中概率。

② 毁伤率：毁伤率是武器系统在作用于目标的条件下，对目标的条件毁伤概率，它取决于目标易损性和武器的战斗威力。根据战斗部对目标的毁伤机制，毁伤率可分为两大类：当战斗部必须直接命中目标才能予以毁伤时，毁伤率是命中目标战斗部数量的函数，这时的毁伤率称为命中毁伤率；当战斗部达到目标附近（目标可毁伤区）也能毁伤目标时，毁伤率是战斗部炸点坐标的函数，这时的毁伤率称为坐标毁伤率。

（4）系统效能的度量模式

由于在讨论系统效能的度量模式时，需要用到概率论的有关知识。这里首先介绍概率论的有关概念和结论。

① 随机事件的概念与概率

如果某项活动有不止一个的可能结果，那么每一个可能结果称为一个随机事件，简称事件。比如掷硬币，可能出现正面或反面朝上两种可能的结果，那么这两个可能结果就分别是两个事件。一个事件不发生的事件即为该事件的逆事件。因为掷硬币只有两个可能结果，所以，正面朝上和反面朝上互为逆事件。

事件的概率是该事件发生可能性大小的度量，用 P 表示。比如，一般情况下掷硬币时，正面与反面朝上的可能性相同，各为 $1/2$。若将正面朝上的事件记为 A，反面朝上的事件记为 $\overline{A}$。则，$P(A)P(\overline{A}) = \frac{1}{2}$，且 $P(A) + P(\overline{A}) = 1$，即 $P(A) = 1 - P(\overline{A})$。事件 $\overline{A}$ 表示事件 A 的逆事件。

② 事件的运算

若 A、B、C 分别表示三个事件，那么 $A \cap B \cap C$ 表示 A、B、C 三个事件的交集，是指三个事件同时发生的事件，简记为 ABC。$A \cup B \cup C$ 表示 A、B、C 的并集，是指三个事件中至少有一个发生的事件。

③ 关于事件概率的两个结论

若 A、B、C 分别表示三个事件，如果 $P(A \cap B) = P(A)P(B)$，则称事件 A 与 B 相互独立。

a. $P(A \cup B \cup C) = P(A) + P(B) + P(C) - P(A \cap B) - P(B \cap C) - P(A \cap C) + P(A \cap B \cap C)$ \hfill (8.12)

b. $P(A \cup B \cup C) = 1 - P(\overline{ABC})$ \hfill (8.13)

可以证明：当 A、B、C 相互独立时，$\bar{A}$、$\bar{B}$、$\bar{C}$ 也相互独立；当 A、B、C 相互独立时，有：

$$P(A\cup B\cup C)=1-P(\bar{A})P(\bar{B})P(\bar{C})=1-(1-P(A))(1-P(B))(1-P(C)) \quad (8.14)$$

式中：$\bar{A}$ 是 A 的逆事件，$\bar{B}$ 是 B 的逆事件，$\bar{C}$ 是 C 的逆事件。

④ 条件概率

在概率论中，$P(B|A)$ 是指在事件 A 发生的条件下，事件 B 发生的条件概率。当 $P(A)>0$ 时，它可以表示为：

$$P(B|A)=\frac{P(AB)}{P(A)} \quad (8.15)$$

当 $P(A)=0$ 时，规定：$P(B|A)=0$。

当 $P(A)>0,P(B)>0$ 时，$P(A|B)=P(B)P(A|B)=P(A)P(B|A)$。

（5）系统效能的度量

如果分别用 P_1、P_2 和 P_3 表示系统的可靠度、有效度和成功率，那么 P_1、P_2 和 P_3 都是区间 $[0,1]$ 中的数，$0\leqslant P_1,P_2,P_3\leqslant 1$。$P_1$、$P_2$ 和 P_3 是概率，因而可以用概率的方式处理它们。当它们等于 0 时，表示不可能事件。而当它们等于 1 时，表示必然事件。

若用 A、B 和 C 分别表示系统的可靠、有效和成功这三个事件，取有 $P_1=P(A)$，$P_2=P(B)$ 和 $P_3=P(C)$。于是，系统效能指标便可以用 A、B、C 三个事件同时发生的概率来表示，即 $P(ABC)$，有：

$$P(ABC)=P(A)P(BC|A)=P(A)P(B|A)P(C|AB) \quad (8.16)$$

8.5 军事系统效能的结构化评估方法

8.5.1 系统可靠性评估方法

1. 元器件可靠性评估

元器件可靠度可以表示为：

$$R(T)=P(t>T)=\int_T^\infty f(t)\,dt \quad (8.17)$$

在实际操作中，实现这个计算式存在一定的困难，这时可以采用以下近似式进行评估：

$$R(T)\approx\frac{s(T)}{m} \quad (8.18)$$

式中：$s(T)$——元器件功能正常持续时间不少于 T 的观察次数；

m——总的观察次数。

例如，若 A 为某武器装备中的部件，其故障率 $A=0.01$ 次/h。A 部件在时间间隔$[0,t]$中发生故障的事件 ξ 服从概率分布密度：

$$f_T=\begin{cases}\lambda e^{-\lambda t}, & t\geqslant 0\\ 0, & t<0\end{cases} \quad (8.19)$$

那么，A 在 50 h 中出现故障的概率为 $\int_0^{50}0.01e^{-0.01t}\,dt\approx 0.394$，而该部件的可靠性为

$1 - 0.394 = 0.606$。

　　2. 系统可靠性评估

　　一般的复杂系统通常是由多个元器件或多个子系统组成，从基本结构上讲，这种组成方式可以分为串联和并联两种。

　　（1）串联系统的可靠性评估

　　① 若某系统由子系统 1，…，子系统 N 按下列方式组成，则称之为串联系统，如图 8 - 1 所示。

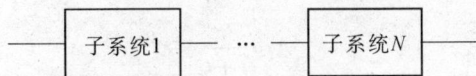

图 8 - 1　串联系统

　　② 若子系统 1，…，子系统 N 的可靠度分别为 $R_1(T)$，…，$R_N(T)$，且各个子系统相互独立，则串联系统的可靠度为：

$$R(T) = R_1(T) \cdots R_N(T)$$

　　串联系统的可靠度直接由各个部件的可靠度相乘而得。所以，串联系统的可靠性极易受到某个子系统可靠性降低的影响。

　　（2）并联系统的可靠性评估

　　① 若某系统由子系统 1，…，子系统 N 按下列方式组成，则称之为并联系统，如图 8 - 2 所示。

　　② 若子系统 1，…，子系统 N 的可靠度分别为 $R_1(T)$，…，$R_N(T)$，且各个子系统相互独立，则并联系统的可靠度为：

$$R(T) = 1 - [1 - R_1(T)] \cdots [1 - R_N(T)] \qquad (8.20)$$

　　可见并联系统的可靠性不易受到某个子系统可靠性降低的影响。

图 8 - 2　并联系统

8.5.2　系统有效性评估方法

　　（1）串联系统有效性评估

　　对于串联系统，若其子系统 1，…，子系统 N 的有效度分别为 A_1，…，A_N，且各个子系统相互独立，则系统的有效度为：

$$A = A_1 \cdots A_N \qquad (8.21)$$

　　（2）并联系统有效性评估

　　对于并联系统，若其子系统 1，…，子系统 N 的有效度分别为 A_1，…，A_N，且各个子系统相互独立，则系统的有效度为：

$$A = 1 - (1 - A_1) \cdots (1 - A_N) \qquad (8.22)$$

　　（3）系统整体有效性评估

　　如果系统在某时段中发生 N 次故障，每次无故障时间（故障间的时间间隔）分别为 T_1，…，T_{N+1}，那么系统的平均无故障时间为：

$$\overline{T} = \frac{T_1 + \cdots + T_{N+1}}{N+1} \qquad (8.23)$$

又若每次故障的修复时间分别为 P_1，$\cdots$，P_N，那么系统的平均修复时间为：

$$\overline{P} = \frac{P_1 + \cdots + P_N}{N} \qquad (8.24)$$

严格地讲，故障的修复时间是从故障发生到故障排除的时间。于是，系统的整体有效度 A 可以表示为：

$$A = \frac{\overline{T}}{\overline{T} + \overline{P}} \qquad (8.25)$$

相应的近似评估式为：

$$A \approx \frac{t}{t + t_r} \qquad (8.26)$$

式中：t——系统总的有效工作时间；

t_r——系统总的维修时间。

（4）系统实效性评估方法

对于串联、并联系统的实效性评估可以参照上述有关可靠性和有效性的评估方法，这里不再叙述。在实践中，实效性评估常常还会涉及以下几种情况：

① 系统重复作业的实效性评估

若系统每次作业的实效度（成功率）均为 e，那么重复 N 次作业的实效度 E 为：

$$E = 1 - (1 - e)^N$$

② 系统综合作业的实效性评估

若系统某项综合作业包括 N 个分作业：作业 1，$\cdots$，作业 N，而这 N 个分作业的实效度分别为 E_1，$\cdots$，E_N，且各个分作业相互独立，那么系统综合作业的实效度为：

$$E = E_1 \cdots E_N$$

③ 多种作业方式的实效性评估

如果某系统可以通过方式 1，$\cdots$，方式 N 完成同一项作业，这 N 种方式完成该作业的实效度分别为 E_1，$\cdots$，E_N，各种方式相互独立，那么，系统完成该作业的实效度为：

$$E = 1 - (1 - E_1) \cdots (1 - E_N)$$

8.6　军事效能评估的统计方法

效能评估方法多种多样，除了上述的结构化方法之外，统计方法也是一种常用的方法。统计方法包括参数估计法和回归分析法。参数估计通过直接观测数据并对观测数据进行某种数学计算求得效能指标的估计值；回归分析通过事物之间的某种因果联系，提炼出相应的数学关系式来估计效能指标。

8.6.1　参数估计法

参数估计法是通过对观察对象的某些表象进行直接观测，将观测得到的数据按照概率统计的方法进行分析处理，从而达到了解该对象某些内在特征的目的。由于观察对象的某些内在特征事先难以确知，具有不确定性，数学上常用随机变量来表示这样的观察对象，这时的随机变量称为总体；而观测得到的数据称为该总体的样本，观测数据的数量称为容量。所采用的概率统计方法是计算均值、方差等样本特征数，样本特征数也常常称为统计量。从概率统计意义上讲，最佳的参数估计应是无偏、有效和一致的。无偏性是指统计量的数学期望等于估计对象参数；有效性是指统计量为无偏且与被估计参数的方差达到最小；一致性是指统计量随样本数量增大依概率收敛于被估参数。

参数估计有点估计和区间估计两种方法。点估计是用观测值的统计量（如样本的均值，方差）作为未知参数的统计估值。根据切比雪夫定理，当不断增加观测数时，观测数据的算术平均值将依概率收敛于它的数学期望。实际中，观测次数总是有限的，有时可能很少。因此，参数估计存在一定的误差，但这种误差可以在一定程度上得到控制。

（1）点估计

若设 x_1，x_2，$\cdots$，x_N 为某观测对象的 N 个观察样本，则样本的均值和方差分别是：

$$\bar{x} = \frac{1}{N} \sum_{i=1}^{N} x_i \tag{8.27}$$

$$s^2 = \frac{1}{N-1} \sum_{i=1}^{N} (x_i - \bar{x})^2 \tag{8.28}$$

它们可以作为总体的数学期望和方差的估计值。

（2）点估计的示例

如果以往有 10 次采用某种军事攻击方法（如发射导弹、出动特种部队、飞机轰炸等）对敌方进行攻击，其中有 6 次获得成功。用 N 表示攻击次数，x 表示第 i 次攻击，则 $N = 10$；$X_i = 1$ 表示攻击成功，$X_i = 0$ 表示攻击失败，$i = 1$，$\cdots$，10。那么该种攻击方法的实效度可估计为：

$$\bar{X} = \frac{1}{10} \sum_{i=1}^{N} x_i = 0.6 \tag{8.29}$$

（3）区间估计

区间估计仍然是借助统计量估计未知参数，与点估计不同的是，它指出未知参数处于某个区间的概率。在概率统计中，区间估计方法主要是用于分析、评定统计量的精确程度和可信程度。它用两个统计量构成的区间来估计未知参数（总体的某个特征）。若未知参数 θ 的估计值为 $\bar{\theta}$，则定义 $\bar{\theta}$ 相对于其真值偏差的绝对值不大于 ε（任意给定的 $\varepsilon > 0$）的概率为置信概率（或置信度），即：

$$P\{|\bar{\theta} - \theta| \leq \varepsilon\} = 1 - \alpha \tag{8.30}$$

式中，$1 - \alpha$ 为置信概率；$0 < \alpha < 1$，α 称为显著性检验水平；区间 $[\bar{\theta} - \varepsilon, \bar{\theta} + \varepsilon]$ 称为参数的置信度为 $1 - \alpha$ 的置信区间，它给出了参数的区间估计。置信区间或估计误差 ε 反映了统计估值的精度，置信概率 $1 - \alpha$ 反映了这种估计的可信程度。通常，置信度越高，对应的置信区间就会越大。

8.6.2　一元线性回归分析法

回归分析是研究一个或多个随机变量与另一些变量的关系时经常采用的数据处理方法。它是以最小二乘法为基础的实用统计分析方法。其基本原理是：根据两组相关的数据，采用统计分析的手段，建立这两组数据之间的内在关系，即相互之间的因果关系。

因果关系在现实中是广泛存在的。比如国防现代化的实现速度和程度取决于军人素质、军事技术、武器装备等方面的现代化进程，而军人素质、军事技术、武器装备的情况又依赖于部队思想教育、观念培养、战役战术训练、武器装备的研制与使用，以及国家整体经济与科技实力等因素。回归分析法便是解决这类问题的常用方法之一。回归分析的一般步骤，一是根据观测数据选定适当的回归函数；二是估计回归函数中的未知参数；三是检验有关未知参数的假设；四是估计随机误差的影响。

回归分析包括线性回归分析和非线性回归分析，两者解决的问题属于不同类型。前者主要解决具有恒定变化趋势的问题，后者则侧重于解决变化趋势有较大起伏的问题。这里主要介绍线性回归方法。

一元线性回归方法中假设有两组观察数据 y_1，y_2，…，y_n 和 x_1，x_2，…，x_n，它们是关系式 $y = a + bx$ 的采样值。这里的 x 可视为原因，y 可视为结果。现在要做的工作是如何根据上述两组数据确定关系式 $y = a + bx$ 中系数 a 和 b 的值。按照最小二乘法的原理，a 和 b 应该使

$$\sum_{i=1}^{n} \left[y_i - (a + bx_i) \right]^2 = \min \tag{8.31}$$

根据概率统计知识可知，当：

$$b = \frac{n\sum_{i=1}^{n} x_i y_i - (\sum_{i=1}^{n} x_i)(\sum_{i=1}^{n} y_i)}{n\sum_{i=1}^{n} x_i^2 - (\sum_{i=1}^{n} x_i)^2}, a = \frac{1}{n}\sum_{i=1}^{n} y_i - \frac{b}{n}\sum_{i=1}^{n} x_i \tag{8.32}$$

则上面的要求可以得到最大限度的满足。按照概率统计知识还可知道，所得到的估计式与原问题的误差为：

$$\bar{e} = \frac{n\sqrt{\dfrac{\sum_{i=1}^{n} (y_i - \bar{y})^2}{n-2}}}{\sum_{i=1}^{n} y_i} \tag{8.33}$$

8.7 武器装备系统作战效能评估方法

高技术条件下的局部战争是武器装备体系与体系的对抗，武器装备体系和武器装备系统的效能如何、如何进行评估一直是军事运筹学领域的重要研究内容之一，虽然其方法理论体系在经过多年的发展后正逐步走向成熟，但是如何站在方法论的高度审视武器装备系统效能评估的深刻内涵和本质特征，进而对当前武器装备体系效能评估中存在的一些难点问题提供方法论上的指导，是一项重要而有现实意义的工作。

8.7.1 武器装备体系效能评估

武器装备体系是指在一定的战略指导、作战指挥和保障条件下，为完成一定的作战任务，由功能上互相联系、相互作用的各种武器装备系统组成的更高层次的大系统。确定一个由多种装备构成的武器装备大系统是否可称得上是武器装备体系，关键在于这一大系统是否有统一指挥控制和综合保障，而不仅仅考虑组成武器装备大系统中的武器装备的种类和数量。

武器装备体系研究的内容比较宽泛，包括作战需求分析、制约因素分析、武器装备效能评估分析、装备体系结构优化分析、对策和措施分析等。武器装备体系效能是指在体系对抗条件下，完成规定作战任务的有效程度，表现为一组数量指标。

武器装备体系效能评估是武器装备体系研究的重要组成部分之一，是武器装备体系结构优化分析的基础。

8.7.2　武器装备系统作战效能评估

武器装备系统是指交战一方作战系统将破坏性能量、物质、信息直接或间接作用于敌对一方作战系统，以期对敌方作战系统的结构、功能造成某种直接或间接破坏作用的物质工具和载体；单个武器装备系统和操作该武器装备系统的人共同构成作战对抗体系中具有一定独立战斗功能的基本单元。而分析和量度单个或多个这样的单元通过有机结合而构成的作战实体在特定作战任务环境中完成指定任务能力的过程，称之为作战效能评估活动。

由此可见，武器装备系统作战效能评估在本质上属于系统分析的范畴，效能评估的过程也就是对武器系统与友邻作战实体、敌对作战实体及作战环境之间相互作用进行量化分析的过程。

8.7.3　武器装备系统作战效能评估的适用范围

通过大量效能评估实际问题的深入分析，可以看出，绝大多数的武器装备系统作战效能评估问题基本都可以归结为以下五个方面：

① 武器装备系统自身在特定作战任务环境中遂行指定任务的能力或完成任务的程度；

② 武器装备系统在特定作战任务环境中对属于更高一级作战系统所做贡献的程度；

③ 比较具有不同战术、技术性能参数的同类武器装备系统，或具备相似作战功能的不同类武器装备系统在同一作战任务环境中的效能表现；

④ 单个或多个同类或不同类的武器装备系统在同一作战任务环境中采取不同战术组合，或作不同作战使用时对作战效果产生的影响；

⑤ 武器装备系统的单项或多项战术技术性能、武器装备系统总体设计结构对其整体作战效能的影响。

8.7.3.1　评估方法的多样性与普遍性

战争巨系统结构的复杂性、功能的多样性客观决定了武器装备系统的多样性。如：按武器装备系统的活动空间，可将其分为陆战武器系统、海战武器系统、空战武器系统和战略导弹武器系统等；按作战功能，又可分为反潜作战武器系统、对海攻击武器系统、对地攻击武器系统及对空防御武器系统等。可以看出，武器装备系统的多样性包括了两层含义：一是评估对象的多样性必然导致评估方法的多样性。效能分析的方法理论体系虽然经过数十年的发展，但至今仍不存在一种能够适用于任何武器装备系统作战效能评估的方法；二是评估对象的多样性背后必然隐藏着普遍性。如果我们只强调武器装备系统的特殊性而否认其共性，那么效能评估就完全变成了毫无规律可循的。所以我们应该灵活运用效能评估的基本方法和理论，针对具体问题选择针对性解法，只有这样，才能较为准确地对武器装备系统的作战效能作出评估。

8.7.3.2 评估活动的时变性和局限性

武器装备系统从产生到消亡，需要经过论证、方案、研制、试验、列装到退役等多个阶段，也就是我们经常所说的装备全寿命周期。对任何武器装备系统进行的效能评估活动总是针对一个特定的阶段进行的，这种时变性特点对效能评估的影响主要表现在三个方面：一是评估对象在其寿命周期内所处的时间段在很大程度上决定了效能评估的目的；二是武器装备系统的年龄直接决定了效能评估人员可能获得的关于评估对象的数据量，进而对评估方法的选择产生影响；三是武器装备系统的时变性使得效能评估的价值随时间变化而变化。时变性特点使我们应高度重视效能评估的军事需求分析，真正把握用户意图。

由于人们无法预测未来的战争和重复过去的战争，所以对武器装备系统作战效能的评估总是特定的，是在人为的作战想定环境下进行的，所以具有其不可避免的局限性，作战效能评估的局限性主要包括两个方面：一是武器装备系统的作战效能随任务环境的改变而改变。如果把武器装备系统的作战效能近似看作宏观环境变量（如评估层次、武器寿命等因素）、任务（想定）环境变量以及评估对象战术、技术性能变量三者的函数，那么效能函数对任务环境变量的偏导数在多数情况下是不连续的。二是即使是对某一具体任务环境的近似模拟或描述，以实战观点看来也是相当粗略的。所以效能评估同时又是具有诸多局限性的。充分认识效能评估的诸多局限性无疑对评估人员具有极为重要的意义。

8.7.4 武器装备系统作战效能评估的方式

武器装备系统的作战效能评估方式从广义上讲可以分为直接评估方式和间接评估方式。

① 直接评估方式：就是指将给定的武器装备系统的战术、技术性能参数或文字描述，通过数字解析方法直接求解或通过计算机仿真实验方法直接跟踪统计武器装备系统自身的作战效能表现，从而达到效能评估的目的。直接评估方式一般是在独立任务环境下评估武器装备系统作战效能时使用。在这里的独立任务环境是指被评估的武器装备系统是己方作战系统中唯一或主要的作战实体。

直接评估方式在数学上可作如下描述：

$$\left.\begin{array}{l} R_r = F_r\ (E_r,\ L_r) \\ R_b = F_b\ (E_b,\ L_b) \end{array}\right\} \Rightarrow E_w = F_e\ (R_r,\ R_b) \tag{8.34}$$

式中：E_r, E_b ——红、蓝双方作战收益；

L_r, L_b ——红、蓝双方作战损耗；

R_r, R_b ——红蓝双方作战效果，以上参数均与武器装备系统战技性能有关；

F_r, F_b ——红蓝双方评估效果函数；

F_e ——武器装备系统作战效能评判函数；

E_w ——被评估武器装备系统的作战效能。

② 间接评估方式：是指将评估对象置于更高一层的作战系统中，以反映武器装备系统自身属性的性能参数或参战武器的数量作为变量，通过观察分析武器装备系统所属作战系统及对立一方作战系统二者整体状态改变量与变量变化量之间的关系，来评价该武器装备系统对所属高层作战系统做出的贡献。在数学上可作如下描述：

$$S_c = F_c\ (A_w,\ N_w,\ U_r,\ U_b,\ V_e) \tag{8.35}$$

$$E_w = \frac{\partial F_c}{\partial N_w} \tag{8.36}$$

$$E_a = \frac{\partial F_c}{\partial A_w}$$

(8.37)

式中：S_c——红、蓝双方作战系统交战结果；

　　　A_w——被评估武器装备系统的战技性能参数；

　　　N_w——被评估武器装备系统的参战数量；

　　　U_r——红方作战系统中参战单元变量；

　　　U_b——蓝方作战系统中参战单元变量；

　　　V_e——红、蓝双方交战环境变量；

　　　E_w——被评估武器装备系统作战变量；

　　　E_a——被评估武器装备系统战技性能对已方作战系统所做贡献。

第9章 信息化战争效能评估

信息在战争中起到了越来越重要的作用，本章将结合作战行动描述讨论传统的作战效能评估方法是如何向信息化战争的作战效能评估方法进行转变的。另外，还将重点研究其评估标准。这样就能用一种量化的评估方法来客观地描述作战行动，选择合理的作战方案。影响信息化战争作战行动的两个主要因素为快速机动和全方位防御。

信息的两个重要属性：价值和质量。如果信息能够增加指挥员对战场态势的了解，那么这个信息就是有价值的，而"知识"就是"有用的"信息。信息的质量依赖于它的准确性、合时性和完全性。但是，有用的信息——"知识"并不都是具有高质量。相反，高质量的信息可能很少，甚至对你所要从事的工作没有价值。即，它可能是侦察部队的无关信息，甚至可能降低知识性。

在收集信息时，指挥员会寻找有价值的信息。但是，指挥员很少具有准确评估他接收到的信息的质量的能力，因此，他必须判断哪部分信息是不准确的。例如：红方指挥员得到的有价值信息是蓝方军队的位置，假设他"知道"30%的蓝方部队的位置，但对位置的质量不是很清楚。而蓝方使用欺骗、伪装技术使得红方指挥员得到的蓝方位置中只有一半是正确的。对于指挥员会作出什么决定，有两种可能。如果他认为被蓝方欺骗了，他就会选择等待，并去获得更可靠（高质量）的信息；如果他认为没用被蓝方欺骗，就可能采取行动。这样，就不会得到预期的结果。

这里提出一个信息分类法。假设 K 是指挥员得到知识的量度，在某些情况下，它可以是一个简单的常数。在上述例子中，如果蓝方由 N 个作战单位组成，那么 $K = 0.3N$。也就是说，指挥员知道蓝方 $0.3N$ 个单位的位置。对红蓝双方来说，K 由两部分组成：高质量的知识（K_c），低质量或无用的知识（K_i）。则 $K = K_c + K_i$。在此例中，$K_c = K_i = 0.15N$。通常 K 是多维的，由多个信息元素组成，例如蓝方位置、部队识别能力等等。

在一个作战区域内，知识像机动性和火力打击的有效运用一样，获得知识是一场竞争。一旦部队到达作战区域，就希望能够配置成进攻或防守状态。蓝方企图达到他们的目标，同时，阻止红方完成作战任务。因此，我们利用相对知识来进行相对度量。相关的定义如下：

定义一，**控制**：当部队在一个区域内能够按照意愿采取军事行动，则该部队控制了该区域。这并不表明该区域已经不存在敌方武装力量，仅仅表明该部队具有在指定时间、区域内完成军事任务的能力。

定义二，**部队控制半径**：设主战部队和支援部队武器系统火力打击的最大有效射程为 R_W，主战部队和支援部队情报侦察系统的最大有效工作半径为 R_S，部队被分配的行动区域半径为 R_C，则部队控制半径 R 是上面数值中的最小值，即：

$$R = \min \{R_W, R_S, R_C\}$$

定义三，**知识**：是部队指挥员对部队控制半径内红蓝双方军队部署情况的认识程度，即态势感知，通常用 K_{xi} 和 K_{yj} 分别表示红方第 i 个部队和蓝方第 j 个部队的知识。

态势感知包括评估敌方态势和企图，表示指挥员对战场的了解程度。

9.1 快速机动效能评估方法

快速机动效能评估方法评估的内容包括：输送力、作战行动范围、推进力和作战空间控制。输送力用来描述在指定的单位时间内人员、装备被运送到目的地的能力。作战行动范围指部队在完成上级下达作战任务的前提下能够到达的行动区域，由时间和距离进行描述。推进力指部队边克服敌人的抵抗边前进的能力，它是 20 世纪以来地面战争的效能评估方法，在信息化战争中仍然是一个有用的评估方法。作战空间控制用来描述部队获得信息并控制作战区域的能力，随着态势感知的不断增加，作战部队能够控制的区域也在不断加大，部队间的区域控制不用彼此保持物理上的接触就可以完成。作战空间控制是一种新的信息化时代的效能评估方法，将来它有可能代替推进能力这一指标。

传统的评估方法适用于传统的作战理论研究，信息化战争就需要使用信息时代的效能评估方法来研究，并且定义现代作战行动新的评估标准，如表 9 – 1。信息化战争快速机动的评估方法将从蓝方企图阻滞路线、蓝方沿路阻滞、战斗力、部队控制半径及推进速度等方面进行分析。

表 9 – 1 快速机动评估

效能评估方法	指 标	信息效能
输送力	单位时间的运动细节	蓝方试图阻滞路线的知识
作战行动范围	单位时间的公里数	前进路线上敌军阻滞的知识
推进力	公里数	战斗能力的知识
作战空间控制	公里数	部队控制的半径尺寸和部队的速度

（1）蓝方企图阻滞路线

单位时间内将人员、装备运往指定地点的数量和以下三个因素有关：使用车辆的型号和数量，车辆速度及行驶路程。很明显，后两个因素是相关的。当速度一定时，行驶距离就成为了关键的因素。如果距离最短的路线已经被蓝方阻滞，那么通过该路线不仅浪费时间，并且可能根本无法到达目的地。因此蓝方阻滞路线的知识对部署能力有显著的影响。正确的方法是利用这些知识选择最安全的路线来保证输送中损失最小或者使用护送部队来清除蓝方阻滞。

（2）蓝方沿路阻滞

蓝方的阻滞将会导致红方输送时间增加，有时还会无法到达目的地。红方如果能及时获得蓝方阻滞的情报，就会选择合适的输送路线，这样将会使军事任务得以顺利完成。

（3）战斗力

包括红方战斗力和蓝方战斗力，推进的距离主要依赖于红蓝交战双方的兵力和损失交换率。在红方损失交换率优于蓝方的情况下，尽管红蓝双方的兵力对比对红方不利，但是红方可以通过提高作战能力来加速推进红方前线阵地，计算时以无蓝方阻滞作为基准。

（4）部队控制半径及速度

部队控制半径包括蓝方的知识和红方位置，这些知识的作用是使红方在一定范围内可以控制蓝方。部队速度指部队移动的速度，部队快速运动到一个新地点会扩大控制半径。

信息化战争中影响战斗力最为突出的两个因素是知识和速度，它们在整个作战过程中将起到重要作用。

9.1.1　输送力评估

输送力是使用运输工具把部队由起始地运送到目的地的行动能力，是度量部队远距离移动能力的重要手段和有效形式。假设有几种可行的路线以及多种运输方式（如使用车辆、船只或飞机等交通工具）可以运送部队，又已知运送的速度，输送力评估就是利用时间、保护力量等信息采用积分方法计算最短路线。如图 9 - 1 是部队从起始地到目的地所有可能的运送路线，在弧线上的 t_{ij} 表示部队在节点 i 和 j 之间运送未受阻滞所需要的时间。网络中的节点表示途中的火车站、飞机场、海港等中间停留点。目标是从节点 1 以最短的时间运送装备和兵力到目的地节点 6，目的是选择一条比较好的路线避免运送部队受到攻击，有时还可以冒险选择一条最快的路线。其步骤为：

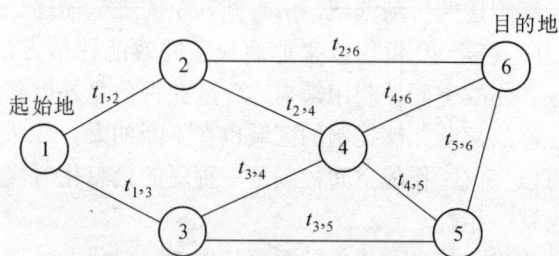

图 9 - 1　部队运送路线

（1）计算无阻滞总运送时间

使用网络理论，根据节点之间的距离 s_{ij} 和运送速度 v_{ij}，计算节点间的运送时间 t_{ij}，然后求出节点 1 到节点 6 的无阻滞所需的最短时间 T，即：

$$t_{ij} = \frac{s_{ij}}{v_{ij}} \tag{9.1}$$

总运送时间 T 为：

$$T = \begin{cases} \min \sum t_{ij} \cdot w_{ij} \\ w_{ij} = \{0,1\} \end{cases} \quad i, j = 1, 2, \cdots, n \tag{9.2}$$

（2）知识计算

知识计算用来计算情报中有多少有用的信息，即红方在输送方面具有多少知识。方法是将知识用几何区域表示，构造成输送区域运送知识图，如图 9 - 2 所示。

红方希望具备输送区域内所有阻滞的知识，并利用传感器的覆盖范围评估知识指标。其分析如下：

设 A 表示输送区域内两节点间知识的总和，B 表示传感器所覆盖该区域的总和，令 $C = A \cap B$，则 C 代表 A 和 B 的共同区域，如图 9 - 3 所示，即表示 A 内传感器覆盖的区域，有 $C \leqslant A$。

如果 $C = A$，则红方可以观察到所有的输送区域，也就是说没有真空区域。这时：

当 $B = C$ 时，红方刚好观察到所有的输送区域；

当 $B > C$ 时，红方观察到所有输送区域的同时，观察了多余的覆盖区域。

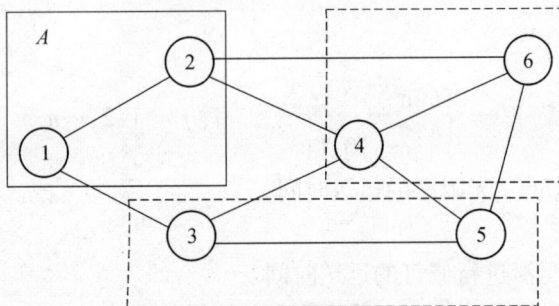

图 9-2　输送区域

如果 $C < A$，则传感器就没有覆盖全部的输送区域，也就是说输送区域中有间隙，即有真空区域。这时，存在两种可能：

① 当 $B = C$ 时，红方观察的为输送区域内；

② 当 $B > C$ 时，红方观察到输送区域内的同时，观察了行动区域外的部分，这时可以改变传感器的覆盖区域来增加 C 值。

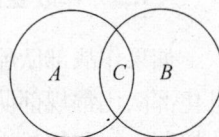

图 9-3　输送区域与传感器覆盖区域的关系

如果 $C = 0$，则表示传感器的范围不在输送区域内。

设 $P = \dfrac{C}{A}$ 为阻滞被发现的概率，那么从传感器得到的知识系数 K_{ij} 可以表示为：

$$K_{ij} = 1 - (1 - P)^P \tag{9.3}$$

在没有阻滞的情况下，定义 $P = 1$，$K_{ij} = 1$。

（3）计算受到阻滞后的运送时间 T'

如果节点内的一条或多条路线受到阻滞，兵力和装备的运送也有可能受到阻滞。红方受到阻滞后将会降低兵力和装备的运送速度，增加运送时间。阻滞的情况有以下几种：

① 一条或多条路线遇到暴风雨等恶劣天气；

② 一条或多条路线遇到崎岖的地形；

③ 一条或多条路线遇到蓝方拦阻。

对于蓝方拦阻等军事行动，红方可以预先派出部队进行先期清除。但是，这将增加整体运送时间。

如果我们得到运送路线被阻滞的知识，就可以选择另一条没有被阻滞的路线，也可选择受到阻滞所损失的时间少的路线。这样，就能够重新计算从 1 到 6 的最短路线，图 9-4 中给出了重新评估后的部队运送路线。

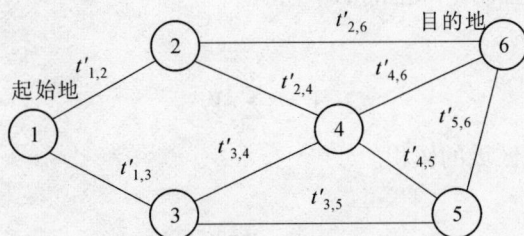

图 9-4　受到阻滞后的部队运送路线

$$t'_{i,j} = \frac{t_{ij}}{K_{ij}} \tag{9.4}$$

$$T' = \begin{cases} \min \sum t'_{ij} \cdot w_{ij} & i,j = 1,2,\cdots n \\ w_{ij} = \{0,1\} \end{cases} \tag{9.5}$$

式中：t_{ij}——节点 i 到节点 j 无阻滞的运送时间；

　　K_{ij}——知识系数；

　　t'_{ij}——根据可能阻滞进行修订的运送时间。

知识系数 K_{ij} 影响 t'_{ij} 的准确性，t'_{ij} 的可信度与情报的准确性有关。

9.1.2　作战空间控制评估

如果作战部队能被输送到作战区域，其对整个战役的获胜就会起到至关重要的作用，信息化部队比常规部队运动速度更快，这将从时间和距离上增加部队控制作战空间的能力。部队控制空间和作战空间的程度可以用空间（体积）来表示。

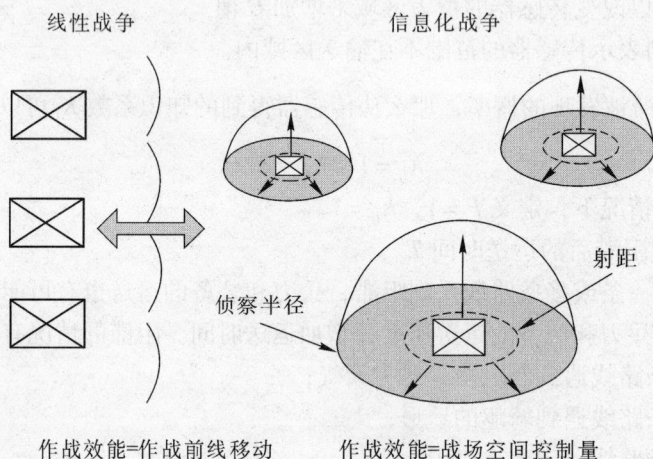

图 9-5　控制空间

控制空间 B 如图 9-5，可表示为：

$$B \leqslant \frac{2\pi}{3} \sum_{i=1}^{n} r_i^3 \tag{9.6}$$

式中：r_i——第 i 个部队控制半球空间的半径。

作战空间 V 可表示为：

$$V = \sum_{j=1}^{n} V_j \tag{9.7}$$

式中：V_j——第 j 个作战区域的体积。

控制指标为：

$$\begin{cases} C = B \cap V \\ D = \dfrac{C}{V} \end{cases} \tag{9.8}$$

存在两种基本情况：

① 当 $C = B \cap V = 0$ 时，战场控制指标 $D = 0$。也就是说，如果输送的距离与作战区域太远，就不能对其实施控制。

② 当 $B \cap V \neq 0$ 时，即 B 和 V 之间有部分重叠。这时：

如果 V 包含 $B(B \subset V)$，那么 $D = \dfrac{B}{V}$；

如果 B 包含 $V(V \subset B)$，那么 $D = 1$。

速度对战场控制系数 D 有重大影响。速度在战场控制系数 D 中反映了部队从一个作战区域运动到另一个作战区域的能力，提高速度可以增加控制战场的能力。假设行动区域包含有 n 个作战区域，如图 9-6 所示，每一个部队至少能覆盖一个作战区域，每个作战区域内的黑点代表能够被控制的理想位置。那么行动区域中所有作战区域的最小总距离（图 9-7）可以采用生成树中尽可能短的分支长度的总和来计算，即：

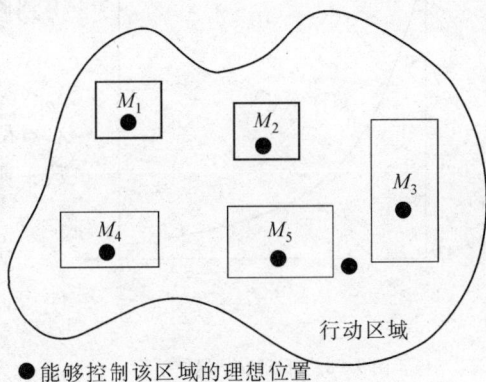

● 能够控制该区域的理想位置

图 9-6　拥有 5 个作战区域的行动区域

$$S = \begin{cases} \min \sum S_{ij} \cdot w_{ij} & i, j = 1, 2, \cdots, n \\ w_{ij} = \{0, 1\} \end{cases} \tag{9.9}$$

式中：S_{ij} 为作战区域 N_i 与作战区域 N_j 之间的距离。

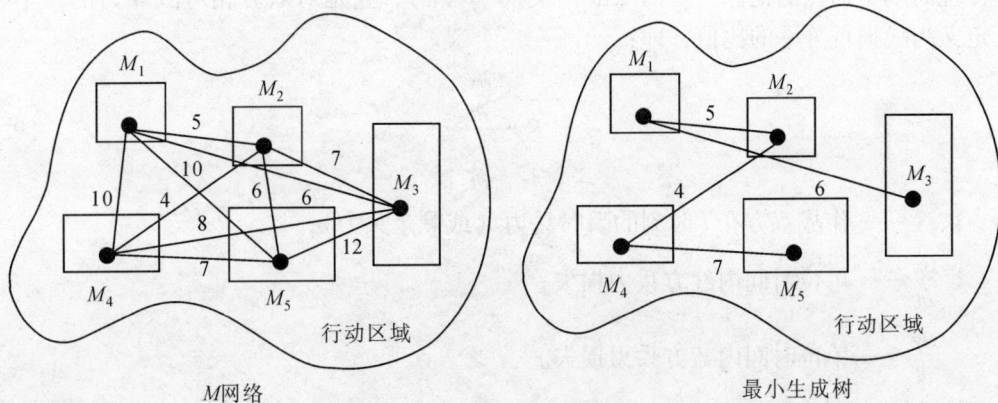

M 网络　　　　　　　　　最小生成树

图 9-7　作战区域的最小距离

机动系数 $g(\tau)$ 可以表示为：

$$g(\tau) = e^{-a\tau} \tag{9.10}$$

$$\tau = d_{i,j}/v \tag{9.11}$$

式中：τ——机动时间；

　　　v——部队机动速度；

　　　a——指数系数。

机动系数 $g(\tau)$，如图 9-8 所示，用来评估部队在作战区域之间的机动能力。当部队机动能力提高时，部队机动到作战区域所花费的时间 τ 就要减少，它的机动系数 $g(\tau)$ 就会增

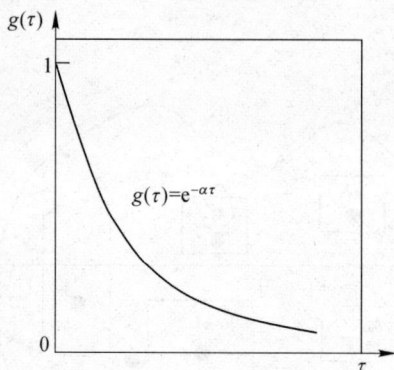

图 9-8　部队机动系数

大。部队的控制能力也会增强。当部队机动能力降低时，部队机动到作战区域所花费的时间 τ 就要增加，它的机动系数 $g(\tau)$ 就会减少。部队的控制能力也会降低。得到修正的战场控制系数 D' 为：

$$D' = g(\tau)D \tag{9.12}$$

知识指标被定义为红蓝双方知识系数的比值，即 $\lambda = K_x / K_y$。将知识用于改变作战空间控制指标的机动系数，则有：

$$D'' = \lambda D' = \lambda g(\tau)D \tag{9.13}$$

当 $\lambda > 1$ 时，红方知识优于蓝方，红方的知识优势使得蓝方的作战空间控制能力下降；

当 $\lambda < 1$ 时，蓝方知识优于红方，蓝方的知识优势使得红方的作战空间控制能力下降；

当 $\lambda = 1$ 时，则红蓝双方在知识方面能力均等，知识在作战空间控制上不起作用。

9.1.3　作战前线推移评估

现代作战有时延用了传统的作战评估方法，还可以利用作战前线推移来评估红蓝双方作战结果。随着信息化部队在现代战争中扮演着越来越重要的角色，运用传统的以损耗为基础的评估指标已不能满足要求，知识和机动速度直接影响着现代战争中作战前线推移。

传统的基于损耗的指标——部队战损交换率（F），它是对双方相对战斗力的一个估计值，定义为战损百分率的比值，即：

$$F = \frac{\dfrac{\partial x}{\partial t}}{\dfrac{\partial y}{\partial t}} \tag{9.14}$$

式中：x、y ——作战双方在 t 时刻的瞬时兵力（或剩余兵力）；

$\dfrac{\partial x}{\partial t}$ ——单位时间内红方兵力损失；

$\dfrac{\partial y}{\partial t}$ ——单位时间内蓝方兵力损失。

（1）考虑双方战损交换率时的双方作战实力

战损交换率是相对战斗力的一个指标，红蓝双方相对作战实力可用部队战损交换率进行评估。部队前线运动因数如下：

$$h(F) = 1 - e^{-bF} \tag{9.15}$$

图 9-9 给出了 $h(F)$ 的特性曲线。

只考虑战损交换率时，红方前线的运动用红蓝双方相对作战实力 $m(F)$ 表示为：

$$m(F) \begin{cases} \dfrac{(1 - e^{-b})^2}{e^{\frac{b}{2}} - e^{-b}} \times \dfrac{e^{\frac{b}{2}} - e^{-bF}}{h(F)} & 0 < F \leqslant 1 \\ h(F) & F > 1 \end{cases} \tag{9.16}$$

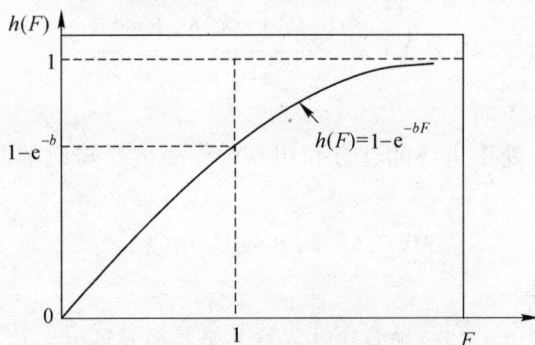

图 9 - 9　$h(F)$特性曲线

式中：b——指数系数，$b > 0$；

　　　F——部队战损交换率。

（2）考虑双方战损交换率和知识系数时的双方作战实力

知识系数也是评估战斗力的一个指标，部队前线知识因数如下：

$$K(\lambda) = 1 - e^{-c\lambda} \tag{9.17}$$

式中：c——指数系数；

　　　λ——知识系数。

图 9 - 10 给出了 $K(\lambda)$ 的特性曲线。

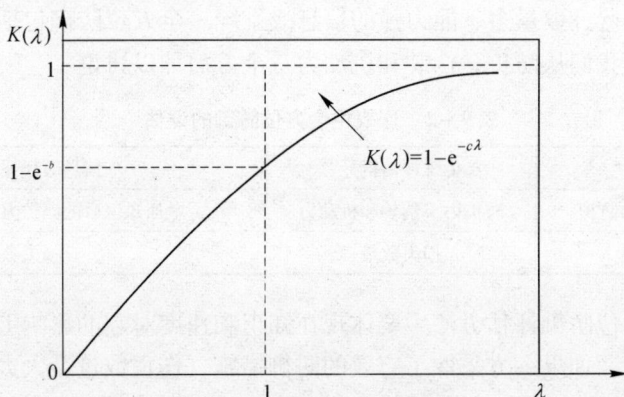

图 9 - 10　$K(\lambda)$特性曲线

利用战损交换率 F 和知识系数 λ 可对交战双方前线运动进行评估，有四种情况：

① 当 $0 < F \leqslant 1$ 且 $0 \leqslant \lambda < 1$ 时

这对红方来讲是最恶劣的情况，意味着蓝方在实力上和对作战态势的知识掌握上均享有优势，知识的缺乏减缓了红方前移速度，也有可能促使其后撤。其作战实力为：

$$M(F, \lambda) = \frac{e^{-\frac{b}{2}} - e^{-bF} \Big/ k(\lambda)}{1 - e^{-bF}} \tag{9.18}$$

② 当 $0 \leqslant F < 1$ 且 $\lambda \geqslant 1$ 时

在这样情况下，红方知识上的优势可能减轻其作战能力的不足。其作战实力为：

$$M(F,\lambda) = \frac{e^{-\frac{b}{2}} \big/ (1 - k(\lambda)) - e^{-bF}}{1 - e^{-bF}} \qquad (9.19)$$

③ 当 $F \geqslant 1$ 和 $0 \leqslant \lambda < 1$ 时

这种情况和 2 相反，处于劣势的红方利用其对作战情况知识掌握的优势来提高作战能力。其作战实力为：

$$M(F,\lambda) = (1 - e^{-bF})k(\lambda) \qquad (9.20)$$

④ 当 $F \geqslant 1$ 且 $\lambda \geqslant 1$ 时

这对红方是最好的状况。它既享有作战优势又享有信息优势。其作战实力为：

$$M(F,\lambda) = \frac{1 - e^{-bF}}{1 - k(\lambda)} \qquad (9.21)$$

这四种情况试图反映相对实力和知识对红军前线运动全范围的影响。这些可以回答未来基于信息的部队在实战中会对红军前线的推移产生何种影响。

9.2　全方位防御的评估方法

表 9-2 列出了全方位防御的主要效能评估方法。随着传统评估方法向信息化评估方法的转变，信息在部队自我防御能力中起着愈来愈重要的作用。因为在信息化部队中装备有先进情报系统，蓝方使用更精确的直瞄武器和间瞄武器，并能威胁到红方作战区域的任何位置。红方还可能遇到蓝方数量多、能力强的信息战系统。全方位防御包括有形的防御和对电子干扰的防御。因此我们从防护、伪装和机动力三个方面加以讨论。

表 9-2　作战中全方位防御的评估

效能评估方法	传统评估指标	信息时代评估指标
针对直瞄和间瞄武器的防护	防护力、伪装和机动力	增加知识后的防护力、伪装和机动力
伤亡	损失数量	损失数量

信息时代的全方位防御评估方法主要体现在知识和速度对它的影响上。作战损失的数量仍将是伤亡评估指标，如果一方采取了有效的防御措施，伤亡数量会大大减少。

9.2.1　防护力评估

防护力为有生力量、武器装备、技术器材等所具有的抵御敌杀伤、破坏和恶劣自然条件侵害的能力。例如，掩体可为人员和装备提供对过压力的防护，车辆的装甲可提供对弹丸穿透的防护，屏蔽可保护电子装备不受高空电磁脉冲爆炸的影响。我们可以使用标准的指标来评估，如用单位面积的压力评估过压力，装甲厚度来评估装甲防护力，V/m 评估电磁脉冲强度。

超压力：因为在作战层面，装甲防护和电磁脉冲屏蔽一般说来是固定的，即部队指挥员不太会有改变这两项的可能——即使是在未来的战场上。

防护力的作用取决于红方是否有能力了解蓝方使用何种武器以及进攻发起时间。从蓝方的角度看，蓝方如果能发现红方的计划就能将其击败。这种情况使得蓝方能够选择适当的武器攻击红方的防护区域，或在红方的防御尚未完成之前发起攻击。接下来，这些概念将会在防护力评估中得到量化。

首先，我们介绍防护力的充分度，即掩体或屏蔽足以保护部队的防护。其表示为：

$$H = \frac{P_B}{P_R} \tag{9.22}$$

式中：P_B——保护部队和装备的掩体的等效过压力，单位是 PSI；

　　　P_R——蓝方武器在攻击时对掩体造成的过压力；

如果 $H > 1$，掩体就"过度防护设计"了；如果 $H = 1$，掩体可以充分保护部队不受蓝方武器的伤害；如果 $H < 1$，掩体的强度不够。理想的状态是 $H = 1$，亦即我们仅仅耗费适量的时间和资源用于掩体的建造。为了防护的可靠性，应选择 $H > 1$。

红方的任务就是通过搜集蓝方武器系统和进攻路线的情报达到 $H = 1$。我们假设红方能够有效地控制 P_B，即红方能够建造足够坚固的掩体。则仅仅需要掌握关于 P_R 的信息即可。在缺乏可靠情报的情况下，应选择 $H > 1$。

如果 $\lambda < 1$，蓝方拥有情报优势，并利用这一优势确保 $H < 1$。如果 $\lambda \geq 1$，红方的知识优于或等于蓝方的知识，即 $H \geq 1$，红方则可以降低 H，并使 H 尽可能接近 1。无论如何，红方决不容许 H 低于 1。表达这一状况的算式如下：

$$H_\lambda = \begin{cases} \lambda & 0 \leq \lambda < 1 \\ 1 + \dfrac{1}{\lambda} & \lambda \geq 1 \end{cases} \tag{9.23}$$

式中：H_λ——与知识有关的防护力。

如果蓝方享有信息优势（$\lambda < 1$），那么 H_λ 总是会小于 1。但是如果红方的知识优于或等于蓝方的知识（$\lambda \geq 1$），那么，随着 $\lambda \to \infty$，即随着红方的信息优势改善使得 $H_\lambda \to 1$。红方便能够使部队具有足够的防护来抵御蓝方的攻击。低于这一水平时，既当红方的知识仅仅略有优势时，会有 $H_\lambda \to 2$。亦即随着他的信息掌握接近蓝方的水平，相对知识减弱，红方会倾向于过度防护设计。

9.2.2　伪装评估

伪装是隐蔽自己和欺骗敌人的措施。伪装包括使人产生错觉的各种手段，从设置虚假目标到电子信号的欺骗，它使敌军相信一个虚假的情报。另外，伪装还包括向敌军信息系统嵌入假信息的信息战行为。迷惑和隐蔽也属于伪装，因为它们使敌军得不到我军的正确信息。知识在伪装中扮演重要角色，拥有知识优势便可挫败伪装。只有敌军无法知道我军的真实部署，伪装才可能奏效。

如果我们假设红方掌握各种伪装的手段，那么相对知识 λ 可用来直接作为伪装的评估指标。如果 $\lambda < 1$，蓝方拥有优势知识，红方的伪装可能会失败。

随着红方相对知识的增加，即 $\lambda \to \infty$，红方伪装的成功率就会增加。这意味着成功率的评估基于相对知识。假如我们用 $P(\delta | \lambda) = f(\lambda)$ 来表示基于相对知识红方伪装活动（δ）的成功率，那么 $f(\lambda) = 1 - 2^{-\lambda}$ 具有如下特征，如图 9-11 所示。

在蓝方拥有信息的区域，即 $\lambda < 1$，红方伪装的成功率小于 $0.5[P(\delta | \lambda) < 0.5]$。当 $\lambda = 0$ 时，成功率降至 0，即不可能实施伪装行动。双方在信息均等的情况下，伪装的成功率

也相等，即 $P(\delta|\lambda) = 0.5$。随着红方在信息优势上的上升（$\lambda \to \infty$），$P(\delta|\lambda) \to 1$。

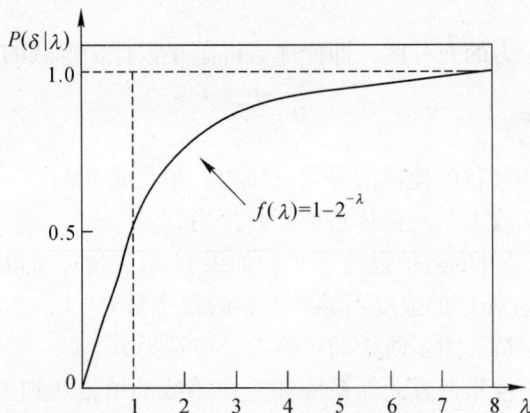

图 9-11 伪装的成功率

9.2.3 机动力评估

机动力是兵力或兵器所具有的进行空间位移的能力。作为部队防御措施，机动力所描述的是一支部队从其目前（或许是暴露的）阵地转移到某一安全地点的能力，也可以被看作是部队的灵活度。目的是通过躲避敌军的火力避免被消灭。灵活度有两个时间成分：

① 部队离开现位置的所需时间 t_c；

② 部队进入某新位置所需的时间 t_r。

则转移所需的全部时间是 $T = t_c + t_r$。

（1）训练对机动力的影响

部队快速移动的能力在一定程度上是受到其训练水平的影响，转移时间取决于该部队移动速度 f_m，现位置与新位置之间的最大距离 E，所以 $t_r = E/f_m$。如果我们让 r 代表部队的训练水平（$0 \leqslant r \leqslant 1$），那么 $r = 0$ 的意思是该部队缺乏训练，$r = 1$ 表示该部队训练有素。部队训练水平影响其撤离威胁地点所需要的时间，也影响部队移动的速度。设 t_c 和 f_m 为训练有素的部队，则转移所需总的时间为：

$$T_1 = \frac{1}{r}t_c + \frac{E}{rf_m} \tag{9.24}$$

对那些训练素质较低的部队（r 接近于 0）来说，撤离威胁地点的时间会增加，并且该部队无法以其最大速度移动。对那些训练有素的部队（r 接近于 1）来说，撤离时间压缩到最短，并且其移动速度为最高速度。

（2）蓝方意图对机动力的影响

对蓝方意图判断的评估也是机动力评估的一项重要指标，通过对蓝方意图的正确判断，以躲避方式免遭蓝方火力打击。设 t_a 是蓝方火力打击的开始时间，那么必须在 t_a 之前将其部队撤离当前位置以免遭蓝方火力打击。假如 t 是现在时间，那么 $\Delta t = t_a - t$ 便是红方可利用的时间。公式如下：

$$T_2 = \left(\Delta t - \frac{t_c}{r} \right) \tag{9.25}$$

$$T_3 = \left(\Delta t - \frac{t_c}{r} \right) - \frac{E}{rf_m} \tag{9.26}$$

当 $T_2 < 0$ 时，则部队撤离现地点所需时间超过蓝方打击前可利用的时间，红方不足以躲避蓝方的火力打击。该评估指标不表示红方是否被摧毁。

当 $T_3 < 0$ 时，则部队撤离现地点移动到新地点所需时间超过蓝方打击前可利用的时间，红方的机动力不足以躲避蓝方的火力打击。该评估指标不表示红方是否被摧毁。

（3）知识对机动力的影响

信息在两个方面影响着评估指标：

① 它提前为红方提供关于蓝方攻击时间的信息，因此增加了预警时间 $\triangle t$；

② 它提供了距红方目前地点最近的转移地点的信息，因此减少了转移所需的时间 t_r。

将知识的评估指标 λ 修改改进的 T_4，如果 $\lambda > 1$，红方拥有信息优势；如果 $0 \leqslant \lambda < 1$，蓝方拥有信息优势；如果 $\lambda = 1$，红蓝双方信息相等。T_4 为：

$$T_4 = \left(\frac{\Delta t}{f(\lambda)} - \frac{t_c}{r} \right) - \frac{f(\lambda)E}{rf_m} \tag{9.27}$$

（4）预警对机动力的影响

信息对于红方可利用的预警时间 Δt 有直接的影响。假如蓝方拥有信息优势，红方会用长时间判断蓝方的意图，因此会减少预警时间，即减少 Δt。反过来，如果红方占有信息优势，红方会提前发现蓝方意图，因此增加了红方的预警时间。如果双方信息相等，预警时间不会改变。

图 9-12 中所描述的函数 $f(\lambda) = e^{1-\lambda}$ 称预警时间函数。它得到一个从 0 到 e 的指数，依知识变化而变化。曲线是 λ 对函数 $f(\lambda) = e^{1-\lambda}$ 的影响：当 $\lambda < 1$ 时，$f(\lambda) > 1$；当 $\lambda = 1$ 时，$f(\lambda) = 1$；当 $\lambda > 1$ 时，$f(\lambda) < 1$。

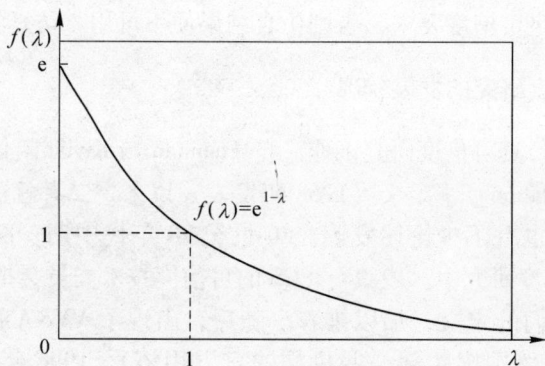

图 9-12　预警时间函数

（5）转移时间计算

在蓝方信息优势的情况下，$0 \leqslant \lambda < 1$，则 $1 \leqslant f(\lambda) < e$，时间 $\frac{\Delta t}{f(\lambda)}$ 缩小，即减少了预警时间。另外，红方进入新阵地的时间为 $\frac{E}{rf_m} \times f(\lambda)$，这时红方进入新阵地的时间就会增加。如红蓝方信息相等，则 $\lambda = 1$，即 $f(\lambda) = 1$，该因数对机动力评估没有影响。假如红方具有信息优势 $\lambda > 1$，那么 $0 < f(\lambda) < 1$，增加预警时间就会增加进入新阵地时间。

第10章 装备作战仿真的可信度评估

10.1 概　述

10.1.1　问题的提出

当前绝大多数仿真都是数字仿真（也称计算机仿真）。对仿真系统而言，许多必须明确的需求，如可靠性、可维护性、软件可重用性等和其他计算机系统的需求是一致的。但仿真需求也有其特殊性。这种特殊性在于仿真系统是对原型系统的模拟，即构造与真实世界（Real World）相似的虚拟世界（Virtual World）。因此，除一般需求外，还必须明确提出仿真系统在多大程度上与原型系统相一致。其实质是将真实世界与所构造的虚拟世界作对比，考查二者的相似程度。例如，最大速度对于汽车和以该车为原型的驾驶模拟器的设计来说，都是一个重要的性能指标。但汽车的设计需求强调的是速度的量值本身，可以简单地理解为量值越高越好；而模拟器的设计需求则强调其最大速度要与原型系统相一致，可以简单地理解为二者越接近越好。正是由于存在这种需求的特殊性，仿真系统才有了其他计算机系统所不具备的特殊的评价指标——仿真可信度。对仿真效果如何界定，如何评价，是仿真的一个基本问题。仿真必须满足可信度要求，否则仿真结果便不可用，仿真将失去其实际意义。

10.1.2　仿真可信度研究的发展状况

国外很早就开展了仿真可信度研究工作。自 Fishman 与 Kiviat 给仿真模型的校核（VerifiCation）和验证（Validation）下定义（1968 年发表）以来，二者就被合称为 V&V，不断开展这方面的研究工作，也有不少论述发表。20 世纪 70 年代中期，部分学者和学术组织把 V&V 纳入仿真模型可信度研究中。1979 年 SCS 的可信度技术委员会把 V&V 作为可信度研究中的两个术语规范了它们的定义，加以推荐。随后，出现了 VV&A 提法和论述（A 是 Accreditation 的字头，原是美国国防部一些机构的官方用语）。1996 年 Balci 又使用了 VV&T（Test）概念，认为仿真的整个生命周期都需使用 VV&T 技术，并给出了 15 条原则。

美国学者 Balci 和 Sargent 曾先后两次进行了模型与仿真（Model and Simulation，M&S）的 VV&A 和仿真可信度评估方面的文献收集工作，所收集的文献来源于国际仿真学术会议录、论文集、期刊杂志、技术报告等。1980 年，Balci 和 Sargent 汇集了 125 篇在仿真可信度评估和仿真模型验证方面的参考文献。1984 年，他们收集的相关参考文献为 308 篇。从分析的结果可以看出，仿真界对 VV&A 和仿真可信度评估研究的重视程度在不断增加，其应用研究范围也在不断扩展。现在，几乎所有关于仿真的国际学术会议都有关于仿真系统 VV&A 与可信度评估的专题讨论。

目前在美国和北约，军用复杂仿真系统 VV&A 与可信度评估工作正在日益展开，以满足提高系统开发质量、降低应用风险、提高投资效益的需要。这方面的预算已经超过仿真项目投资的 10%。美国国防部 1996 年 4 月 26 日公布了"国防部建模与仿真的校核、验证和确认"（DoD Instruction 5000.61），明确要求其所属的 M&S 研究机构建立相应的 VV&A 政策、指导，以提高 M&S 的可信度。国防部建模与仿真办公室也发起和资助了许多有关仿真可信度的研究计划，美国仿真互操作标准化组织（SISO）中也有关于仿真系统可信度研究的工作组，军用复杂仿真系统 JWARS、JDIS、JSIMS 等已经开始按照美国国防部 VV&A 指南提出的 VV&A 过程组织实施，并收到了成效，发现了设计开发中的一系列问题。

在 DIS 系统开发过程中开展可信度评估工作，可以减少应用 DIS 系统的风险，尽早发现系统设计开发中存在的问题和缺陷，帮助设计开发人员采取措施，修改模型设计和软件开发。这样就可以尽可能避免由于设计开发中存在的错误和缺陷给仿真系统造成的风险和损失。因为错误和缺陷发现得越晚，其可能造成的损失就越大。因为评估工作可以保留大量有用的数据资料，为系统未来的应用提供历史文档，所以，不但可以增强 DIS 系统为特定应用目的服务的信心，同时也为未来的应用提供了良好的基础。有关 DIS VV&A 的标准 IEEE1278.4 也于 1997 年公布。

在我国，仿真系统 VV&A 与可信度评估研究同样越来越受到系统仿真界的重视。近些年来，在《系统仿真学报》、《计算机仿真》、北京计算机仿真国际会议以及军用仿真专业组组织的仿真技术研讨会上，发表了许多关于仿真系统 VV&A 与可信度评估问题的文章。特别是在基于与原型系统的测试或运行结果相对照的验证方法的开发与应用方面，北京航空航天大学、国防科大、哈工大和北京理工大学都进行了许多有益的探索。

10.1.3　仿真可信度研究中的关键问题

仿真可信度研究是一项综合性的研究课题，其中既有理论问题，也有技术问题，要一一列举是不可能的。其中最突出和最关键的问题可以归纳为以下几个方面：

（1）仿真可信度概念体系的建立

仿真效果如何界定，如何评价，是仿真的基本问题。但目前国内对这一问题的表述尚未达成一致，常用的术语就有"可信度"、"逼真度"、"置信度"等等。除逼真度外，目前还未见到其他术语具体含义的系统阐述。归根结蒂，这些问题反映了仿真理论发展的滞后性。仿真技术是在其他理论和技术基础上发展起来的，但它毕竟是一种新技术，有其不同于其他技术的特殊性，其发展需要有新的理论的指导。随着仿真技术的发展和应用领域的扩大，对理论的需求也越来越迫切。

（2）仿真可信度评价指标和评估方法研究

仿真可信度评估方法是在仿真可信度评估过程中为完成仿真可信度评估工作各阶段目的而采用的各种技术、工具、策略等的总称。仿真系统是融合了建模技术、系统科学、软件工程和其他有关专门领域知识的复杂系统，因此仿真可信度评估也应该充分吸收有关领域的成功方法。

我国在仿真可信度评估方面虽然已开展了许多研究工作，但大都集中在仿真结果的验证方法研究上，而对模型的校核与验证方法、仿真开发过程中需要的校核与验证方法、相关文档的管理方法等缺乏研究。特别是直接对仿真可信度进行评估的方法研究方面，目前还是空白。

（3）模型/数据对仿真可信度的影响

数学模型是客观世界中客观事物（包括实体、过程、自然现象等）的数学抽象和数学描述，是仿真的基础。数学模型建立后，模型的正确性和数据准确性如何，是否能够真实地反映原型系统的各种动静态特性，都需要进行验证。如果不满足仿真需求，还要进行相应的修正。因此，建模和验模是两个相互交替进行的过程，而且贯穿于仿真的整个开发周期。

数学模型对仿真可信度的影响主要体现在以下几个方面：

模型的正确性

模型的完整性

模型的复杂程度

数据的准确性

（4）仿真算法对仿真可信度的影响

要对系统进行仿真研究，仅仅完成了数学模型的建立是不够的，还必须将数学模型变换成能够在计算机上解算或试验的仿真模型（二次模型化）。这就涉及到仿真算法问题。因为系统数学模型的形式是多种多样的（状态方程、微分方程、传递函数等），它们最终都要通过计算机采用数值计算方法求解，所以仿真算法也是多种多样的。仿真算法主要涉及以下几个方面的问题：

算法的收敛性和数值稳定性

算法精度

算法速度/实时性

并行算法

刚性问题和微分代数问题

（5）环境仿真的可信度问题

仿真中的实体都是存在于一定的仿真环境中的，实体和环境之间存在着交互作用。如果有人参与，人和仿真环境之间也存在交互作用。

根据应用场合和应用目的的不同，环境仿真的逼真度要求也不同。例如，半实物仿真中探测器和传感器的探测、测量环境的生成需要具有很高的逼真度，环境数据误差必须控制在要求的范围内；而对于人在回路仿真来说，由于人的感觉远没有仪器那样敏锐和精确，所以对环境仿真逼真度的要求就比较低。再如，用于工程研究的仿真系统可能需要研究典型条件下系统的运动变化规律，环境仿真逼真度的要求较高；相比之下，用于人员训练的仿真系统环境仿真的目的主要是使参训人员产生沉浸感，除对训练有特殊影响的环境信息需要达到较高逼真度外，总体上讲环境仿真的逼真度要求较低。

（6）人的决策行为模型验证问题

许多大型复杂仿真系统，如战场仿真系统、关于经济和社会的仿真系统等，都包含对人的决策行为的仿真。由于目前对人类大脑的机理尚未完全研究清楚，无法做到自主学习，所以建立决策行为模型还只能借鉴专家系统的开发方法，通过建立知识库和推理机的方式进行。

能否利用专家系统的验证方法对人的决策行为模型进行验证？我们知道，多数传统的专家系统的验证实际上都差不多，都是检验系统在多大程度上具备了专家解决问题的能力。具体方法是用一组用例来测试：事先由该领域专家做出解决方案，然后对系统施加一系列的输入，得到系统对这些输入的响应，检查这些响应与同输入条件下专家的响应之间的差别。

然而这种验证方法对其他的决策行为模型来说却未必有效。这是因为，上述用例测试通常是静态的，典型情况下，时间并不是一个输入变量；而验证人的行为模型要求时间必须明确包含在输入中，这种行为不仅要求正确，而且应该是时变的。例如，战场上对输入的响应如有较大延迟，即使是正确的，也会导致决策者的失败。而且，战术决定要根据战场形势的变化来作出，而战场形势的变化通常是不可预测的，几乎不可能提供这种动态的测试输入。这就意味着需要开发更有效的人的决策行为模型验证方法。

（7）分布交互仿真的可信度问题

分布交互仿真是仿真技术与网络技术相结合的产物，网络的引入使仿真实现变得更为困难和复杂，出现了时空一致性、环境和实体模型一致性以及互操作性等一系列新问题，这就为仿真可信度研究提出了新挑战。而且，分布交互仿真大多应用于军事领域，缺乏可与之对照的数据源，难以使用比较成熟的基于与原型系统的测试或运行结果相对照的验证方法。

10.1.4　逼真度

通俗地讲，仿真就是利用计算机等手段复现原型系统的过程。原型系统可能是真实存在的，也可能是假想的；可能是某种设备（如坦克、飞机）、某种自然环境（如地理环境、气候环境），也可能是人，或者是这些事物的综合体（如战场环境）。无论属于何种类型，有一点是共同的，就是我们无从了解原型系统的所有知识。但是，当我们研究仿真对原型系统的复现程度时，完全可以将原型系统的所有知识作为参照物。这里称之为"仿真对象（Referent）"。

仿真对象：从原型系统中抽象出来的知识体。

仿真使用者总是希望，他所得到的仿真结果是与原型系统的输出相一致的。但仿真系统不可能完全复现仿真对象，它具有以下两个特性：

（1）仿真的不完整性

任何仿真系统都是对仿真对象部分特性的模拟，全面模拟仿真对象既无必要，在大多数情况下也不可行。因此，任何仿真所复现的都仅仅是其仿真对象的一个子集。

（2）仿真的不精确性

仿真系统对仿真对象部分特性的模拟是不精确的，二者之间必然存在误差。在给定输入条件的前提下，仿真也会生成一定的实体状态。这些状态与相同输入条件下仿真对象的响应状态相似，但二者还有差别。这种仿真响应与仿真对象响应之间的差别就是仿真误差。

下面给出"逼真度（Fidelity）"的定义：

逼真度：仿真对仿真对象某个侧面或整体的外部状态和行为的复现程度。

在理解逼真度概念时应注意以下两个问题：

① 逼真度描述的不是仿真与某种特定应用目的的适应程度，而是仿真对仿真对象的复现程度。对于一个具体的仿真系统来说，无论应用场合如何，其逼真度都是一定的。通俗地讲，逼真度要解决的就是"像不像"的问题。假定有一个飞机的飞行仿真系统，在不知道仿真目的的情况下，我们就无从知道该系统是不是与仿真目的相适应。但我们却可以知道它的逼真度如何。当然，为了完整描述这个飞行仿真系统的逼真度，我们还需要了解仿真的更

多信息，但我们却没有必要去了解它到底干什么用。这是理解逼真度概念的关键。

② 逼真度考查的是仿真系统或子系统的外在特性（主要是输入和输出之间的关系），而非系统或子系统本身的实现方式或手段。当前绝大多数仿真都是计算机仿真，应用计算机进行仿真运算，而原型系统则包罗万象。即使原型系统是计算机控制系统，一般情况下仿真所用的硬软件以及控制方式也与原型系统不同。但这种不同不属于逼真度的研究范畴。逼真度是系统间外在特性相似的量度，无论实现方式或手段如何，只要从使用者角度看仿真系统与原型系统的外在特性相似，我们说仿真就具有较高的逼真度。

显然，任何仿真都是对仿真对象某些感兴趣的侧面的复现，无论用何种方法计算整体的逼真度，得到的结果肯定都不高。除用于同类系统之间的比较外，整体逼真度本身并无更多的实际意义。但仿真系统各个侧面的逼真度却可以比较准确地反映在该侧面上仿真与仿真对象之间的相似程度，可用来描述仿真系统各个侧面的仿真效果。这一点对仿真需求描述具有特殊意义。仿真需求定义是 M&S 开发的首要任务，可以说整个开发工作都是围绕如何满足仿真需求进行的。同时，仿真需求还是对 M&S 进行 VV&A 的基础，语义明确的仿真需求可以使我们更易于对系统进行校核和验证。对仿真系统而言，许多必须明确的需求，如任务定义、运行生命周期、运行环境、可靠性等，都和其他计算机系统一样。但仿真需求也有其特殊性，它是针对仿真对象提出的。描述仿真与仿真对象相似程度需求的最佳表达方式就是基于逼真度的表达。从某种意义上讲，逼真度概念的意义就在于它是一个精确表述仿真需求的词汇。我们认为，逼真度是用来表述仿真需求的最重要的概念，如果没有对逼真度概念的清晰理解，明确仿真需求就无从谈起。

下面给出几个与逼真度有关的概念：

准确度（Accuracy）：模型或仿真中参数、变量或者参数集、变量集与仿真对象或某种选定标准的一致程度。

误差（Error）：观察值、测量值或者计算值与真实值之间的差异。

容差（Tolerance）：模型或仿真的属性值与仿真对象或某种选定标准相比能够允许的最大误差或差异。通常用加减标称值的多少百分比来表示。

10.1.5　可信度

逼真度毕竟只是对仿真本身的评价，不是对仿真与仿真目的相适应程度的评价。而后者才是仿真用户最关心的问题。这里用"可信度（Credibility）"来表述仿真系统与仿真目的的适应程度。

相似理论认为，任何事物都具有一定的属性和特征。当事物间存在共有的属性和特征，且其特征值相等或相差较小时，称事物间存在相似性。

可信度：由仿真系统与原型系统之间相似性决定的、仿真系统与仿真目的相适应的程度。

当前绝大多数仿真都是计算机仿真，所以计算机系统的绝大部分评价指标，如可靠性、可维护性、软件可重用性、"人-机-环境"要求等，对仿真系统同样适用。如这些指标不符合设计要求，同样影响仿真目标的实现。但这些指标并不在可信度的研究范围内。而且，如果这些指标与可信度要求有冲突，则应优先考虑满足可信度要求。例如，一般计算机系统"人-机-环境"要求纯粹是从操作者角度提出的，如人机界面尽可能友好，操作人员应有足够的活动空间，等等。而仿真系统则不然，它所追求的目标是尽可能与原型系统相似。如果原型系统的"人-机-环境"状况较差，即使在仿真时可以改善，也应尽量去复现原状况。这也正是仿真系统有别于一般计算机系统的地方。

一个仿真系统具有一定的仿真可信度，根源在于它与原型系统之间存在相似性，特别是外在的相似性。而逼真度又是外在特性相似的量度。因此可以说，逼真度是可信度的基础，如果逼真度为零，也就没有可信度可言。

一般说来，随着仿真系统某个侧面逼真度的提高，整个系统的仿真可信度也很可能相应提高，至少不会降低。但必须看到，二者也存在着本质区别。这种区别在于，逼真度考查的是仿真与仿真对象的差别本身，反映了仿真系统与原型系统之间的关系；而可信度考查的是这种差别对仿真可用性的影响程度，反映了仿真系统与仿真目的之间的关系。从适用范围看，仿真的规模越小，粒度越小，复杂程度越低，越适合使用逼真度概念；相反，仿真的规模越大，粒度越大，复杂程度越高，越适合使用可信度概念。

仿真可信度具有以下几个性质：

① 目的相关性。这是仿真可信度的本质属性。仿真可信度的高低是与研制该仿真系统的目的紧密相关的。即使是同一个仿真系统，仿真目的不同，系统所表现出的可信度也不同。例如，考察战场仿真环境中用六面体加贴纹理所构成的一幢房屋。如果该仿真环境是用来模拟坦克与坦克的对抗，这样的环境可能会达到可信度要求；而如果该仿真环境中还有计算机生成的士兵，这些士兵又有可能利用该房屋做掩蔽和机动，这种房屋模型就过于简单了。可信度反映的是仿真与仿真对象的差别对仿真可用性的影响程度，抛开仿真目的谈可信度没有任何意义。

② 客观性。对于一个具体的、具有明确应用目的的仿真系统，其仿真可信度是确定的，不以评估者的态度和所使用的评估方法为转移。评估者的视角不同，所使用的评估方法不同，得到的结论可能不同。但这种不同的根源在于评估过程，而非可信度本身。

③ 综合性。仿真可信度是仿真模型、算法、通信、数据库乃至硬件设备等多种因素的综合反映。可信度的某个侧面可能受多种因素的影响；同样地，某一种因素也可能影响可信度的多个侧面。例如在车辆仿真系统中，地形数据的准确与否不仅影响视景中的遮挡关系，而且还会影响车辆行进中的地形匹配。这一点对系统集成、改进和可信度评估都带来很大困难，必须引起高度重视。

④ 层次性。仿真系统是由若干子系统组成的。相应地，各子系统也存在仿真可信度问题。子系统的可信度必然会反映在整个系统的可信度中。

10.2 模型的校核、验证和确认（VV&A）

10.2.1 VV&A 的概念

美国国防部 5000.59 计划中对 VV&A 所下的定义为：

校核（Verification）：确定 M&S 是否准确反映开发者的概念描述和技术规范的过程。反映了系统从一种形态转变到另一种形态具有足够精确性，其关心的问题是：是否正确地建立了模型（Building the Model Right?）。指设计人员是否按照仿真系统的特定应用目标和功能需求的要求正确设计出系统的模型；仿真软件开发人员是否按照设计人员提供的仿真模型正确地实现了模型。

验证（Validation）：从预期应用角度确定 M&S 再现真实世界的准确程度的过程。在模型的特定应用中，其输出得到相关领域专家的一致认可，并且与实际系统的输出相比较，是否有满意精确度，着重关心是否建立了正确的模型（Building the Right Model），在具体的应用中多大程度地反映了真实世界的情况。

确认（Accreditation）：权威机构对 M&S 相对于预期应用来说是否可接受的认可。权威机构（官方）对于一个特定的模型应用于特定问题的可接受性和有效性做出正式的确认。其内涵是指不断增进的 V&V，即不断地对产品进行测试（Testing）和评估（Evaluation）的动态过程。

以上三个术语组成了 VV&A。这三个过程是相辅相成的，贯穿于 M&S 全过程。一般地说，校核侧重于对建模过程的检验，而验证则侧重于对仿真结果的检验，确认则是在校核与验证基础上，由权威机构来最终确定 M&S 对于某一特定应用是否可接受。校核和验证技术用于保证和提高 M&S 的正确性，而确认则是对仿真可信度做出的评价。

10.2.2　有关人员及其职责

与 VV&A 有关的人员有 M&S 开发者、M&S 用户、V&V 代理及确认代理。

① M&S 开发者：M&S 开发的组织和实施人员。

② M&S 用户：M&S 开发完成后的使用人员。

③ V&V 代理：由 M&S 用户指定或有关文件规定的负责对 M&S 进行 V&V 的组织或机构。

④ 确认代理：由 M&S 用户指定或有关文件规定的负责对 M&S 进行确认的组织或机构。

他们在 VV&A 工作中应当各负其责，既有分工，又有合作。一般情况下，由 M&S 用户指定确认代理，具体负责管理、协调并全面落实 VV&A 计划，以保证 M&S 的可信度。再由确认代理来指定 V&V 代理或自己兼任，负责对 M&S 进行校核和验证，并收集整理所得到的结果准备用于对 M&S 的确认。M&S 开发者一般也是由用户指定，负责整个 M&S 的开发，并辅助有关 VV&A 的活动的进行。这些人员在 VV&A 工作中的职责如表 10-1 所示。

10.2.3　VV&A 的基本原则

在过去的 VV&A 实践中，人们总结了关于 VV&A 的一些基本原则和基本观点。如果能够深刻理解这些原则和观点，将有助于人们合理制定 VV&A 计划，指导 VV&A 工作的进行，提高工作效率。

原则 1：不存在完全正确的模型。模型是对客观事物的抽象和近似描述，因此没有任何模型是完全正确的。即使一个模型对于一种应用来说是正确的，对另外一种应用也可能是不正确的。而且，完整的 VV&A 需要对 M&S 在所有可能的输入条件下进行测试和检查。对于一些复杂的仿真系统，设置所有可能输入的条件几乎是不可能的。

原则 2：VV&A 应贯穿于 M&S 的整个开发生命周期。VV&A 不是 M&S 开发生命周期中的一个单独的阶段或步骤，而是贯穿始终的。在 M&S 开发生命周期的每一阶段，都有一系列相应的 VV&A 工作，确定该阶段存在的不足之处，以便及时修正和改善。应该在 M&S 规划和开发的初级阶段就制定 VV&A 计划，而且，VV&A 过程应该从 M&S 最初的开发一直持续到以后对 M&S 的修改。

原则 3：对预期应用准确清楚地表达和阐述是 VV&A 的基础。如果需求表达不清，无论开发出的 M&S 如何完美，所得到的 M&S 结果也没有什么实际意义。

原则 4：仿真可信度的高低与仿真系统的预期应用紧密相关。仿真目的不同，逼真度要求也不同。许多人可能认为，既然验证就是将仿真与原型系统做比较，得到的确认结论就应该是一定的。其实不然。验证和确认都是针对预期应用进行的，针对一种应用所做的 VV&A 并不适用于其他场合。

原则 5：M&S 的验证并不保证 M&S 对于预期应用的可接受性。M&S 通过验证只是 M&S 具有可用性的必要条件，但不是充分条件。这是因为 M&S 是否可用与 M&S 的目标和需求有关，如果 M&S 的目标和需求定义不够准确，就无法得到正确的确认结论。

表 10 -1　有关人员在 VV&A 工作中的职责

VV&A 工作	职责			
	M&S 开发者	M&S 用户	V&V 代理	确认代理
起草 VV&A 可接受性报告		负责	辅助	辅助
制定确认计划		负责		参与
制定 V&V 计划	辅助		负责并参与	
校核	辅助		负责	
验证	辅助		负责	
起草 V&V 报告	辅助		负责并参与	
起草可接受性评估报告			辅助	负责
确认		负责并参与	辅助	辅助
起草确认报告		负责	辅助	参与

原则 6：子模型和联邦成员的 V&V 并不意味着整个模型和联邦的可信度。每个子模型或联邦成员在特定范围内具有足够的可信度，并不能保证整个 M&S 应用是足够可信的。这是因为，子模型和联邦成员可能认为误差在允许范围内，但这些误差积累以后，就可能使得整个 M&S 的误差超出允许范围。除此之外，子模型和联邦成员之间的接口关系和连接方式也会影响整个模型和联邦的可信度。因此即使子模型或联邦成员进行了各自的 V&V，整体 M&S 或联邦仍然需要进行 V&V。

原则 7：确认不是一种非此即彼的选择。确认并不是简单地说 M&S "好" 还是 "不好"，因为 M&S 毕竟是对原型系统的一种近似，有其固有的局限性，要想让它复现原型系统所有侧面是不现实的。确认应该表达的涵义是，M&S 在多大程度上与仿真目的相适应，也就是仿真的可信度如何。

原则 8：VV&A 需要有创造性和洞察力。VV&A 并不是一个简单的选择和运用 V&V 技术的过程。它要求工作人员不仅要对仿真的预期应用具有深入透彻的了解，而且还要具备 M&S 开发应用的专门知识以及丰富的 M&S 开发经验。除此之外，创造性地运用各种技术的能力以及对问题准确分析、把握的洞察力也同样重要。

原则 9：系统分析员在 VV&A 工作中的作用非常重要。大型的计算机系统开发都离不开系统分析员。仿真系统也是如此。与一般计算机系统不同的是，仿真系统的分析员不仅要参与系统分析、方案选择和任务规划，还要参与 VV&A 工作，如协助制定 V&V 计划，选择合适的 V&V 技术等，在其中扮演重要角色。

原则 10：VV&A 必须进行计划和存档。对于成功的 VV&A 过程来说，详细 VV&A 计划是必需的。在计划中应确定测试项目，准备测试基准数据，安排 V&V 工作进程。另外，整个 VV&A 过程都应当以标准格式进行记录和存档，内容包括对 VV&A 工作过程的记录以及所得到的结果等。这些文档既是对前面进行的 VV&A 工作的总结，又对以后的 VV&A 工作打下一个良好的基础。

原则 11：VV&A 的进行需要一定程度的独立性。类似于建筑工程中的工程监理，VV&A 有时就是在开发工作中挑毛病。为减少 M&S 开发者出于自身利益考虑给 VV&A 带来的负面影响，有必要让 M&S 开发者尽量不参与到 VV&A 工作中，以保证 VV&A 的效果。但应注意，这种独立性不应该是完全的独立。如果进行 V&V 工作的 V&V 代理和 M&S 开发者之间过分独立，将导致一些工作的重复进行，而且不利于各自工作的顺利进行。

原则 12：成功的 VV&A 需要对所使用的数据进行 VV&C。数据是 VV&A 工作中的一个关键因素。无论 M&S 中使用的数学表达式、算法以及软件设计多么完善，如果所使用的数据不正确或者不合适，都会导致 M&S 应用的失败。在 M&S 开发和应用过程中所用到的数据，无论是原始输入数据、中间参数还是仿真结果输出，都必须是合适的、准确的和完全的，必须具有正确的表现形式，并且经过有效的校核和验证。

10.2.4 VV&A 的工作过程

10.2.4.1 VV&A 的一般工作过程
VV&A 的一般工作过程可分为以下八个阶段：

（1）确定 VV&A 需求

VV&A 工作是从确定 VV&A 需求开始的，内容包括：VV&A 工作所要进行的程度和范围、各阶段所要选用的 V&V 技术、确定 V&V 代理、准备 VV&A 工作所需的硬件和软件、确定所需的期限和费用等。

（2）制定 VV&A 计划

首先要根据 M&S 的预期应用和 M&S 开发者确定的开发方案制定确认计划，内容包括：仿真系统的总体情况、系统开发的基本方案、确认代理、主要模型及其关键数据、仿真需求及可接受性判据等。随后制定 V&V 计划，内容包括：V&V 工作步骤及时间安排、主要的 V&V 对象以及所使用的技术方法、V&V 代理的具体分工、数据的 VV&C 计划等。

（3）概念模型的 V&V

概念模型校核侧重于考查概念模型是否符合 M&S 功能需求，而概念模型验证则侧重于考查概念模型是否符合 M&S 的逼真度需求。对概念模型和概念模型的 V&V 都应当进行记录。在记录文档中应说明 M&S 中的假定、算法、所期望的数据的有效性、概念模型结构等是否满足预期应用需求及其原因。概念模型的 V&V 应当在 M&S 的进一步的开发之前进行，这样可以尽早发现概念模型中可能存在的错误。错误发现得越早，修正错误所花费的代价越小。

（4）设计的 V&V

对设计进行 V&V 的目的是，确保 M&S 设计与概念模型相一致，能够满足设计要求。

（5）实现的 V&V

在设计以软硬件方式实现后，要对实现进行 V&V。其核心内容是，在同等输入条件下，比较模型或仿真的响应与原型系统的响应之间有何差异，分析这种差异对预期应用需求的影响有多大。

（6）应用的 V&V

在 M&S 准备运行前，还需要对应用的相关环节进行 V&V。这包括一些辅助性工作，如检查使用的软硬件平台是否合适等。对于人在回路仿真系统来说，还要检查操作员是否经过了必要的训练。

（7）可接受性评估

在以上进行的 V&V 工作的每一阶段，都应有一个阶段性的 V&V 报告。在进行可接受性评估之前，应将这些阶段性报告汇总成一个综合性的 V&V 报告。除 V&V 报告之外，还要收集其他一些信息，如 M&S 的配置管理状况、文档状况、使用的 M&S 开发标准，以及原有类似系统的使用情况等。这些信息和 V&V 报告都将在可接受性评估中作为重要依据。所谓可接受性评估，就是根据可接受性判据，评估 M&S 的性能和局限对于预期应用是否可接受。在可接受性评估完成后，应提交可接受性评估报告，对评估情况进行总结，并对 M&S 是否进行确认提出建议。

（8）确认

在可接受性评估结束后，由确认代理和 M&S 用户对所提交的可接受性评估报告进行复审，并综合考虑 V&V 结果、M&S 的开发和使用记录、M&S 运行环境要求、配置管理和文档情况以及 M&S 中已知存在的局限和不足之处，最终做出对 M&S 是否可用的结论，向用户提交确认报告。一个最终的确认结论可能是以下一种或几种结论的组合：

M&S 对于其预期应用是完全可用的；

M&S 对于其预期应用是可用的，但应注意有关的限制和约束条件；

M&S 在使用之前应当进行修改；

M&S 需要进行附加的校核与验证工作；

M&S 对于预期应用不具有可用性。

在这些结论中，可以认为前两种是符合要求的结论，后三种是不符合要求的结论。其中最后一种结论是最严重的，它表示 M&S 的开发是完全失败的，需要重新开发一个 M&S，或者采用替代的 M&S 来解决问题。

10.3　基于 HLA 仿真系统的 VV&A 研究

HLA 是一个开放的、支持面向对象的体系结构。它采用面向对象的方法来分析系统，建立不同层次和粒度的对象模型，从而促进了仿真系统和仿真部件的重用。RTI 是 HLA 体系结构的运行支撑系统，它将应用层同底层支撑功能分离开，即将具体的仿真功能实现、仿真运行管理和底层传输分离开来，可以使各部分相对独立开发，尽可能地利用各个不同领域的最先进的技术，同时可以方便地集成和管理仿真系统。RTI 提供联邦管理、声明管理、对象管理、所有权管理和数据分布管理等六种服务。

10.3.1　基于 HLA 仿真系统的 VV&A 开发步骤

美国 DMSO 借鉴软件工程的理论和方法，提出了指导 HLA 仿真系统开发的方法，即联邦开发和执行过程模型（Federation Development and Execute Process Model，FEDEP）。该模型为联邦成员的开发和执行提供了一个通用的开发步骤，规定了联邦开发必需的过程和活动，以及这些活动的前提条件和输出结果，从仿真系统的需求、设计、编码和测试及验收等方面规范了联邦系统的管理和组织。FEDEP V1.5 将联邦开发和执行过程抽象为 6 个基本步骤：

① 定义联邦目标，即定义联邦开发要达到的目标；
② 开发联邦概念模型，即对需要仿真的真实世界进行抽象性描述和表达；
③ 设计联邦，即确定联邦组成，并给各个联邦成员分配功能；
④ 开发联邦，即开发联邦对象模型（Federation Object Model，FOM）；
⑤ 集成和测试联邦，即检查和测试联邦对象模型是否达到了仿真目标；
⑥ 运行联邦并分析结果。

由于参与研究和开发 HLA 仿真系统的软件开发人员往往缺乏专业的军事知识以及军事专家和应用专家的深入支持，对用户需求重视不够，有时需要为用户制定需求和修改功能，导致仿真系统需求不准确、功能不完善、可靠性和可用性不高等后果。因此，如果能在 FEDEP 过程中引入 VV&A，则可以提高仿真系统描述真实世界的准确性和可信度。我们可以将 FEDEP 和 VV&A 过程用图 10－1 表示。

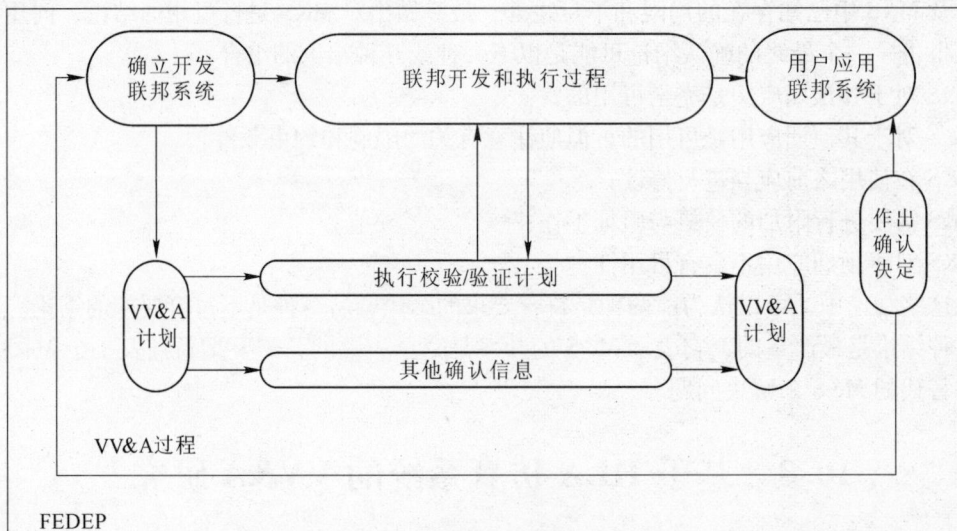

图 10－1　FEDEP 和 VV&A 过程

由上图可见，VV&A 过程和联邦执行过程的目标是一致的，都是为了适应军事应用需求，促进和控制仿真系统的开发和应用，满足用户对现实世界模拟的真实性和仿真结果的可信性要求。

基于 VV&A 方法的联邦开发和执行过程改进策略依据 VV&A 的基本理论，又不局限于 VV&A 的基本方法，借鉴软件测试过程改进的成熟做法，把 V&V 方法进一步扩展到联邦开发和执行的全过程，为联邦开发和执行模型的可靠性、可用性以及功能和描述的一致性方面提供保证，从而提高仿真系统描述真实世界的准确性和可信度。

联邦开发和执行过程通常需要建立独立于开发人员的，由军事与应用领域专家、用户和系统测试人员组成的 VV&A 小组，专门进行开发和执行过程的 V&V。这样做的目的是，让 VV&A 小组成员站在第三者的角度，以"旁观者"的身份，根据用户的实际需求和可用资源，客观、公正地监督仿真系统开发人员的开发进度、产品质量及仿真系统模拟现实世界的准确性和可靠性。V&V 活动和 FEDEP 同时启动，同时进行，并贯穿于 FEDEP 的全过程。

根据 FEDEP 的全生命周期，基于 VV&A 的联邦开发和执行过程也分为六个阶段，包括：

（1）联邦目标校验

联邦目标校验就是由 VV&A 小组组织对开发人员编制的联邦目标说明书进行细致的审查。审查内容主要包括：是否符合当前新军事变革的要求和军事活动规则；是否清楚、完整、一致地描述了用户的真实仿真意图；利用当前可获得项目资源和技术资源能否按时保质保量完成联邦开发和执行过程的任务。

（2）联邦概念模型校验

联邦概念模型校验的主要依据包括联邦概念模型校验计划、联邦概念模型开发的输出产品以及联邦目标定义阶段的输出产品。通常要进行下列活动：联邦想定、概念模型及联邦需求的开发者是否严格按照联邦目标规格说明，完整、全面、忠实地表达了联邦目标规格说明的内容；校验想定设计的合理性及逻辑性，以及想定设计的时空一致性；概念分析时对象模型的确认，根据联邦规范说明校验对象之间的静态关系、动态关系以及每个对象类的行为特征是否得到明晰、合理的确认；校验联邦需求能否完全满足联邦目标规格的要求；校验 FEDEP 的可测试性和可跟踪性。

（3）联邦成员校验

联邦成员校验的活动主要包括：联邦成员的选择是否符合联邦概念模型中确定的对象、活动、交互等的表示能力，是否符合管理因素（可用性、安全等）和技术因素（可移植性等）的制约；联邦成员功能的分配是否根据想定的发展需要设定，是否真实反映联邦需求；审查联邦成员的开发进度安排和质量属性要求。

（4）联邦验证

开发联邦主要是利用已确定的联邦成员开发联邦对象模型，以支持联邦成员之间的数据交互，并根据联邦需要制定相应的联邦协定，因此联邦验证的活动显得异常重要。主要内容包括：验证每个联邦成员的发布和订购能力，明确各个联邦成员能够公布和订购的类；验证所有公共对象类的属性和交互类的参数，以及这些属性和参数在联邦执行过程中的全局一致性；验证所有对象类结构和交互类结构表，重点分析它们的继承和订购能力；依据 FOM 和 SOM（Simulation Object Model），验证对象属性表和交互参数表；验证路径空间表和对象模型鉴别表；验证除了 FOM 中规定的联邦成员规则之外的其他联邦规定，主要包括数据库设计和约定，不同用途相同模型算法的一致性，以及联邦成员交互的有效性和客观现实性。

（5）联邦集成和测试验证

联邦集成和测试验证的任务是，从工程和应用角度校验和验证联邦成员之间的互连和互操作性，并检验联邦仿真系统作为软件系统的功能要求和完备性、可靠性要求。主要包括以下活动：验证系统测试计划和测试用例；验证联邦运行对软件和硬件系统的要求；验证集成联邦中各个联邦成员的互连和互操作能力，能否按照 FOM 的要求达到正确调用 RTI 函数，正确交互数据，以及联邦运行期间的时空一致性。

（6）运行联邦并准备结果

这是 FEDEP 的结束阶段，重点是形成满足用户需要的可用性仿真系统联邦，并根据开发的 FOM 形成可重用的产品，存入对象模型库。此阶段，除了开发人员进一步测试仿真系统的可靠性和安全性以外，需要用户更多地参与，以验证仿真系统联邦描述真实世界的准确性及仿真结果的可信性。在该阶段，VV&A 小组的主要工作是收集 VV&A 数据，完整地验证用户提出的功能需求、军事需求和真实性需求。

10.3.2　HLA 的 VV&A 研究难点：互操作性和可重用性

互操作性（Interoperability）和可重用性（Reusability）是 HLA 的两大根本目标。下面分析如何对它们进行 VV&A。

（1）互操作性

仿真互操作标准组织（SISO）为互操作性下的定义为：互操作性是指在一个系统或过程中，通过其可交换的部件，在没有预先约定数据通信路径的情况下，实现系统各部件协调工作。HLA 作为一个通用的仿真技术框架，提出了开展仿真活动的整个过程中应该遵循的规则，包括模型的建立和表示、运行支持环境的接口标准以及应用程序开发等。HLA 的互操作性也正是通过它们共同实现的，尤其是它的对象模型技术和运行支撑结构起着关键作用。

在分布交互仿真中，互操作性有两个方面，第一个是技术（Technological）互操作性，定义为成员（仿真）物理上连接和交换数据的能力，这是大多数人熟悉的，也是 HLA 要做的。第二个方面是本质（Substantive）互操作性，它是由联邦应用的目的及需求决定的，即成员按照联邦特定需求连接和交换数据的能力。解决技术互操作性将确保联邦运行，但对联邦是否具有足够完成任务的能力不能说明任何问题。实质上，建立一个恰当的满足应用需要的联邦是 VV&A 的核心问题。虽然 HLA 技术支持仿真成员之间的通信，但它还没有达到本质的互操作性。这些本质的 VV&A 问题目前靠工程判断来解决，但随着联邦复杂度的增加，这个方法就显得不足了，VV&A 必须更加成熟以支持本质的互操作性。建立一个逼真度框架对本质的互操作性问题有重要的作用。

（2）本质互操作性

本质互操作性的 VV&A 研究主要是验证。这部分工作是一个难点。根据美国国防部的定义，逼真度是指与真实世界相比表示的精度。而联邦中的验证是指从联邦应用目标的观点来看，决定联邦正确地代表真实世界程度的过程。从定义上来看，逼真度与验证有着密切的关系。对仿真逼真度的研究近来成为一个热点，尤其是在仿真互操作性方面。因此可以采用逼真度研究的方法、思路为本质互操作性的验证活动服务。一般认为需要用正式、半正式或尽量量化的方法描述逼真度的各方面。这使得联邦开发者定义逼真度需求，按需求正式验证仿真互操作性。逼真度管理框架可以认为是覆盖 FEDEP 的一个过程，建立一个逼真度框架是进行 HLA 的 VV&A 的有效途径。逼真度管理框架可认为是监控逼真度特征和逼真度量化是否规范的过程。

（3）可重用性

可重用性是 HLA 的第二大目标。无论是 HLA 的对象模型、支撑软件，还是应用系统，它们的开发都是基于面向对象、采用层次性结构实现的，在实现的过程中都强调了接口的标准化。这些标准化和层次性开发方式，为实现 HLA 的可重用性提供了基础。而联邦概念模型（FCM）对可重用性有着重要的作用。对 HLA 可重用性的 VV&A 研究应着重于对 FCM 的验证。一个概念模型是对真实世界某些关注成分或现象的一种描述，它并非最终仿真模型，但它是建模过程中的第一步。如果每一次新的仿真计划都需要进行一次概念分析，而不能对已经开发过的概念模型进行重用，那么这无疑带来了重复劳动、延长周期、提高代价等弊端。进行 FCM 的验证是保证可重用性的重要方面。概念模型验证是仿真概念模型的评价或评估。以下从四个方面描述概念模型的验证：

概念模型的验证方法。概念模型验证通常是基于主题事件专家（Subject Matter Expert，简称 SME）的评论。定量的评估例如敏感度分析、不同来源的数据的比较等，也可以包括在评价之中。

概念模型的评价范围与准则。只有当评价范围与准则明确时，概念模型验证才可以确保正确性和加强可信度。评价范围和评估准则应该在概念模型验证前被定义。

评估格式。对一个特定的仿真来说，所有的评估应使用类似的报告格式，并且尽量采用与其他仿真评价相兼容的报告格式。报告应包括信息、基本原理与结论。

评估安排。概念模型的评估安排依赖于几个因素。首先，仿真概念模型的描述必须存在。过去一些仿真开发不需要清楚和完整的仿真概念模型的文档。这些严重损害了这些仿真的概念模型验证。另外一个因素影响概念验证评价安排的是恰当的评价者的获得。

总之，20 世纪 90 年代以来，随着复杂大系统的研究取得进展，对仿真系统的 VV&A 研究的重点从仿真模型的校验方法研究为主转向如何更加全面系统地对仿真系统进行 VV&A 上来。复杂大系统仿真本身的特点使得对它的可信度评估很困难，如缺乏用于对照的数据源、互操作问题、时空一致性问题等。这里详细介绍了 HLA 的 VV&A 中的重要问题：互操作性和可重用性的评估问题。未来对 HLA 的 VV&A 研究有以下几个发展趋势：开发执行VV&A 的有效途径；研究并提出新的具有实用价值的 VV&A 方法和技术；支持互操作性和可重用性的 VV&A，例如，如何校核仿真时钟与时戳的一致性；研究将一个复杂的大模型分解成若干个小模型进行校验；开发辅助 VV&A 的工具集。

附 录 思 考 题

第1章

1. 简述装备作战仿真的发展历史。
2. 目前我军装备作战仿真的发展现状及发展趋势是怎样的?
3. 试从训练方面简述装备作战仿真的应用情况。
4. 简述外军装备作战仿真的现状。
5. 简述装备作战仿真的特点和分类。

第2章

1. 解释以下概念:模型;仿真;系统;装备作战仿真;模型的聚合;作战模拟。
2. 请叙述系统仿真的主要步骤。
3. 建模的依据是什么?我们通常按照什么途径进行建模?
4. 单项效能指标的三种典型形式是怎样的?
5. 如何度量非直接火力毁伤武器系统效能指标?
6. 简述仿真与模拟的相同点与不同点。

第3章

1. 研究军事概念模型的意义是什么?
2. 一个完整的军事概念模型的文档应该包含哪几部分内容?
3. 详细描述概念模型的几种表述方式。
4. 请叙述仿真概念模型和任务空间概念模型的具体内容。
5. 请简述任务空间概念模型的技术框架,并就实际问题建立某次作战行动的数据词典。
6. 简述军事概念模型的设计原则。

第4章

1. 战场环境的建模与仿真通常包括哪些环境因素?
2. 战场地形量化的方法通常包括哪几种?用具体实例说明四点面法的原理与应用。
3. 如何利用数字地图判定局部的地形(山地、平地)形态?
4. 如何进行战场地形数据的采集?
5. 叙述如何运用半自动化的地图矢量化工具软件 ScanIn 采集地形数据?

第5章

1. 装备机动模型通常包含哪几个模块?

2. 以你自己熟悉的装备为例，说明如何建立它的动力学模块？

3. 简述目标设防对飞机侦察效果的影响。

4. 按控制方式划分，目前的火控系统分为哪几类？

5. 试建立自己熟悉的某种装备的火控模型。

6. 简述火控计算仿真的步骤。

第 6 章

1. 根据指挥员的职责，简要叙述指挥决策的功能。

2. 什么是 Agent？请叙述 Agent 通常有哪几种结构？

3. 请叙述人工智能中的推理机制。

4. 请描述在作战仿真系统中是如何实现作战命令仿真的？

5. 请叙述美军数字化指挥控制系统的组成及原理。

6. 数字化指挥与控制系统仿真通常包含哪几种模式？

7. 简要叙述战场通信网络仿真的概念框架。

8. 叙述路由选择协议及路由功能的建模原理和过程。

9. 简要叙述战场敌我态势显示系统的功能。

第 7 章

1. 用兰切斯特方程进行以下问题的求解：

红方有 100 辆坦克与蓝方 60 辆坦克进行遭遇战，每分钟红方能消灭蓝方 2 辆坦克，蓝方能消灭红方 4 辆坦克，战斗采取一对一方式进行。问：哪方取胜？胜方剩余兵力为多少？什么时间胜方兵力为负方的 6 倍？确定兵力转机时刻；战斗持续时间多长？

2. 叙述蒙特卡洛法的原理以及应用范围。

3. 随机数的产生的方法通常有哪几种？编写一段程序加以实现。

4. 叙述战斗效能指数的基本类型。

5. 叙述人在回路仿真器中的特点和实际意义。

6. 什么是分布交互作战仿真系统？构建作战仿真系统的关键技术有哪些？

第 8 章

1. 什么是作战效能指标？作战效能指标有哪些性质？

2. 根据实际运用及具体特点的状况，效能指标主要分为哪几类？

3. 请叙述效能指标的创建过程。

4. 军事系统效能的结构化评估方法通常有哪几种？

5. 叙述回归分析法的原理和应用范畴。

6. 描述武器装备系统作战效能评估的适用范围以及评估方式。

第 9 章

1. 和传统的评估方法相比，叙述快速机动效能评估方法的优势和内容。

2. 快速机动的指标有哪些？请详细描述。

3. 简要叙述全方位防御的评估方法。

第 10 章

1. 目前国内外仿真可信度的研究现状和突出问题有哪些？
2. 请解释校验、验证和确认的概念，并说明它们在仿真开发过程中如何加以运用？
3. 结合某项仿真系统的开发，说明 VV&A 工作过程。
4. 请叙述联邦开发与执行过程中怎样进行 VV&A？
5. 谈谈你如何进行大规模作战仿真系统的可信度评估？如何在评估过程中引进智能评估？

参 考 文 献

1 江敬灼，邵贻和．高技术战争与作战模拟．北京：军事科学出版社，1997

2 熊光楞，澎毅等．先进仿真技术与仿真环境．北京：国防工业出版社，1997

3 张最良，许瑞明．美军作战模拟发展现状和趋势．国防系统分析专业组'94年会论文集，1994，5

4 张最良．新一代战役训练模拟系统的研制要求．北京：军事科学出版社，1993

5 文传源．系统仿真学科与系统仿真技术．系统仿真学报，1992，4（3）

6 熊光楞等．连续系统仿真与离散事件系统仿真．北京：清华大学出版社，1991

7 王正中，屠仁寿．现代计算机仿真计算及其应用．北京：国防工业出版社，1991

8 杨为民，戚一兴．系统可靠性数学仿真．北京航空航天大学出版社，1990

9 熊光楞．仿真技术的现在与未来（综述）．信息与控制，1989，(4)

10 熊光楞等．计算机仿真应用．北京：清华大学出版社，1991

11 熊光楞，文传源．系统仿真技术的最新发展．系统仿真学报，1987，(1)

12 王正中．系统仿真技术．北京：科学出版社，1986

13 王寿云．现代作战模拟．北京：知识出版社，1984

14 黄柯棣．对建模与仿真技术学科的粗浅理解．计算机仿真，2004.9

15 文传源．系统仿真理论的探索．系统仿真学报，2005.1

16 徐庚保．关于建模与仿真的可信性问题．计算机仿真，2003.8

17 王子才．关于仿真理论的探讨．系统仿真学报，2000，(11)

18 王行仁．先进仿真技术．测控技术，1999，(6)

19 惠天舒，李裕山，陈宗基．仿真模型的可重用性研究．北京航空航天大学学报，1999，(6)

20 李伯虎等．综合仿真系统研究．系统仿真学报，2000，(9)

21 黄柯棣，查亚兵．系统仿真可信性研究综述．系统仿真学报，1997，(3)

22 徐庚宝．相似论浅说．计算机仿真，2000，(5)

23 赵沁平．分布式虚拟战场环境—现代战争的实验场．系统仿真学报，2001，(11)

24 薛青等．虚拟战场环境下装甲车辆仿真器的应用研究．系统仿真学报，2000，(7)

25 赵超，文传源．作战系统综合效能评估方法探索．电光与控制，2001，(1)

26 王子才．现代仿真技术发展与应用．科技和产业，2002，(2)

27 王子才．仿真系统的建模方法学．哈尔滨工业大学学报，1996，(12)

28 李伯虎等．现代建模与仿真技术发展中的几个焦点．系统仿真学报，2004，(9)

29 李伯虎等．现代仿真技术发展中的两个热点．系统仿真学报，2001，(1)

30 黄柯棣．略论军用仿真技术面临的需求和发展的方向．系统仿真学报，2001，(1)

31 江敬灼．军事系统工程与发展．北京：军事科学出版社，1999

32 何江华．计算机仿真导论．北京：科学出版社，2001

33 张野鹏．作战仿真及其技术发展．北京：军事科学出版社，2001

34 徐学文，王寿云．现代作战模拟．北京：科学出版社，2001

35 程云门．射击效率评定．北京：解放军出版社，1987

36 张野鹏．作战模拟基础．北京：高等教育出版社，2004，9

37 胡晓峰，司光亚．战争模拟引论．北京：国防大学出版社，2004

38 钱学森等．论系统工程．军事系统工程，1982

39 王寿云．计算机模拟的科学与技术．系统工程的理论与实践，1982，1（3）：22～30

40 钱学森等．一个科学领域开放的复杂巨系统及其方法论．自然杂志，1990，13（1）

41　张最良等．军事运筹学．北京：军事科学出版社，1993

42　赵沁平．美国政府支持的虚拟现实研究计划．计算机世界，1998（6）专题版

43　刘奇志．武器作战能力量化条件及函数关系．军事系统工程，1994（3）

44　汪成为等．灵镜技术及其应用．北京：清华大学出版社，1996

45　徐学文．定性分析与定量分析相结合的方法及其应用．见：王浩主编．软科学理论方法及其应用．
北京：国防科技大学出版社，1990

46　沙基昌．军事革命走向新世纪．模糊系统与数学增刊，1998

47　徐光．计算机模拟与信息技术．北京：国防工业出版社，1997

48　马占魁．运用计算机模拟技术进行战役训练．军队指挥自动化，1997,(3)

49　孟晓风，王行仁．建模与仿真的智能化、集成化发展综述．系统仿真学报，1996（4）

50　贾战利．日本陆地作战模拟系统简介．军事电子，1994,(11)

51　刘曙阳，王可定等．现代战场目标侦察与敌我识别．南京：航空工业出版社，1994

52　鲍居武，刘青云．新型多用途的计算机仿真语言 SLAM. 北京：学苑出版社，1993

53　赵伟等．随机运筹学．北京：高等教育出版社，1993

54　凌玉任．美陆军建立作战实验室．现代军事，1993

55　朱华．系统模拟．北京：电子工业出版社，1990

56　钱颂迪．运筹学．北京：清华大学出版社，1990

57　黄卫伟．管理系统模拟的方法及其应用．北京：中国人民大学出版社，1991

58　胡晓峰．作战模拟术语导读．北京：国防大学出版社，2004

59　王常杰等．现代作战运筹概论．北京：国防大学出版社，1987

60　戴锋等．军事运筹学导论．北京：军事谊文出版社，2002

61　中国人民解放军事科学院．中国人民解放军军语．北京：军事科学出版社，1997

62　A. F. Karr. A Class of Lanchester Attrition Process. IDA Paper NO. P－120 Institute for Defense Analyses. Arlington VA, 1976

63　A. T. John, H. P. Ernest. Evolving the VV&A Process for the Alsp Joint Training Confederation, 1996

64　Advanced Simulation Division Joint Warfighting Center. Joint Simulation System Functional Requirements Document. Version 1. 0, 1996

65　Bob Woodward. The Commanders. Simon & Schuster Press, 1991

66　Concepts Division Joint Warfighting Center. Concept of Operation Version 1. 0, 1997

67　D. A. Darling. The Kolmogorov－Smironov. Cramer－von Mises Tests. Annals of Mathermatical Statistics, 1957, 28：833～838

68　D. Garry, Brewer, S. Martin. The War Game. Harvard University Press, 1979

69　Eric C Ludvigsen. CATTS：Simulation A Realistic 'Enemy'. ARMY, 1997（2）

70　Francis B Kapper, Sun Tzu. The Spring Offensive and the Home Hobbies, 1981 DEFENSE（5）

71　G. Booch. Object－Oriented Analysis and Design with Applications. 2nd ED. . Benjamin：Cummings Publishing Co. , 1994

72　H. Alfred, Hausrath. Simulation and Security in War and Peace. Research Analysis Corporation. AD 718350, 1968

73　J. Adam Virtual Reality Is for Real. IEEE Spectrum 30（10）：22～29, 1993

74　J. Banks, J. S. Carson. Getting Started With GPSS/H. Wolverine Software Corporation, 1989

75　J. Blackman An Extension of the Kolmogorov Distribution. Annals of Mathematical Statistics, 1956, 27：513～520

76　J. Isdale. What is Virtual Reality? A Homebrew Introduction, 1993

77　J. Kramer, et al. HLA Run Time Interface (RTI). Defense Modeling and Simulation Office, 1996

78　Joint Modeling and Simulation System (JMASS). Joint Initial Requirements Document (JIRD). OUSD (A&T) /DTSE&E/TFR. Washington. DC 20301, 1997

79　Judith Dahmann. High Level Architecture: Overview and Rules, 1997

80　Michael Nicholson. Games and Simulation. The Journal of Strategic Studies, 1980

81　P. Dickson. THINK TANKS. New York: Ballantine Book, 1972

82　P. K. Davis. Distributed Interactive Simulation in the Evolution of Warfare Modeling, 1995

83　P. T. Ward, S. J. Mellor. Structured Development for Real – Time Systems. Vol 1 ~ 3. Yourdon Press Research, 1967, 15: 557 ~ 558

84　SIMOBJECT Reference Manual Getting Started. CACI Products Co (12), 1996

85　T. E. Bell Facts and Myths. IEEE Spectrum, 1994, 31 (11): 16 ~ 25

86　T. H. Johnson. Conceptual Models of the Mission Space (CMMS) Common Syntax and Semantics (CSS) and the CMSS Verb Data Dictionary. Innovative Management Concepts, 1997

87　T. N. Dupuy. Predicting the Element of Surprise in Combat. ARMY, 1977, (5)

88　T. N. Dupuy. Understanding War. New York: Pragon House Publishers, 1987

89　The Joint Simulation System Joint Project Office. Technical Requirements Document, 1996

90　Taylor James G. Lanchester Models of Warfare. Ketron Inc, 1983

91　U. S. Department of Defense Universal Joint Task List (UJTL). CJCSM 3500. 04. Version 3. 1, 1996

92　W. J. Brooks. Anti Armor Advanced Technology Demonstration (A2ATD). Phalanx, 1994, 27 (4): 21 ~ 22

93　Xuewen Xu. Defense System Analysis Methodology in CDSTIC. Collected Papers of the Second US – China Defense System Analysis Seminar, 1988. 18 ~ 28

94　Richard Darilek, Walter Perry, Jerome Bracken, John Gordon, Brian Nichiporuk. Measures of Effectiveness for the Information – Age Army. RAND Arroyo Center, 2001